创新的起源
一部科学技术进步史

HOW
INNOVATION
WORKS
And Why It Flourishes in Freedom

[英] 马特·里德利 著　王大鹏 张智慧 译
Matt Ridley

机械工业出版社
China Machine Press

图书在版编目（CIP）数据

创新的起源：一部科学技术进步史/（英）马特·里德利（Matt Ridley）著；王大鹏，张智慧译. -- 北京：机械工业出版社，2021.6（2023.12重印）
书名原文：How Innovation Works: And Why It Flourishes in Freedom
ISBN 978-7-111-68436-7

I. ①创… II. ①马… ②王… ③张… III. ①技术革新-研究 IV. ① F062.4

中国版本图书馆 CIP 数据核字（2021）第 101244 号

北京市版权局著作权合同登记　图字：01-2021-2684 号。

Matt Ridley. How Innovation Works: And Why It Flourishes in Freedom.
Copyright © 2020 by Matt Ridley.
Simplified Chinese Translation Copyright © 2021 by China Machine Press.
Simplified Chinese translation rights arranged with Felicity Bryan Associates Ltd. through Andrew Nurnberg Associates International Ltd. This edition is authorized for sale in the Chinese mainland (excluding Hong Kong SAR, Macao SAR and Taiwan).
No part of this book may be reproduced or transmitted in any form or by any means, electronic or mechanical, including photocopying, recording or any information storage and retrieval system, without permission, in writing, from the publisher.
All rights reserved.

本书中文简体字版由 Matt Ridley 通过 Andrew Nurnberg Associates International Ltd. 授权机械工业出版社在中国大陆地区（不包括香港、澳门特别行政区及台湾地区）独家出版发行。未经出版者书面许可，不得以任何方式抄袭、复制或节录本书中的任何部分。

创新的起源：一部科学技术进步史

出版发行：机械工业出版社（北京市西城区百万庄大街22号　邮政编码：100037）	
责任编辑：顾　煦	责任校对：马荣敏
印　　刷：三河市宏达印刷有限公司	版　次：2023年12月第1版第9次印刷
开　　本：170mm×230mm　1/16	印　张：25.75
书　　号：ISBN 978-7-111-68436-7	定　价：79.00元

客服电话：（010）88361066　68326294

版权所有·侵权必究
封底无防伪标均为盗版

| 赞 誉

近年来，机械工业出版社独具慧眼，组织翻译出版了英国著名科普作家马特·里德利的好几本名著。今年，该社又请中国科普研究所王大鹏等人翻译了里德利的新著《创新的起源：一部科学技术进步史》，我先睹为快，感觉著译文字皆佳，值得一读，特作推荐。

本书通过讲述历史上技术创新的具体事例（主要来自能源、公共卫生、交通运输、食品、低技术、计算机和通信等领域），如蒸汽机和搜索引擎、疫苗和电子烟、集装箱和硅芯片、轮式行李箱和基因编辑、数字和抽水马桶等故事，深刻论述了创新的自由思考、偶然发生以及曲折过程，正如习近平总书记指出"要尊重科学研究灵感瞬间性、方式随意性、路径不确定性的特点"。

里德利最后列举大量事实表明，现在"西方经济体产生创新的能力已经变弱了"，而"中国的创新发动机已经点火"，"正如6个世纪以前，欧洲从日益僵化的中国手中夺过创新接力棒一样，中国或许即将再次夺回接力棒"，"中国正大步迈向未来"，"未来几十年里，中国的创新规模和创新速度可能将超过其他任何地方"。

人类的历史，就是一部创新的历史。创新推动着人类创造了往昔的文明。从游牧文明开始，语言的创新，使得智人战胜了尼安德特人，成为今天我们的祖先。在农耕文明时代，科学和技术的创新，使得华夏文明屹立于世界。18世纪60年代到19世纪40年代进行的第一次工业革命，随着蒸汽机、煤炭、钢铁的创新应用，人类的生产力达到了史无前例的高度。从19世纪60年代开始的第二次工业革命——电力革命，到1946年随着冯·诺依曼体系结构的确立而开启的第三次工业革命——计算机革命，直到以人工智能为代表的第四次工业革命的兴起，科学与技术的创新无疑使人类的生活发生爆炸式改变。

然而，这么重要的概念——创新，却是我们理解最少的事实之一。

王渝生

中国科学院自然科学史研究所原副所长

创新已经成为很多人耳熟能详的词汇，但创新到底是如何发生的，创新之于我们的生活和社会意味着什么？我们又该采取什么样的态度和方式、方法来鼓励和激励创新？这些看似简单的问题常常萦绕在人们的脑海中。

英国科普作家马特·里德利这本有关创新的著作有助于我们理性地看待创新。里德利在考据大量史实的基础上，在书中对其进行了鞭辟入里的分析，进而得出了一些有参考价值的结论，也在一定程度上有助于我们破除创新的"迷思"。正如他指出的："宽容、鼓舞人心而又高效合理的监管给予人们自由，无拘无束地去实验和尝试新事物会产生创新，而创新则是能帮助人们获得财富的关键。"他指出的"政府还可以用购买专利的方式让创新发挥更大的作用"对全球应对疫情的创新具有很强的启示。

习近平总书记指出："科技创新、科学普及是实现创新发展的两翼，要把科学普及放在与科技创新同等重要的位置。"我国要实现科技自立自强，建设成为世界科技强国。此书对深入了解创新的动力机制有诸多启示。正如里德利的其他畅销著作一样，此书非常值得一读，中国科普研究所王大鹏等人的译本很好地忠实于原著，这既可以看作是某种"创新"，也可以看作是对科技创新进行的"普及",是二者的有机结合。

邱成利

中国科学院科学传播研究中心副主任、研究员

《创新的起源:一部科学技术进步史》是一部让我手不释卷的著作。科学的方法有且只有两种,归纳和演绎。对科技进步历史的体系性归纳,是今天我们站在5G、区块链、人工智能、量子计算、深空探测、基因技术、疫苗生物科学等创新高地进行颠覆性创新的演绎基础。通过阅读本书,我们不仅能够跨时空地回顾从熵增原理、内燃机与柴油机,到莱特兄弟,再到无线通信技术的实现、搜索引擎技术、机器学习、数据挖掘与人工智能的发展历程,还能够在精神层面与托马斯·爱迪生、戈登·摩尔、居里夫人、约翰·麦卡锡、克劳德·香农等隔空对话。此外,阅读本书还能够触发我们思考创新的本质,以及创新背后的经济学、商业模式与交易结构。

在这个信息爆炸、各种科技创新层出不穷的今天,这本严谨、准确、雅致的译著的出版无疑给了我们能够站在不同维度,体系性地梳理与思考科技创新本质的机会。在社交媒体泛滥、碎片化阅读成为常态的时代,我真诚地推荐大家能够与我一起,沉浸在这本书给我们带来的千年迭代、百年演化、十年裂变之中!

何其有幸,我们见证过历史;何其有幸,我们正参与未来。

高庆一

连界科技董事长、连界启辰资本合伙人,工学博士

创新是什么？创新为何发生，又是如何发生的？创新何以常常被抵制、被阻挠乃至被妖魔化？

如果说，创造力只是关联各种事物的能力，每项技术都是其他技术的组合，每个想法都融合了其他想法，那么创新的出现则得益于各种旧想法持续不断地组合成新想法，并转化为新的发明、发现这一历程。

马特·里德利所著《创新的起源》一书，以独特的观察视角、精湛的思考洞见，追寻了从发现、发明到创新、创造的曲折路径，对影响人类科技进步和文明发展的一些重要创新进行了细致的梳理，对促成这些创新的社会、文化背景进行了翔实的描述，同时对创新的本质、创新的价值和创新的运行机制进行了深刻的探讨。

作者笔触所致之处，涉及自然科学和社会科学多个领域的创新者，一些重要概念和技术的形成、产生与创新者打破常规的心路历程交相辉映。他们的努力探索、敢为人先，终以创新成果将昨日之梦想化为今日之现实，进而拓展了学科的边界、扩充了知识的疆域，推动了时代的进步和社会的发展。

这部作品堪称人类磨砺创新思维的颂歌，也是人类开拓进取精神的礼赞！它给我们带来了十分有益的启示。

尹传红

中国科普作家协会副理事长

在创新日益沦落为语言游戏的当下，真正的创新却越来越少（创新荒），在已知的未知和未知的未知中，创新再一次迷失在各种喧嚣的狂热中。英国科普作家马特·里德利再一次以吹哨人的身份，凭借丰富的科技史底蕴、敏锐的直觉、刻刀般的笔力带领我们穿越那片烟雾缭绕的创新荒野，既为读者展示了历史上那些真实而生动的创新，又顺道去除当今社会关于创新的种种幻觉与欺骗。为了回到创新本身，在宏观层面作者以嵌套的方式从多维度展现了创新生成的社会史，在微观处作者以独到的理论如医生运用手术刀那般解析创新的本质，如创新是渐进的、偶然的，也是需要自由的，创新是一种自下而上的现象等，这些看似朴实的观点，却恰恰是当下被过度包装的伪创新最缺乏的品质。总之，在这本《创新的起源》中，观点犀利之处随处可见，作者对于各种谬误也是毫不客气，手起刀落绝不纵容。一路读下来很是解气，这才是我们想看到的关于创新的本真言说。

李侠

上海交通大学科学史与科学文化研究院教授

科技创新提升了经济繁荣，推动了人类进步，因此人们有强大的兴趣探索人类为什么创新。本书作者研究这个问题的方式是剖析历史上的一个个创新故事，抽丝剥茧，还原历史上创新的真实过程，让读者掩卷而思，寻求答案。

董洁林

科思技术研究院副院长

清华大学中国科技政策研究中心兼职研究员

马特·里德利是我非常喜欢的作者之一。本书深入研究了交通、能源、信息等领域创新背后的故事，尤其是我们不太熟知的创新故事，分析了创新的本质规律。对于今天的中国，科技创新越来越重要，本书会给我们很好的启发。

米磊

硬科技理念提出者

中科创星创始合伙人

创新难预知，无法计划，受制于彼时的约束条件。在大致回顾人类技术进步史之后，创新的秘密有了模糊的轮廓：它需要更加自由的环境，因为创新离不开边际上的试错。而自由的环境取决于更多人能正确理解创新。《创新的起源》是迄今为止解读创新本质的最佳读物。

吴主任

《暗中观察》作者、财经博主

没有瓦特、达尔文、牛顿、巴斯德、乔布斯，也一样会有蒸汽机、进化论、万有引力、疫苗和苹果手机。本书延续了作者人类演化"自下而上"的观点，认为创新是自下而上叠加演化、多点发生的，没有这个天才也会有另一个天才出现，造福人类。因而，营造创新的土壤比期待天才出现更重要。

闫肖锋

资深媒体人、趋势观察家

大多数人想到创新会想到苹果、华为等品牌，或是乔布斯等人，这本书会告诉你，不是的。每个人、每个企业都可能和创新有关。

唐文

氢原子 CEO

可以说他就是英国的尤瓦尔·赫拉利，本书读起来轻松愉快：以轻松的笔触承载着丰厚的学识。本书是一本伟大的书。

《福布斯》杂志

本书构建起一套引人入胜的创新体系，它介绍了创新是如何起源于史前时代，并阐述创新将如何塑造未来，以及是什么使创新成功。

《科学美国人》杂志

从深刻的终极问题（物种如何获取能量以避免衰落与死亡），到有趣的生活发明（轮式行李箱为什么这么晚才被发明出来），本书展开了一场富有洞见的探索。

史蒂芬·平克

著名心理学家

目录

赞誉
推荐序一
推荐序二
导读
译者序

引言：无限非概率驱动器　　　　　　　1

第 1 章　能量　　　　　　　　　　　12
热、功和光　　　　　　　　　　　　　13
瓦特带来了什么变化　　　　　　　　　23
托马斯·爱迪生和他的"发明事业"　　　25
无所不在的汽轮机　　　　　　　　　　30
核能与缺乏创新的现象　　　　　　　　34
页岩气带来的惊喜　　　　　　　　　　39
火的统治　　　　　　　　　　　　　　46

第 2 章　公共卫生　　　　　　　　　48
玛丽夫人枕边的敌人　　　　　　　　　49

巴斯德的鸡	54
终有回报的氯气赌博	55
珀尔和格雷丝怎么从来不出错	59
弗莱明的运气	62
围捕小儿麻痹症	67
泥屋和疟疾	70
烟草和降低危害	72

第 3 章　交通　　77

机车及其线路	78
转向螺旋桨	84
内燃机的回归	87
柴油机的悲剧与胜利	91
莱特兄弟的故事	93
国际竞争和喷气发动机	100
安全和成本上的创新	103

第 4 章　食品　　108

美味的块茎	109
化肥如何养活全世界	114
来自日本的矮化基因	124
昆虫劲敌	131
基因编辑变得更清晰了	136
节约土地与共享土地	141

第 5 章 低技术创新　　143

数字为全新之时　　144

疏水阀　　149

波纹铁征服了帝国　　153

改变了贸易的集装箱　　157

轮式行李箱迟到了吗　　164

餐桌上新颖的东西　　167

共享经济的崛起　　170

第 6 章 通信与计算　　172

距离的首次消失　　173

无线的奇迹　　177

谁发明了计算机　　183

日益缩小的晶体管　　190

搜索引擎和社交媒体的惊喜　　197

学习的机器　　204

第 7 章 史前创新　　209

第一批农民　　210

狗的"发明"　　215

一大飞跃（石器时代）　　220

火让盛宴得以成为可能　　226

终极创新：生命本身　　229

第 8 章 创新的本质 … 231

创新是渐进式的 … 232
创新不同于发明 … 236
创新往往是偶然的 … 237
创新是重组 … 240
创新包含试错 … 243
创新是一项团体运动 … 245
创新是必然的 … 246
创新的炒作周期 … 250
创新倾向于分散管理 … 253
创新更意味着资源节约 … 256

第 9 章 创新经济学 … 259

报酬递增之谜 … 260
创新是一种自下而上的现象 … 263
创新既是科学之母，也是科学之女 … 269
创新不可强加于不情愿的消费者身上 … 273
创新让彼此更加依赖 … 274
创新不会造成失业 … 276
大公司不善于创新 … 280
赋予创新以自由 … 282

第 10 章 造假、骗局、跟风和失败 … 285

造假的炸弹探测仪 … 286
幻影游戏机 … 288

希拉洛斯的溃败	289
创新收益递减导致的失败：手机	296
未来的失败之作：超级高铁	298
失败是成功的必要组成部分：亚马逊和谷歌	302

第 11 章　对创新的抵制　308

当创新颠覆认知：咖啡的例子	309
当创新被妖魔化和耽误：生物技术的例子	313
假若恐惧淹没科学：除草剂的例子	318
创新受到美国政府阻止：移动电话的例子	320
创新遭到法律扼杀：知识产权的例子	324
创新遭到大公司打压：无尘袋式真空吸尘器的例子	331
投资者转而投资其他创新：公共字节的例子	335

第 12 章　一场创新荒　339

创新的运作机制	340
光明的未来	341
不是所有的创新都加速发展	344
创新荒	346
中国的创新发动机	348
重获繁荣	350

后记　353

参考文献　367

| 推荐序一 |

创新到底是怎样产生的，创新的本质是什么，为什么人们会一边高喊创新一边却又抵制创新，为什么现代社会在很多领域出现了创新荒，到底我们该怎么引领未来的创新，这一连串的问题常使我瞠目结舌，而这本《创新的起源》做了系统的回答。

长期以来，我们认为人类的发明常常是源于一个个聪明人的突发奇想，我们认为企业的创新也是源于个别企业的自主创新。但马特·里德利先生却颠覆了我们的想法，他通过大量的科技进步史实向我们说明，人类的发明和企业的创新都是渐进的，而且是经过许多人共同努力才做到的，无论是当年的蒸汽机，还是后来的飞机和今天的互联网、核酸结构等，他似乎给我们正在发烧的创新热泼了瓢冷水，好处是让我们更加理智地对待创新。

创新的本质是什么？首先发明是创新的基础，但发明并不等于创新，只有把这些发明用于人们实用的产品才叫创新，而且创新往往发端于偶然，不管青霉素还是四氟乙烯，其实都是偶然发现的。这让我想起了我的老本行水泥行业，波特兰水泥的产生是因为一场错误而发现的，190多年前英国波特兰岛的工人烧石灰，意外地把雨后沾满了黏土的石灰石放炉子里烧，结果烧出一种叫硅酸钙的新物质，这就是现在的水泥。创新往往要靠一个团队的努力，创新也往往靠社会上众多技术的组合。任何一家企业不可能造出汽车的所有零部件，一辆汽车要靠许多企业生产的部件进行组装。创新也需要开放的横向联合，今天无论是做芯片还是做液晶面板，都得靠全球拥有先进技术的企业进行联合开发。

创新虽然那么美好，但几乎每项创新最初都会受到来自不同方面的阻力和压力，从古至今，无论中外，概莫能外，这常常让人们费解。书中也回答了这个问题，作者以人类当年曾禁止喝咖啡为例，说明了个中原委，人人都渴望创新，但人人又都惧怕创新，人人都能找到一个反对创新的理由。常常是创新者非但没有受到欢迎和鼓励，还必须与现有技术的既得利益、人类谨慎保守的心理、抗议者利益，以及版权、规章、标准和许可所设立的标准门槛等做斗争。

创新真的不易，大企业往往因为眼前的既得利益而错失良机，甚至站在创新的对立面。当年柯达胶卷发明了数码相机，但柯达因太珍惜胶卷赚取的高额利润，后来眼睁睁看着别人用它的数码技术把自己逼得活生生地破了产。要想让大企业创新就必须把大企业引入竞争的赛场，只有竞争，大企业这头大象才能跳起舞来。比如，沃尔玛推出的"扫描即走"服务，允许购物者扫描他们想购买的商品条形码，然后用智能机点击按钮完成付款。创新往往是自下而上的，而不是靠政府部门的指令，书中批评了创新主要靠政府对研发支持的观点。这和《大繁荣》一书作者费尔普斯先生提出的创新不靠大企业而是靠草根创新和民间创新的观点一致。虽然作为在大企业做了多年董事长的我对这些观点有所保留，但我认为作者的观点也要引起我们的深思，如何开展好民间的"大众创业、万众创新"，如何让我们大企业产生创新的动力，如何让我们政府举国体制的引导更加有效。让我们国家真正形成大企业创新顶天立地、中小微企业创新铺天盖地，是我们这一代人的责任。

书中有一句话甚为经典，"创新是自由之子，是繁荣之母"。自由的环境是创新的土壤，要大胆假设，鼓励质疑，宽容失败。正像厉以宁老师说的，还是先有创意，后有创新，再有创业。我也赞成本书作者关于中国是创新发动机的说法，他认为，过去对中国人只靠模仿进行创新的老旧认识必须翻篇，未来几十年内，中国的创新规模和创新速度将超过其他任何地方。这让我想起了2021年春节在深圳和那些年轻创业者相处的感受，今天的中国，无论是创新文化还是民间创新，都开始走在前头，这就是中国为什么一定会繁荣的理由。

我推荐大家读一下《创新的起源》这本书。

宋志平
中国上市公司协会会长
2021年4月

| 推荐序二 |

进入 21 世纪以来，关于创新的书越来越多，尤其是 2011 年，因为这一年中国的 GDP 总量超越了日本，成为世界第二。那么我们的第二是怎么来的呢？是资源驱动带来的，我们为此付出了很大成本。那么，我们还有多少资源可以付出？

从 2012 年开始，中国提出创新驱动发展战略，也就是代替资源驱动发展的发展方式。此后，呼唤创新，成了各级政府、媒体、机构话语体系中频繁出现的词汇，可见社会就此已经达成共识。那么到底应该怎么做呢？

自公元 1500 年以来，新科技的出现使人们再也不用仅依赖存量，也就是看得见、摸得着的具体资源发展经济了，这证实了人所拥有的创造力。创造力，多么可贵的东西，多少国家和民族都在设法寻找这一力量，因为这一力量带来了财富的变化，人类福祉的增加，以及富足的生活。这种创造力造成的结果就是创新。

全世界大多数国家在和平时期都在呼吁创新，但是到底怎么创新？每一个国家，也都在寻找着自己的方式和方法，在不同的文化背景、不同的习俗、不同的资源禀赋下，到底哪一种更适合自己？

2015 年，我们推出了十集的大型纪录片《创新之路》，试图从科学、好奇心、专利、政府、市场、资本、文化等多方面，来探讨创新在世界范围内到底走过了哪些道路，创新到底需要哪些元素。我们在当时借鉴了国际上有关创新的书籍，比如菲尔普斯、熊彼特等人的著作，如果当时里德利已经出版了这本书并且我们有幸能够读到，那么我们的影片的水平可能会有一个提升，因为这是一部严谨的梳理性专著，对科学与技术如何成为创新元素的多米诺骨牌中的前两张，有足够的认知和清晰的结构。

当然，历史不能假设，但是我们依然由衷希望由王大鹏老师等翻译的《创新的起源：一部科学技术进步史》能够引起更多人思考创新，理性地对待创新，并且成为塑造中国创新文化的一种力量。

李成才

纪录片《大国崛起》《创新之路》导演

2021年5月20日，于昆明机场

| 导 读 |

"窥天地之奥而达造化之极"。人类社会发展与科技发展相携而行。由哲学到自然科学再到分科的学问,自文艺复兴后发展一日千里。从石器工具到计算机再到肉眼不可见的分子、原子、量子技术,科技在帮助人类认识自然、改造自然的道路上越走越远。为了说清楚科技发展的历史与规律,科技史书籍应运而生。

描述科技史的书不少,能把科技史写好的却不多,而这本马特·里德利的新书恰属其中之一。

有幸和团队刚刚重译了马特·里德利的《基因组》,又拿到了他这本讲述科技进步的新书,开卷眼前一亮,细品妙处颇多。

上一本给我留下深刻印象的科技史作品当属吴军的《全球科技通史》,读完倍感科技史编撰之不易。科技史之所以难写,首先在于科技发展的历史着实纷繁芜杂,好比要描述一棵参天大树上的众多枝叶,而且这棵大树的新枝嫩叶还在加速生长,如何在有限的章节里"突出主干,亦取旁枝,兼顾新芽"就成了对笔者修为的第一层考验。其次,与科技史相关的作品,特别是从单一学科角度来描述的图书浩如烟海,如何结合大的时代背景,并跨越时空尺度将精彩故事缀玉联珠又不落俗套,则成了对笔者知识广度、深度的另一层考验。所谓"删繁就简三秋树,领异标新二月花",大抵如此。

很明显,马特·里德利在这部作品里做得很好。与一般的编年体或分科体科技史不同，他从更高的维度总结了相关科技的共性，同时辅以历史甚至史前史背景，深入剖析了特定科技、创新或发明产生的偶然性和必然性。

马特·里德利的生物学知识深厚，然而能挑战科技史这样庞大的题材，可见其生物学之外的造诣。特别是每一章的开篇，都是一众大师的名言警句，显而易见，内容经过了他的精心撷选。比如，他引用了老福特的"失败只是重新开始的机会，而这次你会更加明智"作为第3章"交通"的引语；他选择颇具有讽刺意味的句子"有一个关于摩尔定律的定律。预测摩尔定律失效的人的数量每两年会翻一番"，作为第6章"通信与计算"的引语；"当一项新发明首先被提出时，它会遭遇到所有人的反对。可怜的发明家只能绞尽脑汁来推进它"这句话道尽了创新者的无奈，被他作为第11章"对创新的抵制"的明义。而更能引起我共鸣的，则是第8章"创新的本质"中来自杰斐逊的这句"自由是科学和美德的伟大父母，一个国家自由的程度决定了其科学和美德伟大的程度"。此处的自由，是指精神之丰盛自由。在全人类创新迟滞的今天，我们当以何种态度重新审视科技进步的本质，并如先贤们一般鼓足一往无前创新的勇气，是当代人，尤其是当代青年最该思考的核心问题。

第9章"创新经济学"中有关"创新既是科学之母，也是创新之女"的内容，让我心有戚戚焉。作者并不认可所谓"科学－技术－创新"的"线性模式"，还纠正了对"线性模式"的圣经，即拜登上台后再次大热的来自1945年范内瓦·布什的《科学：无尽的前沿》的误解。虽然我们常将科技连用，但其实往往没有搞清楚"科学"（Science）和"技术"（Technology）的关系，科学一般指发现，即认识自然的能力，故往往只有"第一"才能被世人认知。而技术一般指发明，即改造自然的能力，很明显技术可以不断地追赶迭代，最后比拼的是效率。创新明显在二者之间都可以存在。

诺贝尔奖获得者悉尼·布伦纳谈论20世纪80年代的生物学的一句名言令我印象颇深："科学的进步依赖于新技术、新发现和新想法，新技术优于新发现，新发现优于新想法。"这句话强调了技术工具的重要性，尤其强调了先进的技术工具比聪明的头脑更重要。试想一下，如果人没有发明显微镜，微生物学就不可能建立；若没有发明测序技术，则不可能有基因组学。正是因为创新集成孕育了新技术，新技术带来了新发现，新发现催生了新理念，才产生了新科学和新学科。

我所在的华大基因，创始人汪建一直在用这句话启迪我们："究竟是科技创新还是创新科技？物理学的100年，是由曼哈顿原子弹计划、阿波罗登月计划、大型正负电子对撞机以及激光干涉引力波天文台（LIGO）所奠基，那么生命科学的超级工程在哪里？"可以说，自然科学走到了今天，大科学装置的应用不可或缺，生命科学亦是如此。我们和作者共同企望着，生命科学领域的突破性创新将使人类不仅长命百岁，而且健康自足；不仅物质繁荣，也能精神丰盛。创新不仅是自由之子，也是繁荣之母。

马克·吐温说："历史不会重复自己，但会押着同样的韵脚。"

黑格尔写道："人类从历史中学到的唯一教训，就是人类无法从历史中学到任何教训。"

王羲之在《兰亭集序》云："后之视今，亦犹今之视昔，悲夫。"

关于历史，这几位大咖非常有见地。然而这几句总结，仅适合于评价社会史。至于科技史，因为科技基于物理定律，大多又可被数学语言描述，所有成果都需要通过长期实践来证实或证伪，故科技史是极为客观真实的。事实上，在绝大部分情况下，人类只要登上了科技树的某一枝杈，则必然在此基础上向上攀登而不是倒退。这也是本书认为的终极创新,生命——人类存在的根本意义之一。

由此,科技史值得学习。

可见,本书值得一阅。

如何使用本书

携书如历三千世,无书唯度一平生。

一本好书,是一个作者数年乃至终身智慧的结晶。好读书,读好书,则是让人生丰盈最简单的路径。如果能够充分地汲取书中的养分,未来还能学以致用,实乃人生一大快事。

放眼全球,中国是图书价格比较亲民的国家。虽然购书的成本不高,但花在阅读上的时间可是很宝贵的。如何最大限度地了解书中妙处,是需要仔细思量的事。那么,怎样才能做到事半功倍地阅读呢?看书前我们需要做些必要的准备工作,这就像我们在拿到一个新玩具、新电器之时,为了让它发挥最大的功用,都会先看看说明书,研究一番。所谓"磨刀不误砍柴工",大抵如此。

马特·里德利的这本书不同于一般的科技史科普作品,既不是编年史也不是分科史,其章节是以问题为脉络来组织的。本书知识结构新,历史跨度大,阐述维度多,观点又极其犀利,但受篇幅限制,很多关键细节作者只能点到为止,来不及一一细述。故要发挥这本书最大的价值,在阅读之前,咱们还得一起做做功课。

首先,建议快速浏览一下世界史,尤其是对文艺复兴以来的欧洲、亚洲、美洲史的横向比较,特别要重视同一时代不同地区发生的重大事件,进而思考中国在近代科技落后的根本原因是什么。比如1776年，英国人瓦特发明了蒸汽机、亚当·斯密出版了《国富论》，美国发表了《独立宣言》，而同一时期的清政府平定了大小金川之乱，命有关衙署删销书籍……

其次，建议快速浏览一下工业革命、信息革命以来的重大技术和产业突破，如第一台计算机ENIAC的发明、摩尔定律的提出、DNA双螺旋的发现等，也包括20世纪的一众大型科学工程，如曼哈顿原子弹计划、阿波罗登月计划、人类基因组计划等。这些有助于理解作者纵横捭阖的章节内容。

再次，我建议了解以下两个知识点：一个是"李约瑟之问"，也称"李约瑟难题"。李约瑟在其编著的15卷《中国科学技术史》中提出这样的问题："尽管中国古代对人类科技发展做出了很多重要贡献，但为什么科学和工业革命没有在近代的中国发生？"带着这个问题和可能的答案阅读本书，在当前创新驱动的大背景下，有着重要的积极意义。另一个则是罗斯福时代的科学顾问范内瓦·布什发表的关于美国科学政策的报告《科学：无尽的前沿》，报告的核心点是科技新范式的转变，在拜登上台后，这份报告再次受到热议。虽然该报告发表于70多年前，但在今天看来，依然有着重要意义。

这本书怎么读最好？不同的读书风格可以有不同的阅读方法，我的建议如下：

如果你不想花太多时间，主要想看精华内容，我建议重点看第8、9、11、12章。

如果你想全面地了解本书的内容，我建议可以先看第7~9章，然后从第1章开始阅读。

如果你看书较快，有充裕的阅读时间，同时又是专业人士，我建议你看两遍（我就是这样看的）。第一遍顺序看一次，第二遍选择精彩的章节精读。

好书难得，百看不厌，我就不剧透了，精彩任君采撷。当然，也别忽略推荐序、引言、后记等提纲挈领之处，请花时间粗读一下，对理解图书内容有帮助。

开卷有益，愿诸君乐得其趣，受益匪浅。

尹烨

华大基因 CEO

| 译者序 |

创新应该成为一种精神气质

阿西莫夫有言:"创新是科学房屋的生命力。"回顾人类科学技术发展的历史,我们可以看到创新的身影无处不在。如果没有创新,我们的智人祖先可能会一直处于茹毛饮血的蛮荒时代,那么现代人类可能永远不会出现,各位读者以及本书原作者和作为译者的我们都不会有机会去感受和反思创新是如何发生的。

甚至我们可以认为,在围绕着千万颗恒星之一旋转的一个偶然的小行星上,作为有机发展锁链一环的人类,其出现本身就是一种"颠覆性创新"。正是因为有了这种创新,人类这个物种才通过原子、能量和数字信息的重组陆续地把原本不可能的存在之物变成了可能,也就是力争把无序变成有序,这实际上是一种熵减的过程。

如今,我们进入了一个追求并加速创新的时代。世界各国无论大小强弱都在努力加大科研投入,其目的之一就是促进和激发原始创新,从而能在激烈的全球竞争中占据先发优势,拔得头筹。我国更是把创新放在了前所未有的重要位置。十九届五中全会强调,要"坚持创新在我国现代化建设全局中的核心地位,把科技自立自强作为国家发展的战略支撑"。全会提出的目标是,"十四五"期间中国的创新能力还要"显著提升",到2035年中国要"进入创新型国家前列",关键核心技术要"实现重大突破"。

习近平总书记也在众多场合都对创新做出了重要论述，他曾说："惟创新者进，惟创新者强，惟创新者胜。"2020年9月，在主持召开科学家座谈会时，他强调说："创新是引领发展的第一动力。抓创新就是抓发展，谋创新就是谋未来。"

2020年6月，机械工业出版社的编辑老师经过朋友介绍将《创新的起源》一书的英文稿发送给我们，咨询是否可以担任本书的译者，对书稿进行译介。在通读全书之后，我们感觉本书对创新的见解非常独到，分析鞭辟入里。本书论述了创新发生的机制，创新之于人类社会的发展意味着什么，我们该如何看待创新，激发创新，等等。这些问题贴合当前热点，都是我们孜孜以求的，是我们重点关注的话题和领域，当然也是本书原作者马特·里德利先生想通过翔实的史料和深入的探究向我们传达的。因此，我们欣然应允并迫不及待地想尽快将中文译稿完成，利用业余时间开始紧锣密鼓地推进翻译工作，其间也面临着时间紧与任务重的难题，而且这并非属于我们日常研究工作的一个"必答题"，所以我们只能在完成正常工作之后"挑灯夜战"。

如今，虽然仍有些惴惴不安，唯恐我们的孤陋寡闻和学养不足有损原著的深刻内涵，不过"丑媳妇总要见公婆"，现在"她"正带着两位译者的诚意与各位读者见面，以供各位参阅和批评指正。

作为英国记者、科学家、商界人士、英国上议院议员、著名的科普作家的马特·里德利先生是一位多产的作家，因为其在科学、环境学与经济学领域的著作而闻名，几乎他的每一本著作都有中文译本，而且这些译本都赢得了大量国内读者的关注，而这本《创新的起源》是他最新的著作，相信也一定能够继续谱写传奇。里德利先生在这本书中利用历史上一系列创新的例子向我们生动地展示了什么是创新，创新是如何发生的，以及我们应该为创新提供什么样的条件，等等，资料翔实而丰富，论证精辟，见解独特。

本书总体上可以分为两个部分，前七章是分领域的创新史，包括能量、公共卫生、交通、食品、低技术创新、通信与计算以及史前创新，而后五章是作者对创新的深入分析。如果说第一部分是"经济基础"，那么第二部分则是某种意义上的"上层建筑"，是对第一部分的升华。

本书不同于一般意义上的创新史，因为它澄清了很多当下流行但未必正确的观点。虽然创新几乎是所有人都耳熟能详的一个词语，或者说它已经成了一种行动。但是对于到底什么是创新，创新的本质是什么，也许不同的人有不同的理解，在里德利先生看来，创新与发明是有差异的，这也是他在书中反复提及的一种理念，也正是因为二者的差异，有些人是发明者，但是难以被冠上创新者这个称谓。再比如，传统上我们往往认为很多创新起源于基础科学的成果，是基础科学成果的转化带来了创新的爆发，但是实际上，有些创新走在了基础科学研究之前，甚至遥遥领先，这也是里德利先生在本书多处都提到的一种观点。我们可以认为，在这一点上，里德利先生的观点与《世界科学技术通史》（第3版）有异曲同工之妙，因为它们都表明，技术的出现和形成远远早于科学，甚至科学在当时可有可无，技术则必须存在。当然，我们在这里不是说基础科学研究不重要，而是强调要回到特定的历史情境来看待科学、技术与创新之间的关系。

那些历史上的创新者曾经背负着一些负面的评论甚至是骂名，但是这些并未阻止他们创新的脚步，也没有抑制住他们一如既往的创新热情，可以认为，创新是那些人所展现出来的一种精神气质。中国在应对新冠肺炎疫情期间的一系列举措，科研人员夜以继日地破解病毒"密码"，研发针对性的疫苗等都是这种精神气质的外显。而今我们正努力让这种精神气质更多地展现在芸芸众生身上。

同时，在本书中我们还可以看到，创新不是一蹴而就的，它有时也需要某种机缘，创新太早会失败，太晚同样会丧失"首发权"，这也许印证了古典时代凯洛斯（Karios，大体上可以理解为"契机"）一词的精确内涵。当然，创新并不是个体的某种行为，它在绝大多数时候都是一代代人接续努力的结果。所以它是渐进的、增量式的，只不过我们通常记住的是那些被荣誉加身的幸运创新者，而在他们前面那些同样可以被称为创新者的铺路架桥之人却淡出了人类的视野，真乃"一将功成万骨枯"。

此外，虽然有些人"衣带渐宽终不悔，为伊消得人憔悴"，但是创新有时候是难以被计划的，也正因为如此，才会出现剑走偏锋的"尤里卡"时刻。可见，创新并不意味着敢"创"就必然"新"。创新并不总是都能以成功告终，而且在此期间也充斥着尔虞我诈和"欺世盗名"之行，比如"汉芯"事件就提醒着我们：创新来不得半点虚假。与此同时，我们需要认识到，创新已经成为一个系统工程，"创新链、产业链、资金链、政策链相互交织、相互支撑"，唯有如此，创新之路才会更宽广。

作为译者的我们，长期以来一直关注科学传播问题，而实际上这本书既可以被看作是一部有关创新历史的著作，也可以看作是对创新这个问题进行的科学传播。也正是基于这种考量，我们更愿意把这本书介绍给各行各业关注创新的人士，也通过本书让更多人从科学传播的视角看待创新的问题，但是囿于译者水平，书中难免有些不足之处，还恳请各位读者不吝指教，希望有机会再版时一一订正。

我们正处于一个呼唤创新、成就创新的时代，创新是这个时代的代名词，是这个时代的标语，是这个时代的属性。希望本书可以为我们深入研究创新、理解创新、践行创新提供一些有益的思路和参考，也希望我们所有人都能够具有创新这种精神气质。

引　言

无限非概率驱动器

创新要么提供丰厚奖励的胡萝卜，要么提供贫困的大棒。

约瑟夫·熊彼特（Joseph Schumpeter）

我独自行走在法尔内群岛内岛（Inner Farne）的一条小径上，那是毗邻英格兰东北部海岸的一个岛屿。在小径的一侧，一只雌性绒鸭端坐在盛开的海滨蝇子草花丛中，它通体深棕色，郁郁寡欢，正静悄悄地孵卵。我弯下腰，从距离几英尺⊖远的地方用苹果手机给它拍了一张照片。它已然习惯了，每逢盛夏，每天造访这个小岛的游客有数百人之多，有些游客也会给它拍照留念。出于某些原因，在我点击智能手机快门的时候，一个想法跃入脑海：从我的朋友约翰·康斯太勃尔（John Constable）的一小段评论中产生的有关热力学第二定律的想法。这个想法就是：苹果手机电池中的电能和绒鸭身体中的热量几乎在做同样的事情。通过消耗或转换能量而产生不可思议的东西（照片、雏鸭）。然后我想，我刚才的这个想法本身与绒鸭和苹果手机一样，也是我大脑活动的一种奇异安排，当然也是由我近期所食之物提供的能量所驱动的。但大脑潜在的意识却使它变得可能了，大脑本身也是一种作用于个体的、数千年自然选择的进化产物，每一个个体自身的不可能性都是依靠能量转换而得以维持的。生活和技术都是世界上的奇异安排——能量产生的明确结果。

⊖ 1 英尺 =0.3048 米。

在道格拉斯·亚当斯（Douglas Adams）的《银河系漫游指南》(*The Hitchhiker's Guide to the Galaxy*)中，赞福德·毕博布鲁克斯（Zaphod Beeblebrox）的星舰——黄金之心[⊖]（Heart of Gold）是由一个虚构的"无限非概率驱动器"驱动的。近乎无限的非概率驱动器确实是存在的，但是在我们这颗星球上，它的存在形式就是创新的过程。创新有多种形式，但有一件事情是它们共有的，并且是与演化所产生的生物创新所共有的，那就是它们都是不可思议之事的加强型。也就是说，创新都是原子和数字信息的奇异组合，无论这种创新是苹果手机、创意还是绒鸭的雏崽。一部苹果手机中的原子被偶然地整齐排列成数百万个晶体管和液晶，或者绒鸭雏崽的原子被安排成血管和毛茸茸的羽毛，又或者我大脑中放电的神经元被安排成这样一种形式，它们可以并且有时候确实体现了"热力学第二定律"这个概念，这些都是极其不可能的。和演化一样，创新是一个持续不断地发现方法的过程，这些方法把世界重新安排成了不太可能偶然出现，并且恰巧有用的形式。由此产生的实体就是熵的对立面。与构成它们的要素相比，它们会更加有序，以及有更小的随机性。创新可能是无限的，因为即便它穷尽了要做的新事情，它也总是能找到方法，来更快速或用更少的能量做同样的事情。

在宇宙中，根据热力学第二定律，从局部上来说，熵是不可逆的，除非存在一种能量来源——通过不可避免地使其他地方的东西变得更无序而为此处提供能源，所以整个系统的熵是增加的。非概率驱动器的动力因而只受能量供应的限制。只要人类通过谨慎的方式使用能源，他们就可以创造出更加精巧和奇异的结构。我从这个岛上可以眺望到的邓斯坦伯的这座

⊖ 财富的一种隐喻。

中世纪城堡就是一个奇异的结构，在建成700年后它损毁的部分可能越来越多，熵也更多。全盛时期的城堡是大量能量消耗的直接结果，在邓斯坦伯城堡的例子中，这些能量主要源于石匠的体力，石匠们食用了由小麦制成的面包，以及进食长在阳光下牧草的奶牛产出的奶酪，从而获得了建造城堡的能量。曾在剑桥大学与京都大学担任研究人员的约翰·康斯太勃尔对我们赖以让自己的生活变得富足的东西是这么看的：

无一例外，它们都处于远离热力学平衡的物理状态，有时候经过很长时间，世界经由能量转换被带入这些便捷的构造，而对能量转换的利用降低了宇宙一个角落（我们的角落）的熵，并在别的地方增加了更多的熵。我们的世界变得越有序，越处于低概率状态下，我们就变得越富足，而就结果而言，整个宇宙就变得更加无序。

因此，创新意味着发现利用能量的新方式，运用能量来创造不可思议的东西，并且见证它们流行起来。它不仅仅意味着发明，因为这个词语暗含着的意思是找到一项可以流行起来的发明——它足够实用、价格实惠、质量可靠且无处不在，而且值得使用。诺贝尔经济学奖得主埃德蒙德·菲尔普斯（Edmund Phelps）将一项创新界定为"在世界其他地方变成一种新实践的新方法或新产品"。在接下来的部分，我会通过让一个想法流行起来的长期奋斗过程（通常是通过与其他想法结合）来追溯从发明到创新的历程。

我的出发点是：创新是现代世界最重要的事情，却是我们理解最少的。创新是当今绝大多数人与他们的祖先相比享受着繁荣和智慧的生活的原因，是过去几个世纪以来人类社会出现财富大爆炸的压倒性起因，也简单地解释了为何极端贫困的发生率在全球范围内有史以来首次出现自由落体式下降（从占全球总人口的 50% 下降到我有生之年见到的 9%）。

如经济史学家戴尔德丽·麦克洛斯基（Deirdre McCloskey）所言，使我们中的绝大多数人（不仅仅包括西方人，还包括中国人和巴西人）变得前所未有地富有的是"创新主义"：应用新思想来提高生活水平的习惯。对于近几个世纪以来出现的财富大爆炸的其他解释都讲不通。贸易扩张了几个世纪，殖民统治者通过贸易强取豪夺，但如果只靠贸易和掠夺，并不能给收入带来实实在在的、如此量级的提高。没有能够产生如此巨大差异的充足的资本积累，用麦克洛斯基的话说，就是没有"一砖一瓦地搭建，一个学历接着一个学历地苦读"。在劳动力的可得性上没有长足的发展。也不应把这种责任推给伽利略和牛顿的科学革命，因为改变了人类生活的绝大多数创新，起码在最初时，很少受到新科学知识的启迪，驱动这些变革的创新者也很少是受过训练的科学家。实际上，很多人都是出身卑微的缺乏教育的人，比如蒸汽机的发明者托马斯·纽科门（Thomas Newcomen）、带来纺织业革新的理查德·阿克莱特（Richard Arkwright），又或者给铁路带来革命性变化的乔治·史蒂芬逊（George Stephenson）。很多创新领先于它们背后的基础科学。因而工业革命在实际上，用菲尔普斯的话说，就是一种新型经济体系的产生，其内生的创新本身呈现为一种产品。我认为，某些机器本身使其得以成为可能。一台蒸汽机是"自我催化的"：它用于矿井排水，降低了采煤的成本，这又使得接下来的机器变得更便宜、更易于生产。这在后面的章节会介绍。

"创新"这个词出现的频率达到了令人惊异的程度，众多公司试图让自己听起来能跟上时代，但对于创新是如何系统性地发生的却毫无概念。令人吃惊的是没有人真正知道创新为何会发生，如何发生的，更不要说接下来会在何时何地发生。经济史学家安格斯·麦迪逊（Angus Maddison）写道，"技术进步是现代经济增长最本质的特征，也是最难以量化或解释的特征"；另外一位经济史学家乔尔·莫基尔（Joel Mokyr）认为，学者们"对培养和激发技术进步的那种制度知之甚少"。

以切片面包为例。这是有史以来最棒的东西。现在回过头来看，显而易见的是，这个发明源于有人打算为制作同样规格的三明治而发明一种提前切好面包的方法。同样显而易见的是，这件事可能会发生在电动机械首次流行的20世纪上半叶。但它为何出现在1928年呢？它为何出现在密苏里州中部奇利科西这个小镇呢？很多人都尝试制作了切面包的机器，但是它们不是性能不佳就是让面包变了味——因为面包包装得不是很好。让面包机可以正常工作的人是出生于艾奥瓦州的奥托·弗雷德里克·罗威德（Otto Frederick Rohwedder）。他在芝加哥学的是配镜和验光技术，在因为某些原因回到艾奥瓦州并决意要发明一台面包切片机之前，他在密苏里州的圣约瑟夫市开了一家珠宝店。在1917年的一场大火中，他的第一台原型机被焚毁了，不得不从头再来。至关重要的是，他意识到必须要同时发明一台能够对面包进行自动打包的机器，才能保证面包切片是新鲜的。大多数面包店对此都不感兴趣，不过弗兰克·本奇（Frank Bench）旗下的一家面包店——奇利科西面包店（the Chillocothe bakery）对此很有兴趣，接下来的故事你们都知道了。密苏里州有什么特别之处吗？除了20世纪中期美国人普遍钟爱创新以及让创新得以发生的手段之外，最可能的原因是纯属偶然。机缘在创新中发挥了重要作用，这也是自由经济体表现出色的原因，它们提供了自由流动的实验机会。它们给了运气一次机会。

当人们可以自由地思考、实验和猜测时，创新就会出现；当人们彼此开展贸易时，创新会出现；当人们相对富裕且充满希望时，创新会出现。创新多少有点儿传染性，创新需要投资，创新通常出现在城市之中，如此等等。但是我们真的了解创新吗？鼓励创新的最佳方式是什么？是设立目标、指导研究、资助科学、撰写规则和标准，还是对上述这些退避三舍、解除管制、给人们以自由，或者是为想法创建产权、提供专利和颁发奖品、授予奖章，又或者是对未来充满恐惧或充满希望？你会发现所有这些政策的拥护者以及更多的人都热切地争论着他们的成功案例。但是创新最惊人之处在于它依然如此神秘莫测。没有一位经济学家或者社会科学家可以完全理解为何创新会发生，更不要说它为何会在某时于某处发生了。

在本书中，我会尝试着去解决这个重大的难题。我主要是通过讲故事的方式来解决这个问题，而非单独通过抽象的理论化或论点（虽然有时候会有一些）。通过讲述创新者成功和失败的例子，让这些把他们的（或其他人的）发明变成有用创新的创新者来告诉我们创新是如何发生的。我讲述了蒸汽机和搜索引擎的故事、疫苗和电子烟的故事、集装箱和硅芯片的故事、轮式行李箱和基因编辑的故事、数字和抽水马桶的故事。让我们听听托马斯·爱迪生（Thomas Edison）、伽利尔摩·马可尼（Guglielmo Marconi）、托马斯·纽科门（Thomas Newcomen）、戈登·摩尔（Gordon Moore）、玛丽·沃特利·蒙塔古夫人（Lady Mary Wortley Montagu）、珀尔·肯德里克（Pearl Kendrick）、阿尔·花拉子密（Al Khwarizmi）、格蕾丝·赫柏（Grace Hopper）、詹姆斯·戴森（James Dyson）和杰夫·贝佐斯（Jeff Bezos）的故事吧。

我没指望记录每一个重要的创新。我略过了一些非常重要又众所周知的创新，我这样做并没有什么特殊的理由，比如，纺织业的自动化，或者有限公司的历史。我忽略了艺术、音乐和文学领域的绝大多数创新。我的例子主要来自能源领域、公共卫生领域、交通运输领域、食品领域、低技术领域以及计算机和通信领域。

我所讲述的所有故事的主角并不都是英雄，有些还是骗子、造假者或者失败者。很少有人是单打独斗的，因为创新是一项团队活动、一项集体性事业，它远不止人们普遍认知的那样。创新的功劳和署名资格是令人困惑又充满神秘感的，这样说并非完全有失公允。然而与绝大多数团队活动不同的是，创新通常不是一项精心设计的、有计划的或者可以管理的事情。它不能被轻易地预测，就像很多羞愧得面红耳赤的预言家所发现的那样。创新主要通过试错得以运行，这是自然选择的人类版本，并且它通常是伴随着在寻找其他东西时出现的巨大突破而被无意中发现的：它是非常偶然的。

我将在时间上重新回到人类文化的开端，以试图去理解是什么首先触发了创新，以及为何它发生在人类身上而非知更鸟或岩石身上。大猩猩和乌鸦确实也会通过发展和扩散新的文化习性而创新，但是这种创新只是非常偶尔地出现，并且非常缓慢，其他绝大多数动物根本就不会创新。

自我出版《理性乐观派》⊖（*The Rational Optimist*）一书10年以来，对几乎每个人来说，人类的生活水平正在快速地提升，我在那本书中提出了一个不流行的观点，世界已经变得更好，世界正在变得更好，而且世界将会变得越来越好。我完成那本书的时候，世界正深陷于一场严重的衰退

⊖ 本书已由机械工业出版社出版。

之中，但是多年以来，对很多贫穷之人来说，世界经济的增长已经比以往任何时候都快很多了。埃塞俄比亚居民的平均收入在 10 年里翻了一番；极端贫困人口的数量在历史上首次下降到 10% 以下；疟疾导致的死亡率大幅下降；战争在西半球得以完全平息，这在旧世界（Old World）是相当罕见的；廉价的 LED 灯取代了白炽灯和荧光灯；通过无线网络通话基本上是免费的了。当然，有些事情变得更糟了，但是总的趋势还是积极的。所有这些都归功于创新。

创新改变了我们的生活，而发生这种改变的主要方式是让人们能够为彼此工作。就像我以前认为的那样，人类历史的主题是我们在生产上变得越来越专业化，以及在消费上变得越来越多元化：我们从不稳定的自给自足转向了更安全的相互依赖。通过每周用 40 个小时的时间专注于满足他人的需求，我们把这称为工作，你可以把另外的 72 个小时（不算躺床上睡觉的 56 个小时）用于享受其他人给你提供的服务。你只需工作一小会儿就可以支付得起让电灯开 1 个小时的费用，而让它成为可能的就是创新。如果你自己单打独斗的话，提供等量的光需要你工作一整天，你得采集和提炼芝麻油或羊的脂肪以供油灯燃烧，在不远的过去，大多数人就是这么做的。

绝大多数创新都是循序渐进的过程。哈佛大学教授克莱顿·克里斯坦森（Clayton Christensen）在 1995 年杜撰了一个短语，那就是颠覆性创新。现代人对颠覆性创新的痴迷是错误的。即便一项新技术确实颠覆了一项旧技术，就像数字媒体对报纸所做的那样，其效果展现得也很慢，其步伐也是逐步加快的，是循序渐进而非突飞猛进地发挥作用的。创新在早期通常是让人失望的，可一旦创新开始了，它最终就会超出预期。我把这种现象称为阿玛拉炒作周期（Amara hype cycle），这是用罗伊·阿玛拉（Roy Amara）的名字命名的，他首先指出：从长远来看我们低估了创新的影响，但是从短期来看我们高估了它的影响。

也许创新最令人困惑的一面就是它如此不受欢迎，虽然我们口口声声地赞扬它。尽管有大量的证据表明，创新以不计其数的方式让几乎每个人的生活都变得更好了，但是绝大多数人对某些新东西的本能反应往往是担忧，有时候甚至是厌恶。除非它对我们有明显的用处，否则我们倾向于想象可能会发生的糟糕后果，这种想象要远多于可能会发生的好的结果。我们会代表那些当下的既得利益者（投资者、管理者和雇员等）给创新者设置障碍，阻碍创新者前进。历史表明，创新是一朵脆弱的小花，它很容易被碾碎在脚下，但如果条件允许，它就会迅速重生，正所谓"野火烧不尽，春风吹又生"。

在三个多世纪以前（在"财富大爆炸"开始之前），上述创新上的奇怪现象以及对创新的抵制得到了一个创新者极具表现力的赞美，虽然他可能没有使用"创新"这个词语。威廉·配第（William Petty）从一个十几岁的海员，一个受困于异国海岸的断腿男孩，逐步变成了接受过耶稣会会士教育的人，并成为哲学家托马斯·霍布斯（Thomas Hobbes）的秘书。在荷兰待了一段时间之后，他开始了自己作为医生和科学家的职业生涯。后来他以商人、爱尔兰的土地投机者、下议院议员的身份出现，最终成为一位富有的、在政治上有影响力的经济学先驱。他是一个创新者，而非发明家。在职业生涯初期，即在1647年成为牛津大学解剖学教授期间，配第发明了一个复写的工具，并且申请了专利。利用这个工具，他可以一次性地抄写出两份《希伯来书》的第一章。同时，他还设计出了一个无须在河床上架设支撑物就可以建造桥梁的方案,以及一种种植玉米的机器,并且都申请了专利。但是这些发明没有一个流行起来。配第在1662年满怀感慨地对很多创新者发出了如下的哀叹:

  几乎没有什么新发明曾经通过垄断权获得过报酬。因为尽管发明者常常自我陶醉于其发明创造的价值当中,想当然地认为全世界的人都会侵犯他的发明权,可是根据我的观察,一般人是很少愿意使用这些新发明的,因为这些新发明本身还没有经过彻底的考验,还没有经过时间来证明它们有没有潜在的缺点。所以,当一项新的发明最初被提出来的时候,几乎所有人在一开始都是反对的,而可怜的发明者则总是会受到那些无理取闹的"聪明人"的左右夹攻。每个人都能发现这项新发明的缺点,没有人肯定它,除非发明者按照人们提出的意见对他的新发明进行改良。能够经受得住这样责难的人真是凤毛麟角,即使经受住了这样责难的人,最后也还是按照人们各式各样的意见对其发明进行改进。正因为如此,可以说,没有一个人敢说某项新发明完全是自己的,甚至于这项新发明的哪一个部分与最初的发明者有关都不乏争议。更糟的是,当围绕着新发明的无休止的争议平息的时候,时间已经过去很久了,那可怜的发明者不是已经作古就是已经为此发明债台高筑了,不免被出资与他合作的人所咒骂。这样,所谓的发明者和他的发明就彻底地化为了乌有。㊀

 ㊀ 这一段翻译采用自威廉·配第《赋税论》,略有修饰,邱霞、原磊翻译的版本(华夏出版社,2017年4月)。——译者注

第1章

能　　量

每当你看到一个成功的企业，就意味着曾经有人做了一个大胆的决定。

彼得·德鲁克

热、功和光

我认为，人类历史上最重要的事件也许是 1700 年左右发生在西北欧的某个地方，由某个或某些法国人或英国人做出来的，但是我永远不知道这些人到底是谁。为何如此含糊不清？因为当时没有人注意到或认识到它的重要性；无论如何，创新都是一个价值很小的事情。至于几个候选人中谁的贡献最大，人们也同样存在着困惑。这是一个循序渐进的、跌跌撞撞的变化，没有顿悟的时刻。这些特征都是创新的典型表现。

我所讨论的事件是，人类第一次通过控制热量的转换来做功。如果工业革命必然会出现的话，那么这就是让工业革命成为可能的关键突破口，因而也促进了现代世界的繁荣，以及今天各种技术的百花齐放。（在这里，我使用"做功"这个词更通俗的含义，只是把它看作受控的能量运动，而非物理学家在更广泛的意义上界定的那样。）在一列行驶的火车上，我在电灯的帮助下，把这些文字记入由电能维持运行的笔记本电脑里，同样，这列火车也是由电能驱动的。绝大多数电能都是由连接着发电站的电线传导过来的，在发电站中，燃烧天然气所产生的蒸汽或被核裂变所释放的热量加热的蒸汽驱动着巨大的涡轮高速旋转。发电站把燃烧产生的热量变成使水膨胀的压力，从而让水转化为蒸汽，然后推动涡轮机的叶片运动，在电磁铁内运动的这些叶片会在电线中产生电子的运动。这与汽车或飞机的发动机中发生的事情类似：燃烧产生引发运动的压力。实际上，让我们的生活得以实现的巨大能量都来自热的转换做功。

在1700年之前，人类使用热和功这两种主要能源。（光主要来自热。）人们依靠燃烧木头或煤炭来取暖和烹饪，他们还用自己的体力或马以及公牛的体力来移动物体，也就是做功，或者极偶尔地使用水车或风车。这两种能源是分开的：木头和煤炭不做机械功，风力、水力和公牛不产生取暖所需的热量。

数年后，虽然起初的规模很小，但是蒸汽开始把热转化成功，世界就再也不复从前的模样了。纽科门发动机是第一台可以做热－功转换的实用设备，所以在热－功转换的创新者名单中，托马斯·纽科门是本书第一个候选人，也是最有前景的候选人。注意，我并没有称他是一个发明家，创新者和发明家的区别是至关重要的。

我们没有纽科门的画像，他于1729年在伦敦北部的伊斯林顿（Islington）去世，并且葬在了伊斯林顿某个无名墓地之中。他的一个竞争对手并且可能是他的灵感来源的丹尼斯·帕潘（Denis Papin），也在距离那里不远的地方静静地躺在某个无名墓地之中，不过我们依然并不知道是哪里。1712年左右，帕潘在伦敦像一个叫花子一样从人们的视野中消失了。唯一算是得到善终的只有托马斯·萨弗里（Thomas Savery），他于1715年在威斯敏斯特附近去世。做了几年邻居并且几乎是同时代的这三个人（帕潘生于 1647 年，萨弗里可能生于 1650 年左右，纽科门生于 1663 年）在热－功转换中都发挥了关键作用。但是他们可能素未谋面。

当然，他们都不是注意到蒸汽具有移动物体能力的第一批人。在古希腊和古罗马，人们就利用这种原理制作过玩具，几个世纪以来，聪明的工程师们不时地搭建一些装置，利用蒸汽来驱动花园中的喷泉，或者一些类似的小伎俩。但是第一个梦想着可以将这种力量用于实际生产而非娱乐消遣的人是帕潘，把类似的梦想变成了机器的是萨弗里，尽管这台机器被证明是不切实际的，而纽科门则制造了一种实用的机器，真正发挥了作用。

或者这就是传统的叙事。挖得越深就越令人困惑。这两个大不列颠人是谁窃取了法国人帕潘的想法？还是说他们都有？萨弗里或者纽科门从对方那里窃取了帕潘的见解吗？帕潘也许是受到了萨弗里的启发，还是相反呢？纽科门是否甚至意识到了其他两个人的工作？

虽然死得过于默默无闻，但是终其一生，从智慧和声誉方面来说，丹尼斯·帕潘都是一个明星。他与那个时代很多伟大的科学家都共事过。于卢瓦尔河畔的布卢瓦出生的帕潘在大学学习的是医学。1672 年，荷兰伟大的自然哲学家，同时也是巴黎科学院院长的克里斯蒂安·惠更斯（Christiaan Huygens）聘请帕潘做自己的助手，与另外一个注定日后会拥有更大名声的聪明的年轻人戈特弗里德·莱布尼茨（Gottfried Leibniz）一起工作。3 年后，为逃脱法国国王路易十四（Louis XIV）的反新教迫害，帕潘流亡伦敦。

在伦敦，或许是由于惠更斯的引荐，帕潘成为罗伯特·波义耳（Robert Boyle）的助手，致力于空气泵的研究工作。在动身前往威尼斯之前，罗伯特·胡克（Robert Hooke）短暂地聘用了他一段时间，随后帕潘在威尼斯的一个科学学会做了3年的管理者，1684年，帕潘返回伦敦，继续在英国皇家学会从事同样的工作。在这个过程中，他发明了让骨头变软的压力锅。到1688年，他已经是马尔堡大学的数学教授了，1695年，帕潘移居卡塞尔（Cassel）。这给人的感觉是，他要么总是居无定所、颠沛流离，要么就是没有人长久地支持他的事业。

惠更斯聘请帕潘来探讨一个想法，用气缸中火药爆炸所产生的真空来驱动机器（从时间上看，这个想法是内燃机的祖先），但是帕潘很快就意识到蒸汽冷凝可能会更有效。他甚至在1690～1695年的某个时刻，自己建造了一个简易活塞和气缸，蒸汽在冷却时冷凝从而使得活塞突然前冲或下降，并借此利用滑轮提起一定的重物。他发现了气体发动机的原理，一旦在活塞下制造出了真空，这个发动机中空气的重量就会做功。这是一个通过吸入气体而非吹出气体来发挥作用的机器。

1698年夏，莱布尼茨同帕潘通了信，就发动机的后一种设计方式进行了交流，发动机可以通过对火的使用来排水。因为矿井是畜力难以发挥作用且燃料十分丰富的地方。潮湿的矿井失火的风险较低，所以它要比干燥的矿井更加安全。矿工们却一直饱受矿井渗水之苦，所以从矿井中抽水是需要解决的首要问题。

然而，帕潘已经在梦想着用蒸汽来为船提供动力了："我相信，除了排水之外，这个发明可以用于很多其他的事情，"他在给莱布尼茨的信中写道："至于水上交通，我自以为如果能够找到足够的支持，我会很快地实现这个目标。"这其中的想法是，锅炉产生的蒸汽可以让活塞通过一个管道把水喷入桨轮之中。然后，新的供水重新进入活塞的空腔并使得蒸汽冷凝，从而使活塞归位。1707年，帕潘实际上已经建造了一艘有桨轮的船，虽然他似乎没能用蒸汽来让它运行起来，而是由人力替代的，不过这展示了桨轮比船桨所具有的优越性。在去英格兰的路上，他坐在船上沿着威悉河漂流。就好像卢德运动中的卢德分子一样㊀，职业船夫们对他们面临着的这种竞争感到不悦，并且摧毁了这艘船。

历史学家 L. T. C. 罗尔特（L. T. C. Rolt）认为，帕潘能做之事要比他所做之事多很多。"令人焦心的是，就在非常接近实际成功的边缘时，才华横溢的帕潘却转身离开了。"当莱布尼茨告诉帕潘说托马斯·萨弗里申请了用火排水的专利后，帕潘又回到了对蒸汽的利用上，萨弗里在1698年的某一天获得了这项专利，也正是在这一天，帕潘向莱布尼茨吹嘘说他知道如何制造这样的机器。然后帕潘建造了一个不同的蒸汽机，从他画的草图看，这显然是萨弗里蒸汽机的修正版。不过，肯定有可能的是，萨弗里从帕潘与皇家学会前同事的各种通信中听说了帕潘的设计，虽然萨弗里的机器与帕潘的截然不同。到底是谁抄袭了谁的设计呢？

时间上的巧合很奇怪，但这也正是创新者的特征。历史上一次又一次地出现了标志着技术进步的同步发明，就好像有什么东西在那个时刻都成熟了一样。这并不表明存在着剽窃。上面这个例子中，更好的金属加工技术、对采矿的更大兴趣以及在科学上对真空的痴迷这三者的组合一起出现

㊀ 卢德分子（Luddites）指参与卢德运动的人士。工业革命初期，机器的生产效率逐步高于人工的生产效率，工厂逐渐使用机器而排斥手工劳动，这使得大批手工业者尤其是熟练工人失业与破产。工人失业后工资下跌，陷入悲惨的生活境地。工人把机器视为贫困的根源，把捣毁机器作为反对企业主，争取改善劳动条件的手段。相传，英国莱斯特郡一个名叫奈德·卢德（Ned Ludd）的工人，为抗议工厂主的压迫，于1779年捣毁了织袜机，工人们尊称他为卢德王或卢德将军，此后这种捣毁机器的运动称为卢德运动，参与卢德运动的人士称为卢德分子。随着工业革命的大潮，人类科技大发展，生产力急速提升，卢德分子渐渐变为贬义词，成为保守、落伍、反动、反对进步的同义词。在当代，新卢德分子的主要表现为对工业化、自动化、数字化、人工智能等新科技的反对。——译者注

在西北欧，从而使得初级蒸汽机的出现几乎成为必然。

"上校"萨弗里或许是一名军事工程师，或者这也可能只是一个荣誉军衔，但是几乎和纽科门一样，他也是一个充满神秘感的人物，我们没有他的画像，他的出生年份不详。他和纽科门一样来自德文郡（Devon）。我们确切知道的是，1698年7月25日，也就是帕潘写信给莱布尼茨讨论他的蒸汽船设计的那一天，萨弗里在"利用火产生的推力来排水"上获得了为期14年的专利。接下来的一年，也就是1699年，这项专利又被延长了21年，也就是截至1733年。结果表明，对于萨弗里不够格的继承人来说，这是一个丰厚的馈赠。

萨弗里的机器工作原理如下：置于火上的一个铜管炉把蒸汽送入一个称为接收器的注满水的罐子里，进入罐子的蒸汽通过一个逆止阀把水排入铜管。一旦接收器充满了蒸汽，来自铜管炉的蒸汽供给便会被切断，并且接收器被喷洒上冷水，接收器内的蒸汽开始坍缩，并产生出真空。铜管炉通过另外一个管子从下面吸入水，然后再次开始上述循环。1699年，萨弗里在皇家学会用两个接收器做了展示，在某种程度上，他似乎实现了组合阀机制的部分自动化，也就是可以填满任意一个接收器，所以这个设备可以持续地做功。

1702年的一个广告说，可以"在老剧场（Old Playhouse）前面，位于伦敦索尔兹伯里法院（Salisbury Court）的济贫院"观看萨弗里蒸汽机的展示模型，"每周三和周六的下午3点到6点可以在那里看到这台机器工作"。他显然把几台机器卖给了名流们，他还在约克大厦（York Buildings）安装了一台，现在位于斯特兰德大街的右侧，不过当时是在泰晤士河沿岸，伦敦想从泰晤士河引水，但是最终失败了。矿主们对这种机器不感兴趣。它只能做到短距离地排水，需要更多的煤炭来做燃料，并且水会从接缝的地方渗漏出来，还容易爆炸。在创新中，失败通常是成功之母。

到 1708 年，身处伦敦的帕潘希望能够为建造蒸汽船获得支持，他可能是借助一个传统的帆船而非他自己有桨轮的船跨越了英吉利海峡；我们并不知道他是否见过萨弗里。他期望在英格兰被看成是蒸汽领域的天才的梦想很快就落空了。艾萨克·牛顿爵士（Sir Isaac Newton）在皇家学会的秘书汉斯·斯隆（Hans Sloane）对帕潘日益绝望的来信充耳不闻。即便他是莱布尼茨的朋友也无济于事。牛顿与莱布尼茨在到底是谁先发明了微积分的旷日持久的斗争中正处于顶峰时期，实际上他们两个都发明了微积分，只不过莱布尼茨的版本更加简洁一些。毫无疑问，穷困潦倒的帕潘因为与莱布尼茨的连带关系而在皇家学会声誉受损。"我至少有六篇论文在皇家学会的会议上被诵读，但始终被学会拒之门外。阁下，显然我是一个可悲的例子。"帕潘在 1712 年给斯隆的信中如此写道。

此后，就再也没有关于帕潘的消息了。他就这样消失了，历史学家认为他一定是在那一年过世的，他太穷了，以致没有留下什么遗嘱或者埋葬记录。萨弗里也在 3 年后离世，虽然不那么籍籍无名，但也很难算是一个大英雄。他留下了一笔重要的遗产：用火排水的专利，这迫使纽科门不得不与萨弗里的继承人们在接下来的多年里合伙。

于是，这两位戴着长长的假发与贵族们交往的科学家都没能改变世界。这一壮举留给了一个来自德文郡达特茅斯的卑微的铁匠——托马斯·纽科门。纽科门是一个铁器商，这在当时更像是一个工程师或铁匠，1685 年，他与玻璃工或管道工约翰·卡利（John Calley）合伙做生意。

除此之外，纽科门是如何在 1712 年，也就是帕潘过世的那一年实现了对蒸汽机完全成熟的设计的，我们对此几乎一无所知。

几个世纪以来，很多历史学家都不愿意相信，一个卑微的铁匠居然能在智力超群的教授们失败的事情上取得成功。他们假设帕潘和萨弗里的想法可能会在某些方面影响纽科门，包括在法国一度很流行的一种阴谋论，有人给纽科门提供了帕潘写给斯隆的一些信件。也有人猜测，纽科门在康沃尔（Cornish）的一个锡矿中看到过萨弗里的机器，但是这些都经不起仔细的推敲，也有可能他对伦敦著名科学家的工作一无所知。事实上，一位消息人士坚称，纽科门在 1698 年萨弗里获得专利和帕潘给莱布尼茨通信之前就开始了他第一次设计工作。

那个消息人士是一个叫马丁·特里弗德（Mårten Triewald）的瑞典人，他是唯一真正了解纽科门的人。他与纽科门和卡利一起合作过，在把这种技术带回瑞典之前，他们在纽卡斯尔建造了好几个早期的蒸汽机。他描述说，在制造出一个可行的机器之前，纽科门就对蒸汽开展了长时间的试验，并且当冷水注入气缸中时，他发现了一个意外的突破：

在连续十年的时间里，纽科门先生一直致力于研究这个从未显示出预期效果的火力机器，除非因为机缘巧合，有一件幸运的事情发生（让它奏效）。在最后一次尝试让这台机器工作时，随后的奇怪事件突然导致了远远超过预期的效果。冷水流入包裹着气缸的铅制壳体，刺穿了机器上一个用锡焊料修补的缺口。蒸汽产生的热量导致锡焊料熔化，因而给冷水开辟了一条通路，它涌入了气缸之中并且迅速地让蒸汽冷凝，因而产生了真空，真空让附加在小梁上的重量，也就是水泵里水的重量显得微不足道，结果空气对活塞施加了巨大的压力，居然让活塞链都断裂了，活塞撞坏了气缸的底部和小锅炉的盖子，热水流得到处都是。所有旁观者都确信，他们发现了一种迄今为止在本质上完全不为人所知的无比强大的力量。

纽科门的设计是通过喷射冷水使蒸汽在气缸中坍缩，然后通过活塞和横梁杠杆将大气坍缩下的真空能量传递给泵，这种机制要比萨弗里的设计更加安全，也更强劲。可能在距离纽科门工作不远的康沃尔锡矿建造过一些原尺寸的机器，但是并没有确切的证据表明如此。我们确实知道的是，世界上第一台真正工作的纽科门发动机是于1712年在沃里克郡（Warwickshire）达德利城堡（Dudley Castle）附近制造的。据特里弗德说，它每分钟可以抽水12次，每次10加仑⊖，因而从煤矿中抽水的高度可以达到150英尺。1719年，托马斯·巴尼（Thomas Barney）给这个机器绘制了一幅版画，展现出了它精美的复杂性，罗尔特认为，这与"萨弗里粗糙的抽水机或帕潘的科学玩具"存在着本质的差别。他接着写道："一项如此重要的发明被一个人如此迅速地开发成如此完善的形式，这在技术史上是很罕见的。"

不过，起初它只是一个异常低效的设备。按照今天的标准，纽科门蒸汽机是一个庞然大物。它有一间小屋子那么大，冒着黑烟，叮叮当当地响个不停，还发出笨重的嘶嘶声，燃煤所产生的能量大约99%都被浪费掉了。还要再等数十年的时间，詹姆斯·瓦特（James Watt）的分离式冷凝器、飞轮和传动轴，以及其他改进才会出现，从而使它的应用领域不再局限于燃料便宜的煤矿开采。

⊖ 1加仑（英制）=4.546 092 升。

这个故事牵扯着我的一些个人情愫。我的祖先，尼古拉斯·里德利（Nicholas Ridley）大约在17世纪末左右开始从事采矿业。离开位于诺森伯兰郡（Northumberland）南泰恩河谷（South Tyne Valley）的农场后，他成为铅矿开采企业的合伙人，并且试图从铅矿石冶炼中提取银。他后来前往纽卡斯尔，并且通过某种方式进入采煤业。到1711年去世的时候，他已经是泰恩河北岸一个富裕的煤炭商人和矿主了，并且成为当时英格兰第三大城镇的镇长。他的儿子理查德经营煤矿的方式十分大胆，因大动干戈和打破价格垄断的卡特尔而获得了一个美誉，"煤炭贸易的麻烦制造者"，他甚至一度试图谋杀自己的一个对手，而他的二儿子尼古拉斯似乎大部分时间都住在伦敦，大概从事接收和销售煤炭的工作。早在1700年他的煤炭供应就占到了英格兰能源的一半。

可能在1715年或1716年左右，年轻的尼古拉斯雇用了纽科门合作伙伴约翰·卡利的儿子——十几岁的山姆·卡利（Sam Calley），让他北上并在拜克（Byker）制造蒸汽机，目的是排空让前两个所有者破产的矿井中的渗水。如果工程师约翰·斯密顿（John Smeaton）的说法可信的话，那么这台机器可能是世界上的第三台或第四台。为获得使用这种设计的许可，里德利家族每年向萨弗里的继承人支付400英镑的巨款作为专利使用费，并且在制造第一台蒸汽机上花费了大约1000英镑。

我们之所以知道这些，是因为（年资尚浅的）尼古拉斯说服了纽科门的朋友马丁·特里弗德北上并且监督年轻的卡利。这个瑞典人把他的一个交易账户留给了里德利兄弟。随着第一台蒸汽机建造成功，里德利家族订购了更多的蒸汽机，到1733年，也就是萨弗里的专利到期的时候，拜克已经有了两台，希顿（Heaton）有三台，杰斯蒙德（Jesmond）和南戈斯福斯（South Gosforth）各有一台。我相信理查德·里德利和尼古拉斯·里德利一定见过纽科门。

纽科门蒸汽机是现代世界之母，它开创了一个新的时代，技术开始拓展人类的工作，并释放出巨大的生产力，从枯燥繁重的耕作、盥洗和济贫院的苦差中解放了越来越多的劳动力。这是一项关键的创新。然而它出现的方式有些神秘莫测、令人费解。它的出现是因为丹尼斯·帕潘展示出来的英国和法国的科学进步吗？也许有一点，但是纽科门显然对这种进步一无所知。它的出现是因为在17世纪末冶金技术的进步使得当时可以制造出大型黄铜气缸和活塞吗？部分原因是这样的。它的出现是因为英国森林面积锐减而导致木材价格上涨，进而导致煤矿开采业大幅度扩张，以及随之而来的对抽水设备的需求吗？在某种程度上是的。它的出现是因为由荷兰人开始的西北欧贸易扩张导致了资本、投资和企业家的产生吗？在某种程度上肯定是的。但是为何这些条件没有一起出现在中国、意大利的威尼斯、埃及、孟加拉国、荷兰的阿姆斯特丹，或一些其他的贸易中心？并且为何是出现在1712年，而非1612年或1812年？回过头来看，创新似乎是显而易见的，但是在当时却是难以预测的。

瓦特带来了什么变化

1763年，一个名叫詹姆斯·瓦特（James Watt）的娴熟且心灵手巧的苏格兰仪器制造师被要求去维修一台隶属于格拉斯哥大学的纽科门蒸汽机，这个东西只能勉强工作。在努力找出问题的过程中，瓦特意识到一般的纽科门蒸汽机存在着很早就应该被发现的一些问题：在每次重新加热气缸的循环中要浪费掉蒸汽所产生的能量的 3/4，每一次都要重新注水来让气缸冷却以冷凝蒸汽。瓦特有了一个利用分离式冷凝器的简单想法，这样气缸就可以一直保持高温，同时蒸汽被排入一个更冷的容器中进行冷凝。他一举提高了这种蒸汽机的效率，虽然在当时，他花了几个月的时间才把金属加工的想法变成了实用的设备。

在用一个小型测试蒸汽机演示了这个原理之后，瓦特首先与约翰·罗巴克（John Roebuck）合作获得了专利，然后又与企业家马修·博尔顿（Matthew Boulton）共同建造了原尺寸的蒸汽机。1776 年 3 月 8 日，也就是由另一个苏格兰人亚当·斯密（Adam Smith）撰写的《国富论》(*The Wealth of Nations*) 出版的前一天，他们揭开了这台机器的面纱。博尔顿想让瓦特开发一种方法，把活塞的上下运动转变成围绕轴的圆周运动，从而能够让面粉厂和其他工厂也可以使用传动轴。曲轴和飞轮的专利已经被詹姆斯·皮卡德（James Pickard）申请了，这在一段时间内使瓦特陷入困境，并且迫使他去开发一个名为行星齿轮的替代系统。反过来说，曲轴的想法也是皮卡德从博尔顿自己位于苏豪区工厂的一个不忠诚且喝醉酒的雇员那里得到的，从而使得这个简单设备的身世从一开始就陷入困惑之中。

尽管这个专利的例子阻碍了对蒸汽机的改善，就像萨弗里的专利阻碍了纽科门蒸汽机的改善一样，但是瓦特本身满腔热忱地捍卫着自己的专利，博尔顿擅长利用他的政治关系网为瓦特的各种发明获得更长期和广泛的专利。到底在多大程度上，瓦特的诉讼延缓了蒸汽作为工厂动力来源的发展？这是一个很有争议的问题，但是 1800 年主专利到期与对蒸汽进行试验和应用的迅速扩张却是同时发生的。实际上，一份刊物的出版促成了蒸汽机效率的持续、稳步提高并让蒸汽机开始向其他行业渗透，就如同一场开源软件运动那样，这份由康沃尔采矿工程师约翰·莱恩（John Lean）创办的《莱恩蒸汽机报告》（*Lean's Engine Reporter*）传播、扩散了很多不同的工程师在改良蒸汽机上的建议。我的意思很简单：毫无疑问瓦特是一个聪慧的发明家，但是他得到的赞誉太多了，而对其他人在这个过程中的协同工作的赞誉则太少了。

瓦特于 1819 年去世，5 年后，人们捐资给他建了一个纪念碑，这在那个时代是不寻常的，因为绝大多数纪念碑都是给那些赢得了战争的人树立的。《化学家》（*The Chemist*）这本期刊的编辑曾这样极富见地地说道："他和其他公共捐助人截然不同的是，他从来没有把让公众受益作为他的目标，或者假装这样做……这个没有装模作样的人实际上赋予世界的好处，要多于所有那些数个世纪以来把照顾公众的福祉当作自己专门业务的人。"

托马斯·爱迪生和他的"发明事业"

一段时间之后，一种能源革新出现了，它成为整个能源领域发明的象征，那就是白炽灯。作为一个来自英国东北部的具有爱国精神的人，我不得不指出的是，白炽灯的一个创新者居住在距离泰恩河只有几英里距离的盖茨黑德（Gateshead），他就是约瑟夫·威尔森·史旺（Joseph Wilson Swan）。1879 年 2 月 3 日这一天，在 700 名观众的注视下，史旺在纽卡斯尔的文学和哲学学会首先展示了他可以让电流通过碳丝真空玻璃灯泡照亮他做演讲的那个房间。

当时已经使用电力来照明了，采用的形式是弧光灯。问题在于，它非常亮。史旺正试图解决的问题是光的"细分"，把电流分成小电子流，生成众多光源以产生温和的光照。实现在真空中对一条发光的金属线或细丝通电又不至于让它烧毁是至关重要的。在吹制的玻璃制品内产生足够的真空并找到一种可靠地充当细丝的材料是史旺试图解决的两个问题。在1850年他提出第一个原型之后的20多年里，他的进展非常缓慢。

但是，且慢，托马斯·爱迪生不是发明了白炽灯吗？是的，没错。但是马塞林·乔拔（Marcellin Jobard）在比利时也发明了白炽灯，以及威廉·格罗夫（William Grove）、弗雷德里克·德·莫莱恩（Fredrick de Moleyns）、沃伦·德拉鲁（Warren de la Rue）和史旺在英格兰也发明了它。而且俄国的亚历山大·洛德金（Alexander Lodygin）、德国的海因里希·戈贝尔（Heinrich Göbel）、法国的让－尤金·罗伯特－胡丁（Jean-Eugène Robert-Houdin）、加拿大的亨利·伍德沃德（Henry Woodward）和马修·埃文斯（Matthew Evans）、美国的海勒姆·马克西姆（Hiram Maxim）和约翰·斯塔尔（John Starr）以及其他人都发明了白炽灯。这些人中的每一个都在托马斯·爱迪生之前提出或发表了真空的或充有氮气的玻璃灯泡中装上灼热丝的想法，又或者对这种想法申请了专利。

事实上，到19世纪70年代末，共有21个人都宣称自己独立地设计了或极大地改善了白炽灯泡，绝大多数人都是彼此独立的，这还没有把那些发明了协助生产灯泡的关键技术的人计算在内，比如施普伦格尔（Sprengel）的汞真空泵。史旺是唯一一个工作足够彻底并且专利足够好的人，以至于爱迪生都不得不与他一起合作。事实上，白炽灯的发明史远非阐明了英雄般的发明者的重要性，而是讲述了一个相反的故事，创新是一种渐进的、逐步提升的、集体性的过程，然而也必然是一个不可避免的过程，白炽灯不可阻挡地从当时各种技术的结合中出现。鉴于其他技术的进步，它必定会在它该出现的时候出现。

不过坦白地说，爱迪生的名声依旧当之无愧，虽然他可能并不是白炽灯绝大多数组成部分的第一个发明者，并且在很大程度上来说，1879年10月22日那个突然让人发出惊呼的突破时刻的传说是建立在回顾性的造神运动的基础之上的，但是他依然是把所有东西组合在一起的第一人，是把这些东西与生产和配送电力的系统组合在一起的第一人，因而也是用可行的电力系统技术对煤油灯和煤气灯技术提出挑战的第一人。总而言之，灵光一现的说法更加让人印象深刻，但这是虚荣心在作怪。人们喜欢被看作是才华横溢的，而非仅仅是辛勤工作的。爱迪生也正是那个让白炽灯（几乎）变得可靠的人。他自鸣得意地声称自己发明了一种灯泡，只要不出故障，就可以可靠地持续工作很长时间！于是他开始疯狂地寻找能够证明他所言非虚的东西。在今天的硅谷（Silicon Valley），这被称为"伪装一切，直到成功"（Fake it till you make it）。为了找到制作碳丝的理想材料，他测试了6000多种植物材料。爱迪生苦苦地祈求着："在全能之神的工作室的某个地方，有一种强大的纤维，具有几何形状，适合我们采用。"1880年8月2日，日本的竹子成为最后的赢家，它能够持续工作1000多个小时。

托马斯·爱迪生比任何人都明白，创新本身就是一种产品。创新的产生是一种团队工作，它需要反复试错。他在电报业开始了自己的职业生涯，并且转型到证券交易所制造股市行情自动记录收报机，然后于1876

年在新泽西的门罗帕克（Menlo Park）建立了一个实验室，开始从事他所谓的"创新事业"，后来又搬到西奥兰治（West Orange）的一家更大的机构里。他组建了一个由 200 位技术娴熟的工匠和科学家组成的团队，并让他们夜以继日地工作。他的前员工尼古拉·特斯拉（Nikola Tesla）发明了交流电，爱迪生一直对他进行攻击，实际上并没什么正当的理由，仅仅是因为这项发明是特斯拉而非爱迪生自己做出的。爱迪生的方法奏效了，在 6 年的时间里，他注册了 400 项专利。他仍然不屈不挠地聚焦于找到世界所需要的东西，然后发明一些方式来满足这种需求，而非反过来。发明的方法总是伴随着反复试错的过程。在开发镍铁蓄电池的过程中，他的员工进行了 5 万次实验。他的工作室塞满了各种材料、工具和图书。他最著名的一句话就是，发明是 1% 的灵感加上 99% 的汗水。然而实际上与其说他所从事的是发明，倒不如说是创新，是把想法变成切实可行的、可靠的且经济实惠的现实。

然而相较于白炽灯这项创新所展示出来的创新的渐进性本质而言，创新的结果就是颠覆性地变革了人们的生活方式。人工照明是文明最伟大的礼物之一，而让它变得便宜的恰恰是白炽灯。在 1880 年，工作 1 分钟所获得的平均工资可以让你从一盏煤油灯上获得 4 分钟的光亮；到了 1950 年，工作 1 分钟所得到的平均工资相当于用白炽灯提供超过 7 个小时的照明费用。而到了 2000 年，这个时长达到了 120 个小时。人工照明第一次进入普通人的生活，它驱散了冬夜的寒冷，同时也增加了阅读和学习的机会，顺带说一句，这也降低了火灾的风险。这种创新并不存在显著的负面影响。

白炽灯占据统治地位达一个世纪之久，目前仍是照明的主要形式，至少在居家环境中如此，并一直持续到21世纪的头十年。当它让位于新技术时，这也是在胁迫之下而出现的，是不得已而为之。也就是说，它必须被禁止了，因为它的替代品太受欢迎了。2010年左右，为削减二氧化碳排放，全球各国政府在紧凑型荧光灯泡（节能灯）制造商的游说下做出了决定，以法令的形式"逐步淘汰"白炽灯，这被证明是一种愚蠢的行为。紧凑型荧光灯这个替代品需要太长的时间预热，并不像广告所说的那样持久耐用，而且废品的处置也会带来一定的害处，它们还昂贵得多。在绝大多数消费者看来，它们的节能并不能弥补这些缺点，所以它们不得不被强行推到市场之中。单就英国这一个国家的支出来说，强制购买所支付的费用以及伴随这种购买而出现的补贴估计就达到27.5亿英镑左右。

最糟糕的莫过于，如果政府能够多等几年的话，它们会发现出现了一个更好的替代品，它甚至在能源方面更加节约，而且毫无缺点，它就是发光二极管（light-emitting diodes，LED）。在白炽灯和紧凑型荧光灯都被迅速地抛弃之前，紧凑型荧光灯只维持了6年的统治地位，厂商们也因为发光二极管成本的下降和质量的提升而停止生产这两种灯泡了。这就好像是政府在1900年强迫人们去购买蒸汽汽车而不是等待拥有更好的内燃机车辆一样。紧凑型节能灯是政府在创新上的一个糟糕的案例。如经济学家唐纳德·布德罗（Don Boudreaux）所言："强制美国人从使用一种类型的灯泡转向另外一种的任何立法都必定是一种可怕的利益集团政治的产物，这种政治具有不计后果的象征意义，它的目的是安抚那些日益相信天要塌下来的选民。"

发光二极管灯（以下称LED灯）实际上蓄势待发很久了。它背后的现象是半导体有时候在导电时会发出暗淡的光，这种现象于1907年在英国被首次观测到,并且苏联于 1927 年首次进行了研究。1962 年,通用电气(General Electric)一个名为尼克·何伦亚克(Nick Holonyak)的科学家无意中发现了用砷化镓磷化物制造出能发明亮红光的发光二极管的方法,他当时正尝试着开发一种新型激光。能发黄光的发光二极管很快就在孟山都(Monsanto)的实验室里制造了出来,到 20 世纪 80 年代,手表、交通信号灯和电路板中已经用上了发光二极管。但是在日本日亚化学(Nichia)工作的中村修二(Shuji Nakamura)于 1993 年用氮化镓开发出发蓝光的发光二极管之前,人们一直认为发光二极管是不可能发出白光的,这使得 LED 灯一直未进入主流的照明领域。

人们用了 20 年时间才把这种固态照明的价格降到合理的水平。如今这种情况已经发生了,不过它的影响是显著的。LED 灯的耗电量特别小,甚至没有连接电网的家庭也可以使用太阳能电池板实现很好的照明,这对于贫穷国家那些位于偏远地区的房屋来说是一个宝贵的礼物。它们让智能手机里有了明亮的闪光灯。它们的散热量非常小,从而使得在室内大规模种植生菜和草本植物的"立体"农业成为可能,尤其是在利用可调谐的发光二极管来产生最适合光合作用的波长方面。

无所不在的汽轮机

如果说纽科门出身低微,年轻时又穷又目不识丁,那么蒸汽动力史上的另一个关键人物则完全不一样。查尔斯·帕森斯(Charles Parsons)是家财万贯的罗斯伯爵(Earl of Rosse,一个爱尔兰贵族)三世的第六个儿子。他出生在爱尔兰奥法利郡的比尔城堡(Birr Castle),并在那里长大成人，在前往剑桥大学攻读数学专业之前，他接受的是私人家教，而非公立学校的教育。

　　但这并不是典型的贵族式家庭。伯爵本人是一个天文学家和工程师，他鼓励自己的儿子们把时间用在作坊里而非图书馆里。查尔斯和他的兄弟们造了一个蒸汽机，这可以为伯爵磨削天文望远镜的反光镜提供动力。离开大学后，帕森斯没有在法律、政治或金融领域谋得一个安逸的职位，而是在泰恩河畔的一家工程公司当起了学徒。他是一个才华横溢的工程师，1884年，他设计了蒸汽轮机并获得了专利，这个经过很少修改的汽轮机将被证明是一种不可或缺的机器，它会给世界提供电力，给军舰和海上的轮船以及后来空中的喷气式飞机提供动力。直到今天，之所以电灯可以照亮每个角落，军舰可以在汪洋大海上游弋以及飞机可以在天空中翱翔，依靠的基本上还是帕森斯设计的汽轮机。

　　汽轮机是绕轴旋转的一种设备。利用蒸汽（或水）让某些东西旋转起来有两种方式——冲力或反作用力。把源自固定喷嘴上的蒸汽对准轮子上的叶片就可以让轮子转动起来，并且让喷嘴中的蒸汽以一个角度喷射在轮子外部也会让轮子转动起来。在公元1世纪，亚历山大港的希罗（Hero of Alexandria）建造了一个旋转球体，他所用的动力来自两个固定角度的喷嘴喷出的蒸汽。帕森斯在早期得出结论说，冲击式汽轮机效率较低，并且会给金属制品造成压力。他还意识到一系列汽轮机（每个都由一些蒸汽驱动旋转）将更高效地采集更多的能量。为了从汽轮机产生电力，他重新设计了发电机，不到几年的时间，他就用越来越大的帕森斯汽轮机建造了第一个输电网络。

　　帕森斯成立了自己的公司，但不得不放弃他原创设计的知识产权，在回归平行的轴流式汽轮机之前，他花了 5 年的时间尝试建造径流式汽轮机。他尝试让海军对这种设备产生兴趣，以便把它作为给轮船提供动力的一种方式，但没有成功。所以在 1897 年，他决定给皇家海军来一个突如其来的"惊喜"。

帕森斯非常热衷于乘坐轮船和游艇，他制造了一艘名为"透平尼亚号"（Turbinia）的快艇，用蒸汽涡轮机驱动螺旋桨旋转来提供动力。初次航行的结果很让人失望，主要是因为螺旋桨存在问题，这导致在水中出现了空泡，旋转的叶片后方存在着浪费能量的小型真空区。帕森斯和克里斯托弗·利兰德（Christopher Leyland）又回到了实验室中，为找到可以解决空穴这个问题的涡轮机，他们尝试了很多款设计。他们反复尝试着，有时候甚至是彻夜不眠，当女仆们在第二天早晨来家里工作的时候，他们还在水箱里忙碌着。这是让人沮丧的工作，但是到1897年，帕森斯用3个轴流式汽轮机取代了单独的径流式汽轮机，单传动轴被替换成3个轴，每个轴都安装了3个螺旋桨。他通过试航知道了，这艘有9个螺旋桨的小船的航速可以达到34节，比当时的任何一艘船都快很多。他甚至还在1897年4月对此发表了一次公开演说，《泰晤士报》（Times）轻蔑地报道说，就船舶而言，涡轮机技术"仅仅存在于实验阶段，或许近乎处于胚胎阶段"。他们错得有多离谱！

同年的 6 月 26 日，为庆祝维多利亚女王的加冕 60 周年，大舰队集结于斯皮特黑德（Spithead）接受威尔士亲王检阅，帕森斯也在策划一场大胆的特技展示。140 多艘舰船集结成四列纵队，位列两旁，总长绵延 25 英里⊖。在这些纵队中间的是蒸汽动力的皇家船队，分别是载着威尔士

⊖ 1 英里 =1609.344 米。

亲王的维多利亚和阿尔伯特号（Victoria and Albert），载着其他皇室贵宾的 P&O 公司客轮迦太基号（Carthage），载着英国海军大臣的女巫号（Enchantress），载着上议院议员的多瑙河号（Danube），载着下议院议员的丘纳德客轮坎帕尼亚号（Campania），以及载着各国大使的埃尔多拉多号（Eldorado）。还有一列受邀的外国战舰，包括载着普鲁士亨利亲王（Prince Henry of Prussia）的威廉国王号（König Wilhelm）。

帕森斯无视规则且避开了执行警戒任务的快速蒸汽船，驾驶着"透平尼亚号"在战舰的队列中全速前进，然后于王公大臣面前在波涛间穿行，皇家海军的舰艇也只能徒劳地追赶着，其中一艘还差点与海面上的一只快船撞在一起。这引起了轰动，出人意料的是，帕森斯的举动并没有让皇室龙颜大怒，反而帮了皇室的大忙，现场的德国人见证了这一场面，普鲁士的亨利亲王给帕森斯发去了贺信，海军领会了贺信中的暗示，并且在 1905 年决定未来所有的战舰都要用涡轮机提供动力。皇家海军无畏号是第一艘安装了汽轮机的战舰。1907 年，有人拍到由帕森斯汽轮机提供动力的大型客轮毛里塔尼亚号（Mauretania）跟她"娇小"的前辈"透平尼亚号"并排停泊在一起。

在某种程度上来说，斯皮特黑德事件有一定的误导性。汽轮机和电力的历史完全是渐进的，不是以任何突然的阶跃变化为标志的。帕森斯只是沿着这条路前进的很多人中的一个，这些人逐步地设计和改进了可以产生电力和动力的机器。这是一种演化，而非一系列革命。在前进的过程中，每一个关键的发明都是建立于前一个发明之上的，并且让下一个发明成为可能。1800 年亚历山德罗·伏特（Alessandro Volta）制造出了第一个电池；1808 年汉弗里·戴维（Humphry Davy）制造了第一个弧光灯；1820 年汉斯·克里斯蒂安·奥斯特（Hans Christian Oersted）在电和磁之间建立起了关联；1820 年迈克尔·法拉第（Michael Faraday）和约瑟夫·亨利（Joseph Henry）制造出了第一台电动机，并于 1831 年制造出了第一台发电机。波利特·皮克西（Hippolyte Pixii）在 1832 年制造出了第一台直流发电机，塞缪尔·瓦利（Samuel Varley）、维尔纳·冯·西门子（Werner von Siemens）和查尔斯·惠斯通（Charles Wheatstone）都在 1867 年想到了全功率发电机；齐纳布·格拉姆（Zénobe Gramme）于 1870 年把这种想法变成了直流发电机。

帕森斯汽轮机将燃煤产生的能量变成电能的效率大约是 2%。今天，一个现代的燃气轮机联合循环发电机组的效率大约是 60%。一个有关二者之间进展的图表表明，这是一个持续改善而非阶跃变化的过程。到 1910 年，工程师们通过废热来预热水和空气，已经把效率提高到了 15%。到 1940 年，通过利用超细粉煤，蒸汽再热和更高的温度，其效率已经接近于 30% 了。在 20 世纪 60 年代，随着联合循环发电机有效地将一种形式的涡轮喷气发动机和蒸汽涡轮机一齐引入之后，潜在的效率几乎翻了一倍。挑选出在前进的道路上带来重大改变的聪明人既是困难的，也是有误导性的。这是许多大脑的协同努力。在关键技术被"发明"出来不久之后，创新就持续下去了。

核能与缺乏创新的现象

在成规模的能源创新方面，20 世纪只见证了一种，那就是核能。虽然风能和太阳能有了很大的改善并且也有广阔的前景，但是它们所提供的能源只占不到全球能源的2%。就能量密度来说，核能无可匹敌。只要恰当地接入行李箱大小的一块核燃料，便可以为一个城镇或者一艘航母提供不竭的动力。民用核能的发展是应用科学的胜利，这场胜利始于核裂变和链式反应的发现，一路经历了把理论转换成核弹的曼哈顿计划，逐步发展出了可控核裂变反应的工程应用，并最终将该工程应用于加热水蒸气。如果利奥·西拉德（Leo Szilard）没有在1933年认识到链式反应的潜力，如果不是莱斯利·格罗夫斯将军（General Leslie Groves）在20世纪40年代主持了曼哈顿计划，如果不是海曼·里科弗上将（Admiral Hyman Rickover）在20世纪50年代开发出了第一个核反应堆，并将它改装到潜艇和航母上，这一切都无从谈起。这些名字恰恰说明，这是军方、国有企业、私人承包商协作的结果。到20世纪60年代，这些成果的积累最终形成了在全球各地建设核电站的大型项目。这些核电站只需要用少量的浓缩铀，就能制造大量的水蒸气，为全世界提供可靠、持续且安全的能源供应。

不过如今，核能作为一种产业，在整体上它在衰退，随着老旧核电站关停的速度超过新电站投产运营的速度，核电的产出开始萎缩。作为一项创新，核能的时代已经过去了，而作为一项技术，核能也已经停滞不前了。这种情况的出现并不是因为缺乏新的想法，而是因为某种不寻常的原因，也就是缺乏试验的机会。核能的发展是一个创新只要畏缩不前就会出现倒退的警示故事。

问题在于成本膨胀。几十年来，核电站的成本在不断地增加，主要是因为在安全性上越来越谨慎。这个行业始终与试错无缘，而这是人类已知的降低成本的最有效办法。就核能来说，一个错误就可能会导致巨大的灾难，而且试验的成本巨大，所以核能无法开启试错流程。我们卡在了一种不成熟且低效的技术上，即压水反应堆技术。而且就连这种技术也要被逐渐扼杀了，因为激进的反核运动让公众倍感焦虑，他们要求监管当局采取相应措施。同时，对于政府向全球推行的核技术，即便在推广方面做好了万全的准备，它们有时候也会踌躇不前，如果任由其进展得缓慢一些，它们可能会表现得更好。横贯美国大陆的铁路满盘皆输，并以破产告终，只有一条私人出资的铁路幸免于难。人们不由得会想，如果核能的开发不那么匆忙，并且如果不是军事副产品的话，那么它可能会发展得更好一些。

核物理学家伯纳德·科恩（Bernard Cohen）在 1990 年出版的图书《核能选项》(*The Nuclear Energy Option*) 中认为，在 20 世纪 80 年代，大多数西方国家停止建设核电站的原因并不是因为害怕出现事故、核泄漏或者放射性废料的扩散，而是因为监管导致成本出现了无法改变的攀升。后来的情况证明了他的判断尤为正确。

实际上，并不缺乏新型核能的想法。工程师们的演示文稿中有数百种裂变反应堆的设计方案，有一些在过去已经达到了工作原型设计的程度，而且如果这些设计方案能够得到像传统的轻水反应堆一样的经费支持的话，它们可能还可以走得更远。液态金属反应堆和熔盐反应堆是两个宽泛的类别。后者可以利用钍基熔盐或氟化铀工作，可能还有包括锂、铍、锆或钠在内的其他元素。这种设计的关键优势在于，燃料以液体形式而非固体棒出现，所以冷却得更均衡，废物的移除也更容易。它的运行不需要高压环境，因而风险也降低了。熔盐既是冷却剂，同时也是燃料，并且它具有有序的性能，随着它逐渐变热，反应会减速，因而不太可能发生堆芯熔毁。此外，这种设计还包括一个插头，它可能会在超过特定温度时熔化，从而可以将燃料排入一个可以终止裂变的腔室，这是第二个安全保障系统。与切尔诺贝利（Chernobyl）核电站相比，这更加安全。

钍的含量比铀更丰富一些；实际上，可以通过制造铀-233来几乎无限制地产生钍元素；利用相同数量的燃料，钍可以产生的电力几乎是铀的100倍；它不会产生裂变钚；它产生的废物更少，半衰期也更短。尽管美国在20世纪50年代下水了一艘装有钠冷却剂的潜艇，并且在60年代建造了两个试验性的钍基熔盐反应堆，但是因为所有的经费、教育培训和兴趣都着眼于轻水铀的设计，所以这个项目最终终止了。各国都在思考如何扭转这个决定，但是没有一个国家真的敢冒险一试。

即便尝试了，他们似乎也不太可能实现20世纪60年代做出的那个臭名昭著的承诺，即核能终有一天会"便宜到可以忽略不计"。问题仅仅在于，核能是一种不太适合在做中学的技术，而这对于创新实践来说是最关键的。因为每一个核电站都十分巨大且造价不菲，所以不太可能通过试验来降低成本。即便是在施工的半路改变设计方案都不太可能，因为在施工之前，每一种设计方案都要通过大量的盘根错节的监管。你必须提前设计好，并且在施工中始终坚持那种设计，或者就只能回到原点，推倒重来。在任何一种技术中，这样的行事风格都无法降低成本和提高性能，这会让计算机芯片停留在1960年的阶段。我们像建设埃及金字塔一样，把核电站看成了一个一次性的项目。

在1979年三哩岛（Three-Mile Island）事故和1986年切尔诺贝利事故之后，环保激进分子和公众提出了更高的安全标准。他们也确实得到了这样的标准。根据一项估算，以生产每单位电力计算的话，燃煤、生物能、天然气、水电和太阳能（人们在安装电池板时从屋顶跌落）导致的死亡人数分别是核能的 2000 倍、50 倍、40 倍、15 倍和 5 倍，甚至风能造成的死亡人数也几乎是核能的 2 倍。上述统计包括切尔诺贝利事故和福岛（Fukushima）核事故造成的死亡人数。额外的安全要求只不过是把核电站从一个非常安全的系统变成了一个极其安全的系统。

又或许，他们让核电站变得更不安全了。不妨想一下 2011 年的福岛事故。福岛核电站的设计存在着巨大的安全漏洞。它的水泵安装在一个非常容易被海啸淹没的地下室里，而在更现代的设计中，不太可能出现这种简单的设计错误。这是一个陈旧的反应堆，如果日本仍然在建设新的核反应堆的话，那么福岛的方案会在此后被逐步淘汰掉。被费用巨大的过度监管所扼杀的核电扩建和创新使得福岛核电站超期运行，因而降低了这个系统的安全性。

监管者所要求的额外的安全性带来了很高的代价。投入到核电站施工现场的人力大为增加，但绝大多数都是在文件上签字的白领。据一项研究显示，20 世纪 70 年代期间，新的监管使得每兆瓦电能所需的钢材、水泥、管道和电缆的数量各自增加了 41%、27%、50% 和 36%。实际上，随着监管矛头的转向，这些项目开始增加新的功能来预测规则的变化，尽管这些变化有时候甚至根本不会出现。至关重要的是，这种监管环境迫使核电站的建设者们抛弃了解决意料之外问题的现场创新实践，以免导致监管造成的项目重置，这进一步增加了成本。

当然，出路在于把核能做成一个模块化系统，提前在生产线上大量生产小型的、预制的反应堆，然后在每个核电站现场进行组装，就像把鸡蛋放在篮子里一样。就像对福特的 T 型车所做的那样，这可以降低成本。问题在于，验证一个新反应堆的设计，需要 3 年的时间，对于轻型的反应堆来说，很少有或者说没有捷径，所以认证费用更多地落在了轻型的设计上。

同时，核聚变，即氢原子聚变形成氦原子并释放能量的过程，可能最终会兑现它的承诺，开始在接下来的几十年里提供几乎用之不竭的能量。高温超导体的发现以及球形托卡马克的设计可能会最终平息"我们离核聚变永远还差 30 年"这个古老的笑话，而今自这两样发明出现以来已经又过去 30 年了。现在，利用很多相对较小的反应堆产生电能的方式，核聚变可能会结出商业上的硕果，每一个小型反应堆的发电量都可能会达到400 兆瓦。这是一种几乎不会产生任何爆炸风险或堆芯熔毁风险的技术，它产生的放射性废物极少，也不用担心它会成为制造核武器的材料。它的燃料主要是氢的同位素，而这种燃料可以使用反应堆自身的电力从水中分解出来，所以它在地球上的印迹会很小。与核裂变一样，核聚变仍然需要解决的主要问题是，如何通过大规模量产反应堆来降低成本，并有能力在前进的道路上根据经验进行再设计，以便吸取削减成本的经验。

页岩气带来的惊喜

21 世纪最让人惊奇的故事之一就是天然气的崛起，就在十几年前，这种燃料还被认为是马上要耗尽了，而今它却变得既便宜又丰富了。这主要是一个从页岩中产生了天然气的创新的故事。直到 2008 年左右，能源专家们所持的传统看法仍然是，到 21 世纪初，从所有可能的角度上来看，便宜的天然气供应将会消耗殆尽。石油和煤炭会持续得更久一些。此前人们反复地做着这种预测。1922 年，由沃伦·哈定（Warren Harding）

总统成立的美国煤炭委员会在 11 个月的时间里访谈了能源行业的 500 个人,并得出结论说"天然气的产量已经开始减少了"。1956 年,石油专家哈伯特(M. King Hubbert)预测说,美国的天然气产量会在 1970 年达到每天生产 380 亿立方英尺⊖的高峰,然后就会下降。实际上,当时已经达到了每天 580 亿立方英尺的产量,并且仍在增加。如今它的产量已经超过了每天 800 亿立方英尺。

最终的结果表明,这些预测错得十分离谱,原因有二。首先,美国在 20 世纪 70 年代基于天然气是稀缺的这一理论而对天然气施行严格的价格管制,有效地抑制了按正常轨迹发展的天然气勘探。开采公司把天然气当成是一件麻烦事,它们不是烧掉剩余的天然气就是停产停工,转而去追求石油开采。这确实导致了产量达到峰值,而很多人误以为这是储量耗尽的开端。不可思议的是,美国政府在 20 世纪 70 年代通过了几项措施,严禁可以获取到煤炭的任何公用事业利用石油或天然气来发电,严禁建设不使用煤炭的工厂。里根总统对天然气产业解除管制带来了产量的激增。

创新是导致 21 世纪的第二个十年出现天然气供应过剩的第二个原因。从整个美国来看,天然气和石油勘探公司开始寻找一些方法,以从每个油气田挤出更多产量,以及从油气不会自然流动的"低渗透"岩石中挤出油气。这导致了 20 世纪 90 年代在得克萨斯州意外地发现了"滑溜水"水力压裂法,通过与可以实现在岩石的缝隙内转向后,水平钻进几英里的水平井拐角技术⊖相结合,这种方法可以把坚硬的页岩变成石油和天然气的

⊖ 1 立方英尺 =0.028 316 立方米。
⊖ 即水平钻井转向。——译者注

巨大来源，而大多数碳氢化合物就储存在页岩中。再加上海上天然气，以及为便于海上运输而让天然气液化的能力，如今全球拥有天然气这种最清洁、最低碳以及最安全的化石能源的充足供应的原因就一清二楚了。

滑溜水水力压裂取得重大突破的关键地点位于沃斯堡（Fort Worth）附近的巴涅特（Barnett）页岩，那里有一个名叫乔治·米切尔（George Mitchell）的企业家，他的父亲是一名希腊牧羊人，由于给芝加哥提供天然气，米切尔变得富有起来。他拥有一个令人满意的固定价格合同。如果他搬到其他地方，那他就要降价。所以他竭力地想从巴涅特页岩中压榨出更多的天然气，他在那里有很多开采权。到20世纪90年代末，那里的产量日渐减少，所以米切尔能源（Mitchell Energy）的股价也日益下降，这使得米切尔个人陷入了困境之中，因为他承诺要做慈善事业，而支撑他的是以股份为抵押的贷款。他的妻子患有阿尔茨海默症，而且他也有前列腺问题。按理说，这个78岁高龄的千万富翁应该十分理智，他应该像很多石油巨头们已经在做的那样放弃美国来减少他的损失。天然气的未来在海上，或在俄罗斯和卡塔尔。但是和很多创新者一样，米切尔并不理智，他一直试图让天然气从页岩中冒出来。

众所周知，巴涅特页岩富含碳氢化合物，但是它们并不能轻易地流动，所以需要在地下深处把岩石压裂，这样微型裂缝就会敞开。一项身负盛名的技术可以做到这一点，它利用凝胶来让裂缝敞开，并且让天然气漏出来。这种技术在一些岩石中非常奏效，但是在页岩中不太有用。为试着让这项技术在巴涅特油气田上也能够奏效，米切尔投入了2.5亿美元，却铩羽而归。

1996年的一天，米切尔公司的一个名叫尼克·斯坦斯伯格（Nick

Steinsberger)的员工发现了一种有些莫名其妙的结果。他正雇用承包商向井下泵入混有大量沙子的硬化凝胶。但因为凝胶和沙子都很昂贵,所以为降低成本,他一直强迫提供服务的公司降低泵入洞里的混合物中凝胶和化学材料的数量,并在页岩中泵入更少的黏性物质。在这一天,凝胶太稀了,以至于它不能恰当地"凝固"。不过斯坦斯伯格还是把它泵到了洞中,并且注意到油气井的天然气产量出现了相当不错的激增。他又在更多的油气井中进行了尝试,也得到了类似的结果。在与来自另外一个公司的朋友——麦克·迈尔霍费尔(Mike Mayerhofer)一起观看棒球比赛时,他从迈尔霍费尔那里听到了类似的故事,在不同类型的岩石中,加入一点润滑油和更少沙子的水会有非常不错的效果,迈尔霍费尔提到的岩石就是得克萨斯州东部的致密砂岩。

所以斯坦斯伯格在1997年开始刻意地利用含更多水剂的配方,这种水剂基本上是由较少的沙子和非常少量常见的厨房水槽洗涤用品(基本上是漂白剂和肥皂)而非凝胶混合而成的。他在三口油气井中进行了尝试,但并未奏效。"压力上升的太高了,这迫使我终止了水泵作业,因为滑溜水并没有像它在更具渗透性的致密砂岩中表现的那样把沙子带入到页岩中。"1998年初,他失望透顶,并且老板们已经做好了放弃巴涅特页岩的准备,他说服了管理层,让他再测试三口油气井。这回他在作业的工程中泵入了更多的滑溜水,不过大大提高了沙子的浓度。第一口油气井——"S. H. Griffin Estate 4"冒出了大量天然气,并且持续了数月之久。他意识到自己已经发现了造价只有原来的一半,而且产量高达两倍的配方。这是偶然现象吗?并不是,其他两口井也产生了类似的结果。

斯坦斯伯格的突破改变了乔治·米切尔生命的最后岁月,在他出售自己的公司时，他已经是一个亿万富翁了。巴涅特页岩成为美国最大的天然气生产地。复制了这种做法的其他地方也都在各种页岩中得到了同样的效果——路易斯安那州、宾夕法尼亚州、阿肯色州、北达科他州、科罗拉多州，然后又是得克萨斯州，不过它们都用后来的创新持续改进了斯坦斯伯格的方法。很快同样的技术也被用来提炼石油。如今美国不仅是全球最大的天然气生产国，还是全球最大的原油生产国，这完全要感谢页岩压裂革命。仅得克萨斯州帕米亚盆地（Permian basin）现在的原油产量就达到美国2008年全年的产量，同时比除伊朗和沙特阿拉伯之外的其他任何一个欧佩克（石油输出国组织）成员国的产量都要多。21世纪初，美国开始建设大型的天然气进口码头，如今这些已经变成了出口码头。廉价的天然气在美国的电力产业中已经取代了煤炭，因而其碳减排的速度比任何一个国家都快很多。这削弱了欧佩克和俄罗斯的地位，从而使得俄罗斯为捍卫其市场份额转而支持反水力压裂的活动人士，这种做法在欧洲取得了很大的成功，因为在很大程度上来说，欧洲不准进行页岩探测。

2015年，为了让水力压裂破产，欧佩克蓄意地引发了廉价天然气和廉价石油的供应过剩，不过这产生了适得其反的效果，虽然它消灭了较弱的公司，但是却迫使幸存下来的公司不得不去解决如何在每桶原油60美元、50美元和40美元的情况下仍然具有竞争力。廉价碳氢化合物的可用性给美国的制造业带来了优势，因而使得化工行业迅速地"回流"美国，并造成了化工公司离开欧洲的高潮。有十几个国家基于日益飙升的化石能源价格而认为风能和核能看起来并没有那么昂贵，因而它们出台了一些能源政策，比如英国，这几乎在一夜之间成为代价昂贵的愚蠢行为。

为何这种革命会发生在美国一个过时的、石油和天然气已经枯竭且充分开采过的区域？在某种程度上来说，答案就在于产权。因为矿产开采权属于当地的土地所有者，而非国家，也因为美国并没有像很多其他国家那样，比如墨西哥和伊朗把石油公司国有化，在风险投资雄厚财力的支持下，美国存在着一种石油钻探观念，这种观念是竞争的、多元的和富有企业家精神的，并在"盲目钻探"的行业中有所体现。在产生正的现金流之前，早期的水力压裂法花费了大量的借入资金。一个关键的创新者在讲述这个故事时说道：

> 小公司通常在从土地所有者那里租借开矿权方面占有先机，因为他们与土地所有者的互动通常更加私人化。很多小公司趋之若鹜地追求页岩气生产，因而导致了大量的各种各样的钻探和完井方式得以实践，并且在众多盆地中得到了测试。这些"实验室"导致了（开采技术的）持续改善，并且促成了经济上的成功。

所以在水力压裂法上，反复试验对于创新来说是至关重要的。斯坦斯伯格犯了一系列幸运的错误，在此过程中也失败多次。当他发现了这种配方时，他也不知道为何这种配方会奏效。地震专家克里斯·怀特（Chris Wright）很快对此做出了解释。怀特是顶峰矿业公司（Pinnacle）的一个工程师，该公司正利用新的倾斜仪设备来帮助米切尔公司追踪地下水力压裂的进展，怀特指出滑溜水压裂产生了多条裂缝的大型网络。他在20世纪90年代初开发了一个多条裂缝同步增长的模型，"水力压裂领域所有守旧的人都对这个模型嗤之以鼻，因为他们坚信多条裂缝总是会迅速地合并成一条单一的裂缝"。最终证明怀特是正确的，加压水在岩石中产生了交叉的裂缝，从而极大地增加了接触到沙子的表面积。裂缝在一个方向会蔓延一英里或好几英里，而且在轴线的两侧都会伸展数百米。在这个例子中，科学紧跟在技术后面，而非相反。将启动这种创新的功劳归功于联邦政府的近期尝试通常都不得要领。是的，很多研究是在政府实验室完成的，但是大多都发生在与天然气行业的合约范围内，因为在很大程度上来说，这些地方有像米切尔和现在已经是这个行业的领袖之一的怀特这样的创造了这种研究需求的企业家。

起初，环保分子们热烈欢迎页岩气革命。2011年，参议员蒂姆·沃思（Tim Wirth）和约翰·波德斯塔（John Podesta）将天然气热忱地视为"最清洁的化石能源"，他们写道水力压裂法"创造了前所未有的机遇，并将天然气作为通往21世纪能源经济的桥梁燃料，而21世纪的能源经济是依赖于效率、可再生能源和诸如天然气这样的低碳化石能源的"。全球护水者联盟的掌门人小罗伯特·肯尼迪（Robert Kennedy, Jr）在《金融时报》(*Financial Times*)的文章中写道，"短期来看，天然气是'新'能源经济的一种显而易见的桥梁燃料"。然而，很明显的是，这种廉价的天然气意味着这个桥梁会很长，因而给可再生能源产业的可行性带来了威胁。（行业的）自私自利使得肯尼迪撤回了他适时发表的看法，转而将页岩气称为"大灾难"。

在水力压裂法开始的腹地（得克萨斯州、路易斯安那州、阿肯色州和北达科他州）反对者甚少。大量的空地、石油钻探的悠久传统以及勇于尝试创业的文化确保了页岩气革命即便在当地的抗议活动下，也未受太多阻挠并蓬勃发展起来。但当它扩散到东海岸时，页岩气突然开始招致了反对，先是宾夕法尼亚州，随后是纽约，环保人士在反对党的支持下找到了筹款，通过雇佣一些知名明星，包括像马克·鲁法洛（Mark Ruffalo）

和马特·达蒙（Matt Damon）这样的好莱坞演员，这股潮流的步伐加快了。有关供应有毒的水、管道泄漏、废水污染、放射性、地震和额外的交通堵塞的指控越来越多。就像铁路刚出现时那些初期的反对者们指责火车让马匹放弃了它们的马驹子一样，在对页岩气行业的控诉方面，任何指责都是十分荒谬的。因为每一种恐慌破产之后，新的恐慌就会出现。尽管成千上万口燃气井提供了数以百万计的从事"水力压裂"的工作岗位，但是它所带来的环境或健康问题极少且轻微。

火的统治

在我们讲述创新的故事的过程中，缺憾之一就是我们有失公允地挑选出了一些个体，因而忽视了小人物的贡献。我选择了讲述纽科门、瓦特、艾迪森、史旺、帕森斯和斯坦斯伯格的故事，但是他们都是拱门上的一块石头或链条上的一个环节。并非他们所有人最终都变得十分富有，更别说他们的子孙后代了。今天没有一个基金会以他们任何一个人的名字命名，并且或是由他们的资金提供支持的。反而是我们享受着他们的创新所带来的大部分好处。

然而能源本身确实值得单独挑出来说一说。仅仅是因为创新就是变化，而变化需要能源，所以我们可以说能源是所有创新之源。能源转换不仅至关重要，而且还相当困难且缓慢。约翰·康斯太勃尔认为，对于历史上的绝大多数时期来说，由小麦、风和水所提供的能源供应都太薄弱了，以致无法在足够规模上产生出可以改变人们生活的复杂结构。接着在1700年出现了从热到功的转变，并且在能源投入方面，通过利用化石能源巨大的能源产量来创造奇异且复杂的物质结构突然就变得可能了。在今天，现代世界对化石能源的依赖性与 20 年前基本相同，大约 85% 的初级能源来源于化石能源。社会上绝大多数的能量需求是通过热提供的。1700 年左右，"火的推进性使用"在热和功之间建立起了奇怪的关联，它进入了人类的生活之中并且如今对全世界来说仍然至关重要，那最终会废黜它的东西会是什么？目前尚无人知晓。

第 2 章

公共卫生

一种由一个庸俗的、目不识丁的人而非由精通哲学或擅长医术的人发明的手术方法；一种对人类具有最高程度益处的方法。

1701 年，吉亚科莫·普拉利尼（Giacomo Pylarini）论天花接种

玛丽夫人枕边的敌人

在托马斯·纽科门建造他的第一台蒸汽机的同一年，也就是1712年，并且在距离建造地点不远的地方，在一列火车上发生了一段更加浪漫的插曲，这段插曲将间接地拯救更多的生命，其社会意义要大得多。博览群书又倔强的玛丽·沃特利·蒙塔古夫人（Lady Mary Pierrepoint）正值23岁芳龄，为逃避前景沉闷的婚姻，她正准备与人私奔。她的追求者是富有的爱德华·沃特利·蒙塔古（Edward Wortley Montagu），玛丽与他通信频繁，其中充斥着激烈的分歧以及露骨的情话。不过他未能就玛丽的婚姻契约与玛丽更富有的父亲金斯顿伯爵（后来的公爵）达成一致。但是对她的父亲强迫她嫁给一个有钱的笨蛋的前景堪忧，克洛特沃西·史格芬顿阁下（Honourable Clotworthy Skeffington）说服了玛丽，让她与沃特利（玛丽是这样称呼他的）旧情复燃。玛丽建议私奔，沃特利也在一反常态的冲动之下同意了，尽管这样做会错失玛丽的嫁妆。这段插曲变成了闹剧，沃特利迟到了，玛丽独自动身前往汇合点，沃特利在一个小旅馆追上了玛丽，但是没有意识到她就在里面，不过经历过更多的意外之后，二人最终还是相遇了，并于1712年10月15日在索尔兹伯里完婚。

在这个浪漫的开始之后，这段婚姻却让人大失所望，作为丈夫的沃特利冷酷且毫无想象力。他博学、有口才又机智的新娘在伦敦文学界崭露头角，她与亚历山大·蒲柏（Alexander Pope）用维吉尔（Virgil）的风格撰写过田园诗，并且与当时的文坛和社交名流交好。约瑟夫·斯宾塞（Joseph Spence）后来写道，"玛丽夫人是世界上最非凡的光辉人物之一；她像彗星一样闪耀；她很不寻常并且思绪总是在游荡。她是世界上最具智慧、最放肆、最美丽动人、最难相处、最本真、最冷酷的女性"。

天花在她的皮肤上留下了疤痕，并让她出了名。这种恶性的病毒是人类最大的杀手，对18世纪初期的伦敦来说，这一直是一种威胁。它杀死了玛丽二世女王和她的侄子，斯图亚特王朝最后一个非天主教徒的王位继承人，即年轻的格洛斯特公爵；它还差点杀死了汉诺威选帝侯夫人索菲亚和她的儿子乔治，后者注定要成为英国的下一位国王。它于1714年杀死了玛丽夫人的哥哥，并且于翌年几乎也杀死了她，因而让她的皮肤留下了严重的疤痕，而且还失去了眼睫毛，这残酷无情地折损了她的美丽容颜。

但是将给她带来持久名声的恰恰是天花，因为她成为在西方世界推动预防接种这种创新性做法的第一批提倡者，当然也是最具热情的人。1716年，她的丈夫被派往君士坦丁堡出任大使，玛丽夫人带着她年幼的儿子陪丈夫一同前往。她并没有发明预防接种的方法，她甚至是平生首次接收到预防接种的消息，但作为一个女性，她能够在隐匿于奥斯曼社会之中的妇女身上看见这种做法的细节，然后把它带回家乡，并支持在为孩子担忧的母亲中推行这种做法，以及让它流行起来。她是一个创新者，而非发明者。

两份有关用这种"嫁接"的做法来治愈天花的报告从君士坦丁堡送到了英国的皇家学会。这两份报告出自以马内利·提莫纽斯（Emmanuel Timonius）和吉亚科莫·普拉利尼，他们都是在奥斯曼帝国工作的医生。他们认为将来自天花幸存者的脓液与健康人手臂上的刮痕流出的血液混合可以预防天花。皇家学会发表了这两份报告，但是伦敦所有的专家都将其蔑视为危险的迷信行为。这些人认为，它更有可能引发而非阻止疫情的暴发，会给人们的健康带来一种有违良心的风险，纯属无稽之谈，以及是巫术。鉴于当时医生们蒙昧且毫无助益的实践，比如放血疗法，这种蔑视既具有讽刺意味，又或许是可以理解的。

似乎两个在中国的通讯员马丁·李斯特（Martin Lister）和克洛普顿·哈弗斯（Clopton Havers）甚至在更早之前——1700年就跟皇家学会提到过这种做法。所以这个消息并不算新鲜。这两个医生没能说服英国人，不过玛丽·沃特利·蒙塔古夫人的运气要好很多。1718年4月1日，她在土耳其给自己的朋友萨拉·基丝维尔（Sarah Chiswell）写了一封信，详细地叙述了预防接种的做法：

通过发明嫁接，在我们中间如此致命又如此普遍的天花在这里却变得完全无害了，嫁接是他们对这种做法的称呼。很多女性把施行这种方法当成了自己的任务……当她们见面时（通常都是十五六岁），一个老妇人会带来一个装满了最好的天花的小器皿，并问她们选择注入哪条血管。她迅速地用一根大针在你露出的血管上扎一下（产生的痛感跟常见的擦伤差不多），并把落在针尖上的尽可能多的毒液送入静脉之中……没有一个人死于这种做法,你可能会相信,我对这种试验的安全性非常满意,因为我打算在我亲爱的小儿子身上试一把。作为一个爱国者,我将竭尽全力让这种有用的发明在英格兰流行起来。

玛丽夫人确实给她的儿子爱德华接种了天花,她焦急地看着他的皮肤在进入免疫健康状态之前突然出现了伤及自身的脓包,这是一种冒险的举动。在她返回伦敦后,也给自己的女儿接种了,她因为倡导多少有些鲁莽的手术而变得臭名昭著。这是道德哲学家们爱得发狂的某种版本的电车难题:你会让失控的卡车转向杀死五人而拯救一人的那条路,还是相反?你是有意地选择了一种风险来规避更大的风险吗?在那个时候,一些医生也加入了这项事业之中,尤其是查尔斯·梅特兰(Charles Maitland)。他在1722年给威尔士亲王的孩子们进行预防接种是这次运动中的一个重要时刻。但即便是此后,这种做法仍然被猛烈地斥责成残暴的行径。背后的部分原因是歧视女性情结和偏见在作怪,正如威廉·瓦格斯塔夫博士(Dr. William Wagstaffe)断言,"后人会难以相信,一群无知女性不计后果地对一群目不识丁者们的试验会突然被用在世界上最文明国家的皇宫中,而且这个试验进行的还很粗糙"。

差不多在同一时间,根据一个名叫阿尼西母(Onesimus)的非洲奴隶的证词,预防接种的措施出现在了美国,这个奴隶把有关情况告诉了波士顿传教士科顿·马瑟(Cotton Mather),时间可能要早于1706年,马瑟反过来又把这个情况告诉了医生扎布迪尔·博伊尔斯顿(Zabdiel Boylston)。因为在300个人身上尝试了预防接种,在跟他有竞争关系的医生的怂恿下,博伊尔斯顿遭到了猛烈的批评和危及生命的暴力对待,为避免被暴徒杀掉，他不得不在一个秘密的储藏室里躲了14天。创新通常需要勇气。

没过多久，疫苗接种这种更安全但类似的措施取代了后来被称为人痘接种的做法，即用天花本身进行预防接种，也就是说，利用了一种相关但比天花本身危险性更低的病毒，这种创新通常归功于爱德华·詹纳（Edward Jenner）。1796年，詹纳从一名挤奶女工莎拉·内尔姆斯（Sarah Nelmes）手上挤出了脓液，后者从一头叫布鲁沙姆（Blossom）的奶牛身上感染了牛痘，他又故意地将其传染给一个八岁的男孩詹姆斯·菲普斯（James Phipps）。然后，他尝试着让菲普斯感染天花本身，结果表明他对天花免疫了。詹纳真正的贡献就是这个实证证据，而不是疫苗接种本身，并且这也是他产生了如此之大的影响的原因。到那时为止，故意地让人染上牛痘以让他们对天花免疫的想法已经存在了30年了。一个名叫约翰·费斯特（John Fewster）的医生在1768年进行了尝试，并且德国和英格兰的几个医生也在18世纪70年代尝试过。早在那之前，这种做法可能已经在农民中广为应用了。

所以，这再一次表明，创新是渐进的，在精英人士邀功请赏之前，它开始于胸无点墨的普通人。这对詹纳来说可能有点不公平，跟玛丽·沃特利·蒙塔古夫人一样，他在说服全世界采用这种做法方面应该得到赞誉。尽管法国正与英国交战，但是受到詹纳对这种做法进行倡导的影响，拿破仑也让他的军队进行了接种，并且给詹纳颁发了一枚勋章，称他为"人类最伟大的救星之一"。

巴斯德的鸡

疫苗接种彻底地战胜了天花,这颗星球上曾经对人类最致命的疾病在 20 世纪 70 年代完全地灭绝了。重型天花(Variola major)这种更致命毒株的最后一个病例在 1975 年 10 月出现于孟加拉国。当时年仅三岁的拉希马·巴努(Rahima Banu)得以幸存下来,至今仍健在。最后一例轻型天花(Variola minor)在 1977 年出现于索马里。染上天花时已到成年的阿里·马奥·马阿林(Ali Maow Maalin)也幸存了下来,他一生的大部分时间都在致力于开展消灭小儿麻痹症的运动,2013 年他死于疟疾。

疫苗接种展现了创新所具有的一种共同特征,也就是对创新的使用往往先于对它的理解。纵观历史,在没有科学地理解技术和发明为何会有用的情况下,这些技术和发明就已经被成功地采纳了。对于 18 世纪任何一个有理性的人来说,当他听到暴露于致命疾病的毒株之下可以防范该疾病的想法时,一定会觉得提出这个观点的玛丽夫人疯了。因为这没什么合理依据可言。直到 19 世纪末,路易·巴斯德(Louis Pasteur)才开始解释疫苗接种如何以及为何奏效。

巴斯德煮沸了一种发酵的液体,他发现这些液体失活了,除非暴露于能带来细菌的空气中,否则它不会进一步发酵,由此巴斯德证明了细菌是微生物。他还通过让这种液体经由一个狭窄的鹅颈式容器与空气接触,容器的形状确保了细菌无法通过,最终证明了自己的观点。他在 1862 年自负地说:"自然发生说休想从这个简单实验的致命一击中死灰复燃。"

如果传染性疾病是由微生物引起的,那么是否就可以用微生物性质的变化以及人体对微生物的脆弱性的变化来解释疫苗接种?细菌和小得多的病毒之间的区别还要有待于后来的证明。巴斯德的理论源于一次偶然的事故。1879年夏，他出去度假，留下他的助手查理斯·尚柏朗（Charles Chamberland）用感染了霍乱的鸡汤给一些鸡打预防针，这是理解霍乱弧菌的性质的一系列实验的一部分。尚柏朗忘了这件事，自己也去度假了。在他们度假回来并且继续开展实验时，发现陈腐的肉汤能够让鸡生病，但不会杀死它们。

也许是出于直觉，巴斯德开始研究一个在正常情况下会轻易把鸡杀死的致命霍乱毒株，并把它注射给那些如今已经康复且饱受着长期病痛的禽类。这个毒株甚至都没能让它们染病，更别说杀死它们了。这个较弱的霍乱毒株让它们对更强的毒株免疫了。巴斯德开始意识到，疫苗接种奏效的方式是，通过一种不致命的微生物触发了抵抗一种更致命的微生物的免疫应答。他并没有意识到他对人类免疫系统依然一无所知。科学开始对技术奋起直追了。

终有回报的氯气赌博

1908年，新泽西的法庭上。正在审理泽西市供水公司（Jersey City Water Supply Company）的案件，该公司输了之前的官司，事实证明它没有给泽西市提供合同中规定的"纯净且卫生的饮用水"。问题出在该城市水库的上游，越来越多的人在那里盖房子，并且把厕所的污水直接排进河流，并最终流入了水库之中。在这个城市中，因伤寒致死的情况太常见了。尽管自1899年以来，已经移走了500多个户外厕所而且对水进行了过滤，但该公司无法阻止暴雨过后出现的供水污染，这种情况每年都会发生两三次。

鉴于法院给了三个月时间来改变这一局面，该公司的卫生顾问约翰·利尔博士（Dr. John Leal）想到了一个主意，把一种消毒剂，氯化漂白粉滴入供水中。到 9 月 26 日，也就是第二次庭审的前三天，厂房建设完成并正式投产，每天可持续用氯消毒 4000 万加仑[⊖]水。在庭审中发现，没有人许可利尔对泽西城的公民开展这项实验，当时公众普遍对饮用水中添加化学物质深恶痛绝。"化学消毒剂这个想法本身就是令人厌恶的。"麻省理工学院的托马斯·德朗（Thomas Drown）怒吼道，这也呼应了法庭中其他人的看法。利尔博士的决定是勇敢的，也是冒险的。

在法庭上，因为该公司并没有征求人们的同意，所以泽西市的律师反对该公司的说法，即可以通过一种对居民具有未知风险的快速的化学方法来履行为城市提供清洁水的职责。该律师甚至要求法官拒绝听取氯化漂白剂是否有功效的证据。法官拒绝了律师的请求，允许该公司陈述案情。在盘问的过程中，利尔在氯化作用的问题上是这样说的，"我认为这是最安全、最容易、最便宜也是最好的净化城市用水的方法，这个方法夜以继日，年复一年，无时无刻地服务着城市"。他还补充说，"我认为泽西城今天的供水是世界上最安全的"。

问：对那里的人们的健康有任何不良作用吗？

答：一点都没有。

问：你也喝这个水吗？

答：是的，先生。

⊖ 1 加仑 =3.785 411 8 升。

问：习以为常地？

答：是的，先生。

经过了冗长的庭审，法官最终判定，该公司通过这种创新履行了它的职责。泽西城案是一个转折点，一个清洁用水的分水岭。全美以及全球所有的城市都开始利用氯化作用来净化供水，直到今天也是如此。伤寒、霍乱和腹泻的疫情迅速地消失了。但是利尔博士是从何处得到这个想法的？他在庭审中表示，这来自英格兰林肯（Lincoln）市的一个类似实验。跟大多数创新者一样，他没有宣称自己是这个方法的发明人。

在安装了供水的砂滤装置之后，林肯市的伤寒死亡率开始下降。但1905年的一次严重暴发让它再次遭到重创，导致125人死亡。这个城市找来了皇家污水处理委员会的细菌学家亚历山大·克鲁克香克·休斯顿博士（Dr. Alexander Cruickshank Houston）。在1905年2月抵达后的两天内，休斯顿博士设计了一个应急装置，通过重力将次氯酸钠（Chloros）滴入水中，并立即见到了效果，新的伤寒感染率没有再次上升。

但是休斯顿又是从哪里得到这个想法的？也许是从印度陆军医疗服务部一个名叫文森特·内斯菲尔德（Vincent Nesfield）的官员那里得到的，他在1903年发表了一篇论文，就如何制作和使用液氯来对供水进行消毒给出了明确的建议。内斯菲尔德的技术接近于今天所用的，而且大大超前于他那个时代。不过，对于他是否使用过以及在何处使用过这种技术，我们尚不得知。

那么内斯菲尔德先生是从哪里得到这个想法的？也许是从1897年秋季肯特郡梅德斯通（Maidstone）的一次伤寒暴发中得到的，这次暴发导致1900人患病，大约150人死亡。这一次，"在代表供水公司行事的西姆斯·伍德海德博士（Sims Woodhead）的监督下，于周六夜间用氯化漂白粉溶液对给梅德斯通的法莱区供水的水库和干线进行了消毒"。到12月份，疫情结束了。

而伍德海德博士又是从哪里得到这个想法的？也许是从当时一种众所周知的技术那里得到的，也就是把氯化漂白粉用作污水消毒剂。当时，把氯化漂白粉用作消毒剂在外科医生中也流行起来了，不过作为一种意识到他们在施行手术时应该要洗手的职业来说，他们的进展真是缓慢得让人羞愧难当，更别说用强力漂白剂洗手了。

1854年伦敦霍乱疫情期间，氯化漂白粉在苏豪区（Soho）的使用不受任何限制，一份杂志甚至报道说，"泥坑都是白色和乳白色的，石头上也沾满了它；排水沟里的氯化漂白粉到处飞溅，空气中散发着它强烈又让人不愉快的气味"。

在伦敦疫情暴发的时候，约翰·斯诺博士（Dr. John Snow）正试图向当局证明霍乱是由污水而非由难闻的空气所引发的，也就是当时盛行的"瘴气"理论，不过在很大程度上来说，他无功而返。他证明了与那些从乡村溪流取水的人相比，从泰晤士（Thames）河口取水的人更有可能染上霍乱，备受关注的是，他移除了苏豪区布劳德街（Broad Street）水泵的把手，那里是聚集性霍乱案例发生较多的地方。

但是他的观点在很大程度上被忽视了，氯气也因为一些错误的原因而在街道上扩散开来，人们用氯气来抗击据传具有危险性的气味，而非杀死水源性的细菌。在1858年的"大恶臭"⊖时期，议会议员们对泰晤士河

⊖ 指1858年夏天开始英国首都伦敦散发出一股恶臭，臭味源于大量未经处理的生活污水直接排入泰晤士河而挥发出来。——译者注

发出的恶臭感到十分厌恶，因而他们最终授权建设现代的下水道，以把生活污水排入大海。为掩盖气味，连议会的百叶窗也涂上了氯化漂白粉。

所以跟疫苗接种一样，氯化法发明的起源也是神秘和让人困惑的。只有在回顾历史时，我们才能把它视为一项拯救了数以百万计生命的颠覆性的、成功的创新。创新的演化相当缓慢，在很大程度上来说它可能侥幸地开始于一个错误的思想。

珀尔和格雷丝怎么从来不出错

20世纪20年代，影响美国儿童的最致命的疾病是百日咳。它每年导致大约6000名儿童死亡，这远多于白喉、麻疹和猩红热中每一种所导致的儿童死亡人数。在一些地方可以获得针对百日咳的疫苗，但是它们几乎毫无用处。唯一的预防性措施就是隔离，甚至这种方法的效果也很差，因为没人知道患者需要隔离多久。正是这个问题让两位平凡而又卓尔不群的女性加入了对这种疾病的研究之中，而这两人最初都是教师。

虽然当时的职业是一名教师，不过来自纽约州的珀尔·肯德利克（Pearl Kendrick）于1917年在哥伦比亚大学学习的是细菌学。1932年，她已经在大急流城（Grand Rapids）的密歇根州公共卫生实验室工作了，繁忙地分析着水和牛奶的安全性。那一年，她招募了格雷丝·埃尔德林（Grace Eldering）加入她的团队，埃尔德林原本来自蒙大拿州，而且跟她一样也是从教学转向细菌学研究的。当时，一场致命性的百日咳席卷了大急流城，肯德利克问她的老板，她是否可以利用业余时间研究这个问题。她和埃尔德林着手开发一个可靠的测试，来甄别谁具有传染性。这是一种确认百日咳细菌是否会增加的培养基，患者要对着它咳嗽的"咳碟"。如果细菌增加了，那么这个患者就是具有传染性的。

历尽艰辛地为咳碟生产出她们自己的培养基，并且还要在完成一整天的带薪工作之后在大急流城里走家串户地收集样品，肯德利克和埃尔德林亲眼见证了自大萧条开始以来，贫困加剧了工人阶级的窘境。借着煤油灯发出的光，她们看到了无以为生和食不果腹的家庭中那些挣扎求生存的孩子们。有时候，隔离对一个家庭来说就意味着贫困，因为这时挣钱养家的人就不能出去工作了。很快，她们就证实了，被传染的大多数人需要隔离四周，这影响了当地和国家层面的隔离政策。但是她们想走得更远，她们要研发一种有效的疫苗。

在接下来的4年时间里，她们系统且逐渐地利用标准的疫苗研发技术向着这个目标前进。这本没什么新鲜的，或者说这才是真正精妙的地方，就是认真仔细地做实验。最终的结果就是，她们生产出了这种细菌几种灭活的菌株，当把疫苗注射给老鼠、豚鼠、兔子，以及注入肯德利克和埃尔德林的胳膊时，它们被证明是安全的。现在证明它可以保护人们免受百日咳之苦了。

这两位科学家证明了她们既擅长于这项工作的社会层面，又擅长于其实验室层面。她们不想采用那种在当时具有代表性的方式，以及把孤儿作为对照组而不给他们注射疫苗，来表明疫苗有效，但是她们需要把那些接受了疫苗的人与没有接受疫苗但与疫苗接种者类似的人进行匹配。在当地医生和社工的帮助下，她们利用肯特县福利救济委员会的数据找到了一些人选，这些人在年龄、性别和居住地上与那些接受了疫苗的人比较匹配，但因为各种原因而错过了注射疫苗的机会。在1934～1935年期间，她们发现712名注射了疫苗的孩子中有4个患上了百日咳,而在880名没有注射疫苗的对照组中,有45人染上了这种病。

1935年10月,当肯德利克和埃尔德林在美国公共卫生协会的年会上宣布这些结果时,听众们对此持怀疑态度,怀疑这种试验在某种程度上就像那时的很多试验一样是存在缺陷的。一个名叫韦德·汉普顿·弗罗斯特(Wade Hampton Frost)的充满疑惑的医学科学家专程从约翰斯·霍普金斯(Johns Hopkins)大学跑过来两次,检验她们所用的方法,并最终承认她在这两位女士的工作中找不出任何问题。同时,肯德利克给埃莉诺·罗斯福(Eleanor Roosevelt)写了信,邀请她到实验室去参观,让肯德利克惊诧的是,她接受了邀请。第一夫人跟两位科学家交流了13个小时,回到华盛顿后,她说服政府当局找到一些资助这个项目的方法,以便她们可以聘用更多的人手来协助开展研究。这使得肯德利克和埃尔德林可以开展第二次的更大的试验,每个孩子只注射3针而非4针,大量的家庭立刻申请参加试验。1938年,当第二次试验产生出更强有力的结果时,密歇根州开始批量生产疫苗,到1940年,美国的其他地方也如法炮制起来,紧随其后的是全球的其他地方。百日咳的发病率和死亡率迅速地下降了,并且永久地降到了非常低的水平。

肯德利克和埃尔德林在这项工作方面得到的认可很少,甚至是数十年之后,她们仍然拒绝媒体的大多数采访要求,并且几乎也没有获得经济上的回报。她们在全球免费分享她们的方法和配方。她们在每件事情上都做对了,选择了一个生死攸关的问题,开展了关键的实验来解决这个问题,与社区合作进行测试,无偿提供给全世界,没有浪费时间或精力去捍卫她们的知识产权。当不用出门去传播信息和分发疫苗时,她们两个一起生活在大急流城，慷慨地为同事们举办聚会和野餐会。没有一个人说过她们的坏话。她们的一个同事后来说："肯德利克博士从来没有成为有钱人，在熟悉的朋友和同事这个相对较小的圈子之外，她从未出名。她所做的只是以最小的成本拯救了成千上万人的生命。有关那种事实的可靠知识就是最好的奖励。"

弗莱明的运气

让巴斯德幸运地洞悉了疫苗接种作用机理的那个暑假过去 50 年后，在战胜疾病方面另外一次机缘巧合也出现于暑假期间。1928 年，亚历山大·弗莱明（Alexander Fleming）离开伦敦的实验室前往萨福克（Suffolk）度假，整个 8 月他都将在那里度过。伦敦那个夏季的天气非常多变，6 月的大部分时间都很凉爽，然后 7 月突然炎热起来，7 月 15 日的温度达到令人窒息的 30 摄氏度，8 月初又急剧地凉爽起来，之后在 8 月 10 号又热起来了。这与下面的故事存在着一定的相关性，因为它影响了弗莱明在细菌培养皿中培养的金黄色葡萄球菌（Staphylococcus aureus）的生长，他正准备为一本有关细菌的著作撰写一个章节。虽然他是细菌领域的专家，但是他想核实一些事实。8 月初的寒潮正好适合霉菌，也就是青霉菌（Penicillium）这种真菌的生长。不知何故，这种真菌的孢子随风飘进了实验室，落在了一个细菌培养皿中。随后出现的热流使得细菌培养基得以扩张，只在青霉菌周围留下一个缺口，霉菌在那个地方杀死了葡萄球菌。它产生了一个醒目的图案，就好像两个物种对彼此过敏一般。要不是天气不同，这种图案可能是不会出现的，因为盘尼西林对这种发育完全的细菌是没有效果的。

9月3号，弗莱明，这个身材矮小又沉默寡言的苏格兰人，度假归来。按照惯例，在丢弃细菌培养皿中的培养基之前，他开始检查留在细菌培养皿中的培养基，这些培养皿跟一个搪瓷盘子混在一起。他的一个前同事梅林·普莱斯（Merlin Pryce）把头伸进来张望，弗莱明边工作边跟他闲聊。"太有意思了。"弗莱明拿起那个在真菌和细菌之间有排斥图案的盘子时这样说道。是真菌产生了杀死细菌的某种物质吗？弗莱明立刻好奇起来，并且把盘子和真菌的样品都收起来了。

然而，至少在12年之后，才有人把这种发现变成一种切实可行的治疗药物，其中的部分问题在于疫苗接种的成功。弗莱明的职业生涯在很大程度上受到了细菌学伟大先驱阿尔姆罗斯·赖特爵士（Sir Almroth Wright）的影响，他坚信无论药物多么有效，疾病都是永远不能用药物治愈的，而只能通过帮助身体自卫来治愈。疫苗接种应该被用来治疗以及预防疾病。

融合了父亲（爱尔兰人）与母亲（瑞典人）特质的赖特人高马大，坦率、口才好又易怒。在同事中，他被称为"普拉德街哲学家""帕丁顿的柏拉图"，或者更调皮地称为"差不多正确或差不多错误先生"。"刺激你的吞噬细胞！"是赖特的口号，这是伯纳德·萧（Bernard Shaw）⊖的戏剧《医生的困境》（*The Doctor's Dilemma*）中不朽的名言。在这个戏剧中，科伦索·里奇恩爵士（Sir Colenso Ridgeon）就是另一个活脱脱的赖特。赖特和弗莱明工作的圣玛丽医院（St Mary's Hospital）成为疫苗疗法的圣地。赖特在第一次世界大战期间倡导的给同盟国军队接种伤寒疫苗的做

⊖ 即萧伯纳。——译者注

法可能挽救了成千上万的生命。

在赖特的影响下,弗莱明在一战期间研究伤口感染原因的经历,加深了他对可以找到一种化学药品来治愈感染的怀疑。他和赖特驻扎在布洛涅(Boulogne)的一个赌场,他们把这里变成了一个细菌实验室,以便更好地研究如何救治生命。通过使用形似锯齿状伤口的特异试管,弗莱明证明了用石炭酸这类的杀菌剂会适得其反,因为它们会杀死身体本身的白细胞,而并未抵达细菌深入的伤口缝隙里的坏疽。相反,弗莱明和赖特认为,应该用生理盐水清洗伤口。这是一项重要的发现,也是治疗伤员的医生们几乎完全忽视的一个发现,因为人们一直认为不用杀菌剂包扎伤口是完全错误的。

不过,弗莱明并非教条地忠于赖特的观点。在战争开始之前,他用医学科学家保罗·埃尔利希(Paul Ehrlich)基于砷的化疗方法——砷凡纳明(Salvarsan)来治疗梅毒,并成为著名的"梅毒医生";所以他知道除了刺激吞噬细胞之外还有其他治疗疾病的方式。1921年,他发现了一种蛋白质具有杀死细菌的特性,就是在自己鼻涕、眼泪、口水和其他体液中发现的溶菌酶,而它是由吞噬细胞分泌的。溶菌酶是人体自身的天然杀菌剂,这似乎意味着有可能找到可以注入身体之中杀死细菌的化学物质。但最终溶菌酶令人失望,它不能杀死导致疾病的大多数致命的细菌。

因而弗莱明至少在某种程度上为盘尼西林的发现做好了准备,他起初称之为"霉汁"。他在一系列实验中表明,"霉汁"比大多数杀菌剂能更有效地杀死多种致命细菌,但是却不会杀死身体本身具有防御性的溶菌酶。但是把盘尼西林用于感染伤口表面的抗菌药的早期实验令人失望。当时还没有人意识到最有效的方式是体内注射。同时,大规模生产或储存盘尼西林都是困难的。众所周知的是，1936年，制药公司施贵宝（Squibb）得出结论说："鉴于盘尼西林研发缓慢，缺乏稳定性以及对细菌的作用迟缓，所以生产盘尼西林并把它当作一种抗菌药来销售似乎是不可行的。"所以在长达十余年的时间里，盘尼西林只是被当作一种罕见而有趣之物，被束之高阁，并未被开发成治愈疾病的药物。弗莱明是实验室的常客，而非诊所或董事会的常客。

人们通常认为，是战争的爆发加速了抗生素的开发，但是证据表明这种看法可能是错误的。1939年9月6日，也就是二战爆发几天之后，两名牛津的科学家申请资助研究盘尼西林，他们思考的角度仍然是科学而非应用。到此时为止，他们已经研究一年多了，战争的爆发实际上让他们更难以获得经费。医学研究理事会和洛克菲勒基金会提供的经费都比他们申请的少很多，后者把战争的不确定性作为一个理由。所以，如果说战争的爆发有影响的话，那也是减缓了盘尼西林在这个阶段的研发。

在战争爆发之前，这两个科学家偶然看到了弗莱明的工作，并决定更认真地研究一下，他们是生化学家恩尼斯特·钱恩（Ernst Chain，来自德国的难民）和来自澳大利亚的病理学家霍华德·弗洛里（Howard Florey）。尽管在战时合适的材料、经费和人员都出现了短缺，但是到1940年，他们的同事诺曼·希特利（Norman Heatley）已经提取出了盘尼西林，并且为表明它不会伤害到老鼠，还给老鼠注射了盘尼西林。5月25日，星期六，弗洛里在让四只老鼠感染链球菌之前先给它们注射了盘尼西林，作为对照组的另外四只老鼠则只被注射了大剂量的链球菌。当晚，那四只未注射盘尼西林的老鼠死了，而注射了的四只则活了下来。

弗洛里、钱恩和希特利突然意识到，可能即将出现一种新的治疗受伤士兵的方法。在接下来的几个月，他们把自己的实验室变成了一个生产盘尼西林的工厂。1941年2月12日，43岁的警员阿尔伯特·亚历山大（Albert Alexander）因被玫瑰丛划伤而染上了败血症，奄奄一息，他成为接受盘尼西林治疗的第一人。他迅速地康复了，但是在痊愈之前，盘尼西林断供了，败血症复发，他不幸去世了。但是人们看到了这种药物的神奇效果。1942年8月，再次对盘尼西林提起兴致的弗莱明利用盘尼西林治愈了哈里·兰伯特（Harry Lambert）的脑膜炎，这个事件引发了媒体的关注。此后，弗莱明成了英雄，比不愿抛头露面的弗洛里更出名。

1941年7月，战争把英国的工业逼到了即将崩溃的边缘，弗洛里和希特利飞往美国，并且快速地启动了盘尼西林的生产工作。他们迅速地发现了高产出的霉菌的变体，以及更好的培养技术，但是化工企业起初不太愿意投资给这样一个具有不确定性的项目，同时反托拉斯法⊖导致公司难以彼此学习技术。英国后来多少有点不满，当时很多与盘尼西林有关的知识产权都是由美国业界申请的。

战时的物资短缺，安全性上的考虑以及出现在英国的V1飞行炸弹继续阻碍着这个项目的进展，所以这绝不是表明，盘尼西林的研发在和平时期会更慢。这并非要否认这种药物对受伤士兵的价值，很多人的生命因它而得救。更值得注意的是盘尼西林治愈淋病的能力，因为淋病所导致的死亡人数要比德军在北非和西西里岛战役中的死亡人数还多。到盟军诺曼底登陆时，已经有了足够的盘尼西林，从而确保了因伤致死率远远低于预期。

甚至在战争开始之前，盘尼西林的疗效就传到了德国，在1944年6

⊖ 即反垄断法。——译者注

月暗杀未遂之后，希特勒的医生就用它来给元首疗伤，但是在德国或者法国并没有进行大量生产盘尼西林的认真尝试。如果 20 世纪 40 年代是和平时期，那么这可能也会有所不同。

即便通过机缘巧合的好运气做出了一项科学发现，但是在把它变成有用的创新方面也需要大量的实际工作，盘尼西林的故事再次证明了这一点。

围捕小儿麻痹症

到 20 世纪 50 年代，美国最受关注的疾病是小儿麻痹症。小儿麻痹症疫苗的故事不像天花疫苗那样有序且无害。玛丽·沃特利·蒙塔古夫人早期的反对者的一些担忧确实出现了，尽管那是很久以后的事情，疫苗确实造成了本不该导致的死亡。另外一个固执又不受欢迎的女性吹响了哨子。

她是伯尼斯·埃迪（Bernice Eddy），1903 年生于西弗吉尼亚州的农村，她是一个医生的女儿，因为支付不起医学院的学费，便从事了实验室研究，并于 1927 年获得了辛辛那提大学细菌学博士学位。到 1952 年，她已经在生物学标准部从事小儿麻痹症病毒的研究了，这是美国政府的一个部门。她参与了对新的沙克疫苗（Salk vaccine）的安全性和有效性的测试。在 20 世纪期间，尤其是在美国，小儿麻痹症成为一种日益恶化的流行病。具有讽刺意味的是，这主要是引发这种疾病的公众健康状况得到了改善，也就是感染这种病毒的绝大多数人的年龄提高了，从而导致了更致命的感染和更频繁的瘫痪发生。当时每个人都会在饮用水或泳池中接触到生活污水，所以在这种病毒导致瘫痪之前，人们很早就对此免疫了。

随着用液氯对供水进行清洁，人们很晚才接触到这种病毒，而且它的影响更为致命。到 20 世纪 50 年代，美国的小儿麻痹症疫情每年都在恶化，1940 年有 1 万例，1945 年有 2 万例，而 1952 年达到了 5.8 万例。大量的公益机构都为治疗和寻找疫苗慷慨解囊，大方捐赠。巨大的名望、声誉和财富静待着拔得头筹的团队，所以就有人偷工减料了。

当约纳斯·索尔克（Jonas Salk）于匹兹堡在捣碎的猴肾中用组织培养的新技术大量繁殖小儿麻痹症病毒时，一项新的突破出现了。到 1953 年，他每周要杀死 50 只猴子，摘取它们的肾脏，在肾组织培养物烧瓶中繁殖病毒，并为了灭活，会让它们在福尔马林中暴露 13 天。在 161 个儿童身上对由此产生的疫苗进行了测试，发现它没有带来危害，受试者没有出现小儿麻痹症，并且出现了针对小儿麻痹症病毒的抗体。沙克疫苗克服了它的竞争对手，尤其是阿尔伯特·沙宾（Albert Sabin）的阻力，并且无视伯尼斯·埃迪发现这个疫苗有时候仍然会在猴子身上导致脊髓灰质炎的研究结果，在大张旗鼓的宣传的加持下，沙克疫苗于 1955 年匆匆忙忙地进行了全国范围的测试。灾难随之而来，卡特实验室（Cutter Laboratories）这个生产商用灭活不充分的病毒感染了数千人并导致 200 多人因小儿麻痹症而瘫痪。疫苗被迅速地召回，并且重新考虑了方案。

同时，埃迪博士还有另外一种担忧。她跟莎拉·斯图尔特（Sarah Stewart）做了一项开创性的实验，表明癌症可以通过 SE 多瘤病毒（SE polyoma virus，其中 S 代表斯图尔特，E 代表埃迪）从老鼠的肿瘤传染给仓鼠、兔子或豚鼠，这是一项重要的生物医学发现。她知道用来繁殖沙克疫苗的猴肾组织培养物本身有时候会被猴子携带的病毒所污染，所以她担心疫苗包含了这些污染了的病毒，并且可能会在人身上引发癌症。1959

年 6 月，为表明猴肾培养物确实会让仓鼠在疫苗接种的位置患上肿瘤，她用业余时间开展了实验。她因这项工作受到了老板乔·斯梅德尔（Joe Smadel）的责备，因为她的所作所为质疑了小儿麻痹症疫苗接种的安全性，当她坚持于 1960 年 10 月在一次科学会议上对此进行汇报时，她实际上被从小儿麻痹症的研究工作中解雇了，并且被禁止谈论她的实验。斯梅德尔怒不可遏地喊道："你显然捅了大娄子，有些人会轻易地相信在人身上使用猴肾组织培养物会让他们患上肿瘤。"但事实确实如此。

最终人们分离出了被污染的病毒，它被命名为 SV40，其他人对它进行了详细的研究。我们现在知道，在 1954～1963 年，几乎每个在美国接受小儿麻痹症疫苗免疫的人都有可能接触到猴病毒，SV40（被描述的第 40 种）只是其中之一，也就是说大约有 1 亿人会受到影响。在接下来的几年里，健康机构很快就向全球保证说这种风险很小，但是他们在当时并没有什么理由这么得意。果然不出所料，虽然在那些接受了被污染疫苗的人之中并没有出现不寻常的癌症发病率，但是却在人类的恶性肿瘤中检测到了 SV40 的 DNA，尤其是在间皮瘤和脑瘤中，它可能与其他因素一起共同导致那些部位出现了恶性肿瘤。在今天谈及这个话题仍然是不受待见的。

1988 年设定的目标是根除小儿麻痹症。通过将防止瘫痪的灭活疫苗与产生完全免疫力的口服（活性）小儿麻痹症疫苗结合起来，遍布全球的志愿者们给但凡能找到的成人和儿童送去预防措施。即便在战地，他们仍然坚守工作岗位，穿越火线，在南美和非洲，他们甚至为开展工作还实现了交战双方停火。在接下来的 30 年里，这些疫苗可能阻止了 1600 万瘫痪的病例，以及 160 万例死亡的发生。如今，它们的成功率达到了

99.99% 以上。最后一个小儿麻痹症的病例出现在 2016 年的非洲。只有阿富汗和巴基斯坦仍然报告说有非常少的病例，2018 年是 33 个。这显然很快也会成为历史。

泥屋和疟疾

到 20 世纪 80 年代，天花被根除，小儿麻痹症、伤寒和霍乱也开始退出历史舞台，然而有一种疑难杂症仍然是人类最大的杀手，它每年夺走成千上万人的生命，而且情况变得越来越严重，这就是疟疾。

1983 年 6 月 20 日，在南非布基纳法索的苏穆索（Soumousso）一个炎热且布满灰尘的居民点，一群来自法国和越南的科学家和他们非洲的同事一起开始了一项实验。他们在当地市场买了一些薄纱和密织的棉布，并把它们做成了 36 顶蚊帐。有些是可以容纳很多张床的大型蚊帐，有些则是只能容纳一张床的小蚊帐。现在，他们用 20% 浓度的氯菊酯杀虫剂溶液把其中一半的蚊帐浸湿，另一半则未做任何处理。接下来，他们做了一些相当奇怪的事情，在 9 顶浸湿的和 9 顶未处理的帐篷上撕了一些小洞。他们现在有了 9 顶未处理也未破洞的，9 顶浸湿了但未破洞的，9 顶浸湿了也破了洞的，以及 9 顶未处理但破了洞的蚊帐。随后，在将这些蚊帐安装到 24 个棚屋里之前，他们在阳光下把这些蚊帐摊平，在太阳下暴晒 90 分钟。这些棚屋用的是传统的泥墙和茅草屋顶，不过它们本来就不是被当作住宅的。这是一个专门配备了捕蚊器的研究站，有些旨在捕获棚屋里的蚊子，有些则是要捕获那些离开棚屋的蚊子。

6 月 27 日，志愿者们开始于每晚 8 点到次日早 6 点在棚屋里休息，持续时间为5个月，单独的蚊帐里住一个人，较大的里面有三个人。他们在每天的三个时段（早5点、8点和10点）采集进入或试图离开棚屋的每一只蚊子，无论是死是活，每周持续六天。活着的蚊子要持续观察24小时，看看有多少只会加入死去的蚊子的行列之中。21周后，他们共收集到4682只雌蚊，主要是两种——冈比亚按蚊（Anopheles gambiae）和不吉按蚊（Anopheles funestus），它们都是疟疾的传播载体。

在意识到二战中的美军以及后来的中国军队用DDT来喷洒蚊帐之后，两个法国科学家——弗雷德里克·达理耶（Frédéric Darriet）和皮埃尔·卡内瓦（Pierre Carnevale）产生了做这个实验的想法。我最近问过达理耶，为何要用那些有洞的蚊帐？因为在非洲，蚊帐很少会长时间保持完好无损，所以研究一下破损的蚊帐是一无是处还是与完好的蚊帐一样有用，是具有现实意义的。就未被处理的蚊帐来说，这块破布相当无用，很多难以入睡的人在这方面深有体会。但如果蚊帐上有杀死或驱逐蚊虫的杀虫剂又如何呢？

位于布基纳法索的团队得到了令人惊讶的结果，这样的结果甚至让达理耶和卡内瓦也惊愕不已。他们发现，经过氯菊酯处理的蚊帐，即便是不完整的或破损了的，也可以驱除蚊子。它使得进入棚屋的蚊子数量下降了大约70%，并且将蚊虫驱离棚屋的比率从25%增加到了97%。它使得每只冈比亚按蚊和不吉按蚊的"充血率"——也就是蚊子是否吸饱了血，分别降低了20%和10%。尽管在对照组的棚屋中几乎没有一只蚊子死亡，但是在那些进出装有经过处理的蚊帐的棚屋的蚊子中，有17%都死了。5个月之后，这些蚊帐依然能够非常有效地驱除和杀死蚊虫。如今，被处理过的蚊帐的使用时间要更长一些。

这个被称为"Darriet et al. 1984",经过非常简洁、认真的设计的实验在控制疟疾和蚊虫的小圈子里非常有名,虽然它在大众媒体中从来没有获得它理应得到的声誉。这在非洲控制疟疾方面被证明是一个突破。这种被浸透的蚊帐是应对疾病及其传播载体的灵丹妙药。过了一段时间,这种理念开始流行起来。2003年,浸透的蚊帐开始初次大规模广泛使用,也正是在那一年,疟疾的死亡率开始停止增长并回落。根据《自然》近期发表的一项研究显示,近年来,全球共有600万人免于疟疾的困扰,其中有70%是经杀虫剂处理过的蚊帐所贡献的,这个数字是抗疟疾药物和杀虫剂喷洒的总和的两倍还多。到2010年,每年发放的蚊帐数量达到1.45亿顶。超过1亿顶迄今仍在使用之中。从全球范围来说,疟疾的死亡率在21世纪的头17年里几乎降低了一半。

烟草和降低危害

当代世界最大的人类杀手已经不再是细菌了,而是吸烟这种恶习。它每年直接地杀死600多万早产儿,可能还间接地导致了另外数百万人的死亡。吸烟这项从美洲地区引入到16世纪的旧世界的创新是人类最大的错误之一。

鉴于这是一种自愿行为,并且人类至少在某些时候是理性的,所以根除这种人类杀手应该相对容易一些。只要告诉人们这对他们有害,他们就会停止吸烟。但是依其成瘾的本质来说,戒除吸烟的恶习要比上述看法所说的更难一些。吸烟导致的过早死亡率要远远高于其他任何原因。知道吸烟会引发癌症和心脏病并未抑制吸烟这种行为的全球风靡程度。毫无疑问,吸烟有害健康,这样长久以来就已经得到确认的证据对阻止这种恶习也几乎没有任何效果。禁止对烟草做广告,朴素包装,禁止在公共场合吸烟,烟盒上印有威慑性的信息,医生的忠告以及教育确实产生了一定的效果,尤其是在西方国家,但是全球仍有10亿多人沉迷于唇间那一小撮植物材料燃烧起来的"篝火"。

接下来要说到这方面的创新。英国近年来的吸烟人数开始急剧下降,这在很大程度上是因为摄入尼古丁的一种替代方式的传播扩散,没有证据显示它们本身是有害的,它利用的是高科技而非吸烟,这就是电子烟。英国吸电子烟的人数远超欧洲其他国家。大约有360万英国人吸电子烟,相较而言,吸传统香烟的人有590万。吸电子烟的这种习惯甚至得到了公共机构、政府、慈善组织和大学的支持背书,并不是因为它完全安全,而是因为它比吸烟安全。这与美国的情况截然相反,那里公开地阻止吸电子烟,同时也与澳大利亚不同,在我撰写这些内容的时候,在澳大利亚吸电子烟仍然是非法的。

谁是电子烟的创新者?最初的发明者是一个名叫韩力的人,为了让自己戒烟,他设计了第一款现代的电子烟。在21世纪的世纪之交,他是辽宁省中医药研究院的一名药剂师,他每天要抽两包烟。他想戒烟,但是好几次努力都以失败告终。他尝试了尼古丁贴剂,不过发现这只是从香烟中得到满足的一种拙劣的替代品。

某天,在实验工作中,他得到了一些液态的尼古丁,并开始用汽化的方式对其进行试验。第一款商业电子烟于20世纪80年代上市,不过并没有取得成功,其原型可以追溯到60年代,而利用尼古丁蒸汽的专利甚至出现在30年代。不过,因为现在有了电子产品的微型化技术,韩力先生则更加走运一些。他的第一个设备很大也很笨拙，不过，到 2003 年，他对一个利用更可行机制的较小的设备申请了专利。随后他又进行了更进一步的微型化，并向辽宁省药监局和军事医学科学院提交对这个产品进行测试的申请。2006 年该产品上市销售。但是，还记得我之前说过吧，发明者并不必然是创新者。电子烟在中国并没有像在英国那样成功地流行起来。原因何在？

2010 年，广告业高管罗里·桑泽兰德（Rory Sutherland）顺路拜访他的一个老朋友戴维·哈尔彭（David Halpern），哈尔彭刚刚就任为戴维·卡梅伦（David Cameron）的行为研究小组的组长，它也被称为"助推小组"。那是位于伦敦市中心海军拱门（Admiralty Arch）的一间办公室，在交谈的过程中，桑泽兰德掏出了一只在网上买的电子烟，并抽了起来。

那时，在烟农或公共卫生压力集团的敦促下，澳大利亚、巴西、沙特阿拉伯以及其他一些国家是明令禁止电子烟的，因为他们担心这实际上是一种新的吸烟形式。看来英国也宣布这项技术非法也只是一个时间问题了。

哈尔彭从没见过电子烟。他让桑泽兰德给他解释电子烟的原理，并且对电子烟的风险可能是两害相权取其轻的想法非常感兴趣。这就好像是用注射疫苗来预防天花，或者对水进行氯化处理来预防伤寒一样，又或者像给海洛因上瘾的人分发清洁的针头来预防艾滋病感染一样。英国在 20 世纪 80 年代采用了分发清洁针头这一富有争议的政策，结果表明，这让瘾君子的艾滋病感染率相当有效地保持在比其他国家低很多的水平。哈尔彭后来写道，"我们仔细地审查了证据，并且给首相打了个电话，做了详细的陈述并敦促英国应该撤销对电子烟的禁令。实际上我们走得更远。我们认为我们应该刻意地通过各种方法提供电子烟,并且制定法规,不是去禁止它们,而是要改善它们的质量和可靠性"。

这也是为何这项创新在英国要比在其他地方更加流行的原因了,不过这还是遭受到了很多医疗专业人士、媒体、世界卫生组织和欧盟委员会的激烈反对。如今,严格的对照研究获得的强有力证据表明,虽然电子烟也不是零风险,但是电子烟的风险要比吸香烟低很多,它含有的危险化学物质较少,并且引发的临床症状也较少。2016年的一项研究发现,在吸电子烟仅仅五天后,烟民血液中的毒性物质就降到了完全戒除吸烟行为的人的同一水平。2016年开展了一项针对从传统香烟转向电子烟的209位烟民的研究,并进行了两年随访,2018年发布的结果表明,没有证据表明电子烟有任何的安全性问题或会造成严重的健康危害。

不过,与玛丽·沃特利·蒙塔古夫人的预防接种一样,电子烟遭遇到了同样根深蒂固的既得利益群体的反对。很多国家的烟草行业在禁止电子烟的销售;制药公司通过游说来限制它在其他领域的销售,以便更好地保护他们开出的尼古丁口香糖和贴剂;为更好地保护他们的戒烟实践,公共健康游说团体也反对它。欧盟委员会也在2013年试图通过要求将电子烟作为医疗产品进行监管来消灭这个产业。

虽然这一提议被搁置了,但是于2017年生效的欧洲《烟草产品指令》(*Tobacco Products Directive*)对高强度的电子烟油和电子烟的广告设置了禁令。从某种程度上来说,这种折中的做法帮助了电子烟这个行业,给它引入了标准并且让产品遵守严格的产品安全性法规——包括成分的毒性检验,以及确保包装的防损毁性和密封性的规则。相反,在美国,几乎没有任何法规，但是它却多次尝试禁止电子烟产品，毫无疑问，在美国确有相当一部分吸电子烟的人很快死去，几乎他们中所有的人都是因为从黑市上购买了不含有尼古丁，却含有四氢大麻酚（THC）油的电子烟产品而死的，这种油是大麻的一种成分，被一种名叫维生素 E 醋酸酯的增稠剂污染了。事实上，与禁酒令时代相呼应的是，虽然英国政府鼓励电子烟，它却严格地管控着这种产品，美国政府阻止电子烟，但是在确保它的安全性上却几乎什么都没做。

第 3 章

交　通

失败只是重新开始的机会，而这次你会更加明智。

亨利·福特（Henry Ford）

机车及其线路

从人类历史上来说,在 19 世纪 20 年代之前,没人能比奔驰的骏马跑得更快了。后来,以骏马时速的三倍行进就成了稀松平常之事,而且可以持续数个小时,这个进展的出现仅仅用了一代人的时间。有哪一种创新能像它这样实实在在又令人吃惊?相比之下,我却生活在一个运输速度很快但没有多大变化的时代。

在速度方面做出最大突破的那个人并不是这个想法的首创者,而是实实在在的改进者,也是一个和纽科门一样出身卑微的手艺人。事情发生在 1810 年,位于诺森伯兰郡基林沃思(Killingworth)的一座新煤矿塌陷了,该煤矿用一台崭新的纽科门蒸汽机来排水。但是这无济于事,尽管各地的机械工付出了最大的努力,在整整一年的时间里,矿井里仍然大水漫灌。年方 29 岁的出身卑微的乔治·史蒂芬逊伸出了援手,他当时在附近一个矿井担任提升机的司闸工。这是一个极易让人们联想到詹姆斯·瓦特的故事。以往,他因为精通修理钟表和鞋子而颇具盛名。他提出的唯一条件是，让他自己的工人来协助他。四天后，他们拆开了蒸汽机，对注入盖进行了改造，他缩短了气缸，让蒸汽机恢复了工作，矿井里的水很快就被抽干了。史蒂芬逊得到了机械师的工作，并且很快就被整个地区的人称为"发动机医生"。

史蒂芬逊的父亲是怀勒姆（Wylam）煤矿的一个"司炉工"，他的工作是把煤炭铲进熔炉，给蒸汽机提供燃料。年轻的乔治很快就到了17岁，成为在纽伯恩（Newburn）担任这种蒸汽机的"司泵工"，然后又先后在惠灵顿码头（Willington Quay）和基林沃思担任起了蒸汽驱动提升机的司闸工。到这时为止，一连串的不幸让他备受打击：他的妻子去世了，给他留下了一个年幼的儿子，他的父亲在一次蒸汽机事故中弄瞎了眼睛。他将被召进军中服役，于是不得不贿赂那个顶替他服兵役的人，这也用光了他最后一笔积蓄。不过随着他在机械领域的声誉日益增长，他很快就变得非常受欢迎了。依靠蒸汽动力的时机成熟了。

用蒸汽机拖动一串矿车的想法并不新鲜。用固定式发动机牵引装煤的矿车爬坡已经有些年头了，只不过现在改成了使用缆绳，并且理查德·特里维希克（Richard Trevithick）已经于1804年在梅瑟蒂德菲尔市（Merthyr Tydfil）用第一台蒸汽机车牵引着火车沿着轨道行进了。特里维希克意识到现在可以用现代金属加工的方式来处理高压蒸汽，从而可以提供更多的动力，这使得蒸汽机越来越轻便并且摆脱了对冷凝器的需要。不过特里维希克并没有赚到钱，他对此失去了兴趣，去海外旅行了，并且在去世时一文不名，这个试验似乎终结了。同样，他的效仿者也渐渐放弃了。蒸汽机车是不可靠的、危险的，并且无比昂贵，它会损害木制轨道或铁板轨道，也无法牵引较大的负荷或者在轮子不打滑的情况下爬坡。最好还是继续使用畜力（马）吧，每一个人都认为这是明智的。

战争改变了一切。拿破仑战争让马匹以及饲料干草的需求成了"无底洞"，因而导致二者的价格飙升。在煤矿产区，用马力牵引装煤货车去装船成为最大的制约因素，这 8 英里多的路程使得采矿无利可图。所以矿井所有者又开始了试验，在东北部各地的船上，满是努力提高速度的铿锵作响、带着锅炉的机器。即便如此，几乎没有人想到铁路在煤矿之外的领域会有用。它可能会给运河与驿站马车带来挑战，把人和货物运送到任何人都没有想到过的很远的距离以外。这是一个有关创新的伟大真理的例证，人们低估了这一真理的长期影响。

1812 年，一个具有独创性的工程师，马修·默里（Matthew Murray）在利兹（Leeds）给约翰·布兰金索普（John Blenkinsop）制造了一台有两个气缸的蒸汽机，并以西班牙战役的名字命名为"萨兰曼卡号"（Salamanca），威灵顿公爵阿瑟（Arthur, Lord Wellington）于此击败了拿破仑一世的一支军队。然后他用船只把另外一台具有相同设计的蒸汽机运送到了东北地区，由于拼写错误，它被命名为"威灵顿号"（Willington[⊖]）。它在利用齿轮、齿条和小齿轮装置方面取得了进展，但是威廉·海德利（William Hedley）的竞争对手"普芬比利号"（Puffing Billy）于 1813 年在怀勒姆（Wylam）废除了这种装置，最终解决了光滑的轮子无法在光滑的轨道上不打滑的问题。足够重的机车至少可以在最光滑轨道上拖着很重的负荷沿着浅斜坡前行。但是海德利和其他人很快又遭遇到了一个新的难题：货车道的铁板无法应付机车的重量，并且不断地被压碎。显然，轮子下面和轮子上面都需要有一些创新。

[⊖] 实际上应该是 Wellington，但是错误地写成了 Willington。——译者注

到史蒂芬逊出场的时刻了，他比任何人都提前看到了发动机和轨道对创新的需求。翌年（1814 年），他在基林沃思建造了一台双气缸的机车，并以获胜的普鲁士将军的名字命名为"布吕歇尔号"（Blücher），这个故事中仍然暗示着拿破仑战争的影响。他在很大程度上仿制了默里"威灵顿号"的设计。当"布吕歇尔号"开始工作时，它能够以每小时 3 英里的速度牵引着 14 节矿车行进，每个矿车装载 2 吨煤炭，这相当于 14 匹马所做的工作。在与马拉车辆竞争方面，它还不是完全可靠，更不要说跟运河竞争了。它的优势主要还是在煤矿开采领域，因为那里的燃料便宜。不过这只是一个开始，史蒂芬逊已经在改进这个设计了。

史蒂芬逊很快就与威廉·洛希（William Losh）在轨道上取得了专利，能够更好地承受机车重量的铸铁轨道的新型设计。但随后他改变了方向。他的一个朋友，迈克尔·朗里奇（Michael Longridge），最近接管了一个钢铁厂的运营权，这个钢铁厂距离基林沃思不太远，位于布莱斯河（River Blyth）沿岸的贝德灵顿（Bedlington），这个钢铁厂利用新的搅炼法来生产可锻铸（低碳）铁，朗里奇产生了一个想法，可以利用模具来铺设纯铁锻造的轨道。郎里奇的工程师，约翰·伯肯肖（John Birkenshaw）想出了一种轨道设计方法，横切面呈楔形，顶部宽大底部窄小。当 1822 年把它用于铺设从斯托克顿（Stockton）到达林顿（Darlington）的轨道时，史蒂芬逊放弃了铸铁，转而采用了伯肯肖的纯铁锻造的轨道，这让洛希大为光火。在写下这些文字时，我正身处达林顿火车站！

现在，乔治·史蒂芬逊和他的儿子罗伯特（Robert）做了一些异常大胆的事情。他们做了调查，并且建造了一段配有机车的长达 25 英里的纯铁锻造的轨道，把煤炭从斯托克顿运到了达林顿，他们最终建了40英里。在这次胜利中，机缘在某种程度上发挥了作用。贵格会（Quaker）富有的羊毛商人和慈善家爱德华·皮斯（Edward Pease）提议，为把煤炭、羊毛和亚麻制品从达林顿运到蒂斯河畔斯托克顿（Stockton-on-Tees），建设一条用马作为动力的轨道，而非开凿一条运河。但就像开凿运河一样，即便是建造一条靠马匹提供动力的轨道也需要支付给律师和代理人巨额的费用，以让他们去征地并且让议会通过法案。皮斯及其达林顿贵格会的同伴们遭到了上议院议员们的强烈反对，只有爱德华·皮斯自己意志坚决，目标坚定，在伦敦不辞辛劳地在政治家们的耳边喋喋不休，最终于1821年4月通过了一项法案，建造一条用马作为动力的轨道。

就在该方案通过的那一天，也就是1821年4月19日，皮斯见到了从斯托克顿赶过来与他会面的乔治·史蒂芬逊，史蒂芬逊显然已经听说了皮斯在策划修一条轨道。他主动请缨对线路进行调查，然后说服了皮斯既使用机车也使用马匹作为动力。这在土地所有者中引发了新一轮的愤怒，他们被轨道推广者眼中"荒谬可笑的"的流言吓坏了，在反对者看来，这是一种一小时能行进10或者12英里的"恶魔般的机器"！

罗伯特·史蒂芬逊负责建造在斯托克顿和达林顿的轨道上运行的改良机车。在1825年9月27日隆重揭幕之时，由蒂莫西·哈科沃斯（Timothy Hackworth）主要设计的第一台改良机车——"机车1号"（又译为"旅行号"）共牵引着33节车厢，其中12节满载着煤炭、1节装有面粉、20节满载着乘客。到它抵达斯托克顿时，车上已经搭载了600多人。后来"机车1号"能以每小时24英里的速度行进。这首次实现了用热做功来运载人。

实话实说，在接下来的一些年里，达林顿和斯托克顿之间的铁路严重地依赖于马力，机车只是偶尔的、不可靠而又危险的闯入者。但是史蒂芬逊父子并未就此打住。他们最著名的机车设计"火箭号"（Rocket）在1829年参加了雨丘（Rainhill）选拔赛，这是为利物浦到曼彻斯特之间的铁路选择蒸汽机车的一项赛事，而这条线路是乔治·史蒂芬逊建造的。有参赛资格的蒸汽机车的重量不能超过4.5吨，只能有四个轮子，要支撑良好，并且要牵引着一列小型列车往返运行45英里，同时中途不能停下来。史蒂芬逊又一次完成了壮举。

"火箭号"是由罗伯特设计的，但是吸收了很多独创性的改进，这些改进主要是由他们新的合作者亨利·布斯（Henry Booth）发明的。这些改进包括用锅炉中的多个炉管来提高蒸汽产生的速率，有一定角度的气缸，活塞直接与两个驱动轮相连，以及一个垂直地把蒸汽排进烟囱的鼓风管，从而增强了通过炉子的气流。简言之，它是几个人增量式的修补以及反复试验的产物，而非一个天才在想象力上的巨大突破的产物。在雨丘，"火箭号"有9个竞争者，其中有5个在一开始就无法启动。另外4个也出了各种问题，用马提供动力的"独眼巨人号"（Cycloped）解体了，"毅力号"（Perseverance）失败了，"无可匹敌号"（Sans Pareil）的一个气缸裂了，人们最看好的"新奇号"（Novelty）一开始以迅猛的速度向前飞奔，紧接着炉管就爆裂了。在跟"新奇号"进行龟兔赛跑的过程中，"火箭号"冒着蒸汽，平稳地牵引着13吨的载荷，时速达到30英里每小时。它为未来几十年的机车设计奠定基础。它还导致了一年后的第一起铁路致死事故，政治家威廉·赫斯基森（William Huskisson）给铁路揭幕的时候坠轨身亡，因为他当时正走下一列火车，打算与自己的政敌首相威灵顿公爵（Duke of Wellington）说话。

在利物浦—曼彻斯特的线路开通并且证明这是一项巨大的成功之后，接下来的几年并没有发生什么特别的事情，只是修建了一些零星的短程铁路，相关的技术也在慢慢地磨炼中。后来，在较低利率的政府债券和放开了的股票市场的驱动下，铁路项目在1840年出现了异常的繁荣，这些项目得到了手头有点积蓄的所有人的资助，他们狂热地用存款购入股票。全国各处都在开建新的铁路线路，先是连接起了城市，接下来是镇，然后又是村落。乘火车旅行成为常态、快速且甚至比较可靠的方式，虽然用今天的标准来看，它还远远谈不上安全。随着驿站马车的消失，铺满鹅卵石的道路中间长满了青草。铁路的繁荣是一个竞争性泡沫，对一些人来说是有利可图的，而对很多人来说是毁灭性的，这里充斥着炒作和欺诈，但对用户来说价值巨大，因为它让英国各地前所未有地连接了起来，从而使得贸易可以繁荣起来。

全球其他地方很快也如法炮制。美国的第一条铁路于1828年开始运行，比利时和德国是1835年，加拿大是1836年，印度、古巴和俄罗斯是1837年，荷兰则是1839年。到1840年，美国铁路的总长度已经达到2700英里，而到1850年，这个数字已经变成了8750英里。

转向螺旋桨

大约在同一时间，蒸汽机也被安装在轮船上，但是直到19世纪下半叶，以及发明了取代桨轮的螺旋桨以后，远洋轮船才在价格和速度上对帆船发起了挑战。卡蒂萨克号（Cutty Sark）下水以及其他快速帆船的出现标志着航海技术在 19 世纪 60 年代末期达到高峰。

　　螺旋桨的故事展现出了一项创新的所有常见元素，漫长的史前史，两个对手同时做出突破，然后是多年的增量式演化。实际上，自 17 世纪就已经出现了螺旋桨的想法，并且在 18 世纪也是层出不穷，但是到 19 世纪 30 年代，随处可见的依然是桨轮蒸汽船。螺旋桨设计的专利一个接一个地出现，一个历史学家追溯到了与这种想法有关的 470 个人物，其中包括 1838 年由作家爱德华·布尔沃·李顿（Edward Bulwer Lytton）的情妇亨里埃塔·范西塔特（Henrietta Vansittart）获得的一个特别有先见之明的专利，但却基本没怎么做过实际试验。

　　1835 年，一个叫弗朗西斯·史密斯（Francis Smith）的 27 岁农民在伦敦的郊区亨顿（Hendon）造了一艘用螺旋桨驱动的模型船，并在池塘里进行了测试。翌年，他造了一个更好的，并且取得了专利，"借助于在水下旋转的螺旋桨来推进船只"。

　　这里出现了一个惊人的巧合，仅仅 6 周之后，同样是在伦敦，一个名叫约翰·埃里克松（John Ericsson）但并不认识史密斯的瑞典工程师也在类似的设备方面获得了专利。在一个名叫托马斯·皮尔格林（Thomas Pilgrim）的工程师的帮助下，史密斯已经在建造一个全尺寸的轮船了，重 10 吨，搭载了 6 马力的蒸汽机。1836 年 11 月，这艘船在帕丁顿（Paddington）运河下水，并且立刻就出现了一场幸运的意外。史密斯建造的螺旋桨就像是一个绕在木轴周围的木制螺丝起子，并沿着木轴长度的方向完整地绕了两圈，即沿此方向上有两副螺旋桨。一次碰撞让一副螺旋桨脱落了，之后船反而行进得更快了，这是与湍流和阻力相关的一次意外发现。翌年，史密斯用金属重新设计了螺旋桨，并且只安装了一副螺旋桨，这艘船出海了，还到肯特海岸兜了一圈，这证明了它在恶劣天气中的价值。而埃里克松设计的型号有两个鼓轮，而非一个窄轴，螺旋桨沿相反的方向旋转，直到研制出了鱼雷前，这种调整基本上是没必要的。

和大多数发明者一样，史密斯尽力让人们严肃地对待他的发明。在考虑尝试这项技术之前，海军部要求用更大的船进行示范，至少能够达到 5 节①航速。斯密斯组建了一个公司，建造了一艘重达 237 吨的船，取名为"阿基米德号"（Archimedes），配置了 80 马力的蒸汽机。1839 年 10 月，在多佛（Dover）与"野鸭号"（Widgeon）以及在朴次茅斯（Portsmouth）与"伏尔甘号"（Vulcan）的较量中大获全胜，这两艘船是海军使用的速度最快的桨轮蒸汽船。海军上将们对此仍然表示反对，与此同时"阿基米德号"却穿梭在欧洲各国之间，到处炫耀。最终，海军部于 1841 年委托制造一艘螺旋桨船，"响尾蛇号"（Rattler），它于 1843 年下水，并于翌年开始服役。1845 年，"响尾蛇号"与一艘具有类似重量和马力的桨轮蒸汽船"阿莱克托号"（Alecto）在一场拉锯战中缠斗起来，这两艘船呈纵队的形式对峙，船尾都系着同一根缆绳，"阿莱克托号"以两节的速度被向后拖拽，这让它颜面尽失。

与此同时，在美国，埃里克松建造了一系列轮船，包括为美国海军建造的"普林斯顿号"（Princeton）。法国下水了螺旋桨驱动的"拿破仑号"（Napoléon）。全球的海军几乎在一夜之间全部掉转方向，开始使用螺旋桨。不过，创新还在继续，随着时间的推移以及因为对湍流和阻力的理解能力的提高，螺旋桨的设计在剧烈地演化着。叶片状的螺旋桨最终在靠近轴的地方变得狭窄，远端则宽一些，从锥形演变成了圆头。

---

① 1 节 =1.852 千米每小时。——编者注

内燃机的回归

内燃机的故事体现了一项创新通常所具有的特性：以失败为特征的漫长且久远的史前史，以可承受性的改善（其特征是同时申请专利和展开竞争）为标志的短暂的时期，以及以反复试验为特征的演进式改善的后续故事。1870年，一个法籍瑞士火炮军官不仅取得了专利，而且还建造了一台可以通过爆炸来产生运动的机器。艾萨克·德·里瓦兹（Isaac de Rivaz）建造了一个轮式"手推车"，它上面安装了一个立式气缸，气缸里装有混合的氢气和氧气，并且通过电火花点火引爆。在爆炸让活塞返回原来的位置之前，下降的气缸产生的重量通过滑轮系统驱动着手推车前进。就像7年后所建造的一个更大的气缸一样，它真的有效，但是却不能指望它跟蒸汽机车抗衡。

1860年，也就是宾夕法尼亚州第一口油井塌陷1年后，让·约瑟夫·艾蒂安·勒努瓦（Jean Joseph Étienne Lenoir）设计了一款用汽油驱动的内燃机并取得了专利，到1863年，他建造了一台转速非常慢的内燃机，它用了3个小时的时间才在巴黎郊外走了9000米。它被称为马拉车，是安装在一台三轮车上的货车。它效率极其低下，主要是因为在气缸中没有对空气进行压缩。

随后两次失败接踵而至。产生蒸汽的外燃机仍然是运输领域的主导，显然它很快就会拿下公路和铁路。到19世纪80年代，制造和出售蒸汽汽车的公司在美国和欧洲如雨后春笋般涌现出来，因为在即将来临的这个新的世纪，汽车市场中对蒸汽主导地位的主要威胁似乎可能来自刚刚出炉的电动汽车。1896年上市的斯坦利蒸汽车（Stanley Steamer）是最畅销的,并且在10年后创造了每小时127英里的全世界最快行驶速度。然而就在几年的时间里,内燃机这个不被看好的东西把专家们挑落马下,并且征服了一切。蒸汽汽车和电动汽车被载入史册。

内燃机背后的核心发明是压缩和点火的奥托循环,它共有四步。首先是燃料和空气进入气缸,其次是活塞压缩空气和燃料的混合物,再次是点火驱动动力冲程,最后是活塞排出燃烧后产生的气体。尼古拉斯·奥托(Nikolaus Otto)是一个杂货推销员,在对勒努瓦的蒸汽机尝试加以改进16年后,他于1876年想到了这种设计。一路上,他高歌猛进,制造和销售固定式发动机,扩张了他的公司——道依茨(Deutz)公司,至今仍是一个顶尖的发动机制造商。

虽然奥托卖了很多台发动机,但是他对研发汽车不感兴趣,所以他的两个员工戈特利布·戴姆勒(Gottlieb Daimler)和威廉·迈巴赫(Wilhelm Maybach)离开了他,并且开始为汽车制造汽油发动机。在19世纪80年代,法国、英国和其他地方的很多人也贡献了自己的发明,但卡尔·本茨(Karl Benz)是第一个在1886年批量生产一辆整车的人。本茨是一个生活在德国南部的非常有天赋的工程师,在一个前店后厂的自行车商店工作,他设计了一个三轮车(更像是一辆自行车而非马车)。根据他家族的传说,1888年,本茨的妻子贝尔莎(Bertha)在没有知会本茨的情况下把车开了出去,她把他们的两个儿子放到了车上,非常缓慢地从曼海姆(Mannheim)一路开到了普福尔茨海姆(Pforzheim),沿途补充的燃料是从药店买来的汽油,这段路程全程将近100公里。到1894年,本茨已经卖出了100多辆奔驰汽车(Motorwagen)。

同时,迈巴赫和戴姆勒都各自独立地完善了四冲程发动机,其速度要比本茨的快很多，也能提供更大的动力。在法国，埃米尔·勒瓦索（Émile Levassor）获得了制造戴姆勒发动机的许可，并且迅速地开始了在汽车设计上的创新，其中包括前置发动机以及散热器，戴姆勒反过来又仿效了勒瓦索的设计。

1900 年，迈巴赫与戈特利布·戴姆勒的儿子保罗·戴姆勒（Paul Daimler）发布了一款汽车，这为汽车行业确立了从此以后开始遵循的设计标准。戈特利布·戴姆勒也于当年去世。这款原型车是专门为生活在尼斯的富有的匈牙利赛车手埃米尔·耶利内克（Emil Jellinek）制造的。这款车是以耶利内克的女儿的小名命名的，叫作梅赛德斯 35hp。它看上去不再是马车和自行车后面放置的一个蒸汽机的产物了。为了防止翻车，迈巴赫让它变得更宽、更低，并且降低了重心。它有一个首次安装在前轴不锈钢底盘上的铝合金引擎，还装有获得了专利的蜂巢状水冷散热器以及阀门齿轮箱。1901 年，这款车帮助耶利内克在尼斯得到了比赛的冠军，因而每个人都想订购这款车，在接下来的几年里，位于斯图加特的汽车制造厂全力以赴地生产这款汽车。

不过，耶利内克的这段插曲提醒着人们，就像计算器、移动电话和其他很多创新的早期岁月一样，在汽车行业的早期岁月里，发明者认为他们是在为中上阶层生产一种奢侈品。一个来自底特律的农民的儿子把汽车从一种奢侈品的发明变成了每个人都可以享受的创新，它成为普通人也可以买得起的一种有用之物。亨利·福特（Henry Ford）彻底改变了 1908 年之后的这个行业，使蒸汽汽车和电动汽车成为历史，并且让汽车成为普通大众触手可及的东西，从而在很多方面对人类的行为方式产生了深远的影响，就像蒸汽机是 19 世纪的代表性技术一样，汽车而不是飞机成为 20

世纪的代表性技术。

在开始的时候,古怪又专一的福特看起来还是一个与汽车毫不相关的落选之人。他在技术上并没有开发出什么新东西。他两度创立汽车公司,都以失败告终,因为他仅仅是试图效仿昂贵的德国和法国的设计款式。他放弃了第一个公司,又被第二个公司解雇了。他的第三次尝试是一个被称为 A 型车的不起眼的设计,这几乎让他倾家荡产,但卖掉的汽车数量刚好可以让他维持下去。不过在成本控制方面,他绝对是一个天才,随后他开始生产比市场上绝大多数汽车都更简单、且相对便宜的汽车,而且随着大规模量产,价格变得更加便宜。T 型车,也就是著名的"廉价小汽车"(Tin Lizzie)足够结实耐用且可靠,对于需要前往城里的中西部农民来说是极具吸引力的。到 1909 年,福特汽车销售的速度与工厂能够生产的速度相当,而且他有着更远大的志向。因为铺好的公路很少,所以汽车的主要竞争对手仍然是马匹。福特公司在它的一则广告中说到,"拉着家用马车的老驽马的体重超过一辆福特汽车的重量。但是它的力量只有一辆福特汽车的 1/20,速度既没有汽车快,也没有汽车走得远,维护成本更高,几乎和买一辆车差不多了"。

是谁发明了利用内燃机来驱动汽车?与蒸汽机和(我在本书后面会提到的)电脑一样,这没有简单的答案。福特让它变得无处不在又便宜;迈巴赫为它提供了它所有让人熟悉的特性;勒瓦索做出了关键性的转变;戴姆勒让它恰当地运转起来;本茨让它靠汽油运转;奥托设计了发动机的循环;勒努瓦制造了第一个粗糙的版本;德·里瓦兹预示着它的前景。然而,即便是这么复杂的历史还是遗漏了很多其他人的名字,詹姆斯·阿特金森(James Atkinson)、爱德华·巴特勒(Edward Butler)、鲁道夫·狄赛尔（Rudolf Diesel）、阿尔芒·标致（Armand Peugeot）以及更多、更多。创新不是一种个别的现象，而是一种集体的、渐进的和混杂的网状现象。

内燃机的成功主要是热力学上的成功。瓦科拉夫·斯米尔（Vaclav Smil）指出，关键指标是克每瓦（g/W），生产特定数量的能量需要用掉多少物质。人类和役畜大概需要 1000g/W；蒸汽引擎把这个数值降到了 100g/W。梅赛德斯 35hp 更接近于 8.5g/W，福特 T 型车只有 5g/W。而且成本还在持续下降。在 1913 年，一个工资达到平均水平的美国人要想买一辆 T 型车，他需要工作 2625 个小时。到 2013 年，就平均工资来说，这个人只需要工作 501 个小时（或者说是以往时长的 18%）就能够买得起一辆配有安全带、气囊、侧窗玻璃、后视镜、供热系统、速度表和挡风玻璃雨刷的福特嘉年华了，而这些配置都是 T 型车所没有的。

柴油机的悲剧与胜利

从几个方面来说，鲁道夫·狄赛尔都是一个不寻常的创新英雄。在其有生之年，他未能看到自己的设备取得成功。在 1913 年前往英国开设柴油机工厂的途中，他在一个夜晚从轮渡上纵身跃入北海（North Sea），显然是自杀身亡了，身后留下了巨额债务。社会正义和野心都是驱动他前进的动力，他（错误地）认为自己正在发明一种被用在小型机器上，甚至是缝纫机中的可以让工业去中心化的东西。"我的主要成就是，我解决了这个社会问题。"在写完一本有关如何管理由工人运营的工厂的不太成功的图书之后，他如此说道。与很多发明者不同的是，狄赛尔是第一个从科学原理开始的创新者。他痴迷于卡诺循环（Carnot cycle）的热力学，从理论上来说，内燃机的效率可以到达百分之百，从而不用改变温度就能将热转变成功。从某种程度上来说，他在19世纪90年代努力地向这个目标迈进着，他发明了一种使用过剩的空气和高压缩比的引擎，这样燃料就可以纯粹由压缩而非电火花来引燃。

这些想法都不算新颖，但是狄赛尔在它们的可能性上进行的实践探索最终有了新的突破。到1897年，在一个更务实且心灵手巧的工程师海因里希·冯·布斯（Heinrich von Buz）的帮助下，狄赛尔设计了一个引擎，它的效率是当时市场上最好的汽油发动机的两倍，虽然它在很大程度上放弃了卡诺循环的很多特性。此时，狄塞尔和布斯都认为他们大功告成了。但是要获得一个可靠且价格合理的产品几乎困难得难以想象，主要是因为他们面临着一个挑战，要制造一个在高压下工作的机器。狄塞尔的反对者说他既声称自己的想法有太多的原创性，又无法让它们行得通。在离世前不久写下的一封信中，他倾诉了自己对生命的醒悟。"即便一项发明是成功的，对它的推广也充满了同愚蠢与嫉妒、惰性与恶毒、遮遮掩掩的抵制与公开的利益冲突进行的斗争，要把大量的时间用在与人们做斗争上，这是有待克服的一种殉道。"

然而，在今天，柴油发动机主宰着世界。大型柴油发动机驱动着全球大型货船，最大的可以产生超过10万马力，这使得全球贸易得以成为可能，瓦科拉夫·斯米尔认为，它在全球化中发挥的作用要大于贸易上的政治协定。小型柴油发动机在公路和铁路上运输着货物；实际上每一台农业拖拉机或者推土机都是靠柴油发动机提供动力的，没有了柴油发动机，现代经济将是难以想象的。在21世纪初的欧洲，柴油发动机的效率吸引了担忧气候变化的政治家们的注意，它甚至在一段时期内主导了汽车市场，当它对城市空气质量的影响出现之后，这个政策才不得不发生了扭转。

莱特兄弟的故事

在第一辆 T 型车面世之前 5 年，也就是 1903 年 12 月，在美国的东海岸，经过数年的试验、事故和失望之后，人类即将要体验动力飞行。

美国政府通过陆军部支出了 5 万美元，来支持塞缪尔·兰利（Samuel Langley）的试验，他深信自己可以建造一架飞机。另外的 2 万美元是由电话的发明者亚历山大·格拉汉姆·贝尔（Alexander Graham Bell）和兰利这个飞行先驱的其他朋友贡献的。作为天文学家的兰利教授是一个颇有人脉但相当傲慢的新英格兰人，他是位于华盛顿的史密森协会的秘书。对自己的设备的细节，他完全保密，只在一个小圈子里分享自己的想法，不过 1903 年的这个表演吸引了一大群人前来观看。他这个翼展有 48 英尺的被称为"大飞行场号"（great aerodrome）的巨大的奇异机械要从轨道上起飞，这个轨道架设在一艘停在波托马克河上的游艇的屋顶上，由汽油提供动力的螺旋桨会驱动它在空气中前进，同时它两对有一定角度的机翼会产生升力。7 年前，也就是 1896 年，在坠河之前，一个安装了蒸汽动力发动机且没有飞行员的模型在空中飞行了 90 秒，前进的距离达到了 1000 码⊖。同年 8 月的再次尝试以失败告终，10 月份载有一个人的全尺寸飞机非常不光彩地直接掉进了水里。12 月份的这次测试也许是兰利的最后机会，但是他对成功满怀信心。

⊖ 1 码 =0.9144 米。

并不是说兰利自己要做飞行员,他太过于自负了。这项拿不准的荣誉落在了查尔斯·曼利(Charles Manly)身上,他在下午 4 点爬上了"大飞机场号",身穿软木内衬救生衣的曼利略显悲观。在做了一些调整之后,他启动了引擎,向前猛冲,现场围观的人群都屏住了呼吸。这架机器以曲线的方式直冲云霄,失速,向后翻转,开始解体,并坠入距离游艇不足 10 码的漂着零星冰碴的河里。曼利从残骸里爬出来,喋喋不休地诅咒着。兰利并没有赢得翻身的机会。

这次惨败导致政府突然终止了对动力飞行的支持,在过去的 10 年里浪费了大量的金钱。不过仅仅九天之后,在距离南方几百英里的地方,那里有一个名为基蒂霍克(Kitty Hawk)的偏僻渔场,附近的沙质海岸线上正狂风大作,在几乎无人观看的情况下,来自俄亥俄州的两兄弟将真正地实现第一次有动力的受控飞行,他们所用的经费只有兰利预算的一小部分。1903 年 12 月 17 日上午 10:35,奥维尔·莱特(Orville Wright)俯卧在两层机翼的下层机翼上控制着转向装置,而他哥哥威尔伯·莱特在起飞的过程中跟着奔跑以保持飞行器的稳定,"飞行者一号"(Flyer)从木质轨道上平稳地升空,并进入猛烈的逆风之中,它的汽油发动机提供了推力,双翼则提供了升力。在 12 秒的时间里飞行了 40 码之后,它降落在滑板上。只有五个人见证了这一幕。当天的晚些时候,威尔伯驾驶着"飞行者一号"飞了近一分钟,飞行距离超过了 800 英尺。

在兰利每件事情都做错了的地方,莱特兄弟却都做对了。兰利花了大量的金钱,依靠政府,只咨询为数不多的几个人,从头开始建设一个完全成熟的设备,而非通过解决每一个问题来"日拱一卒"。作为经验丰富的自行车制造商和勤奋的手艺人,莱特兄弟系统性地推动着工作一步步前进，去克服那些对于解决动力飞行的问题来说必不可少的挑战。首先他们记下并吸取了其他人的经验，尤其是德国的滑翔机设计师奥托·李林塔尔（Otto Lillienthal，他于1896年在一次滑翔机坠毁事故中去世）以及芝加哥的古怪的法裔美国人奥克塔夫·沙尼特（Octave Chanute），后者对（飞行）需要克服的问题进行了大量的研究，而且他本人也是交流有关飞行看法的巨大网络中的一个节点。莱特兄弟总共给沙尼特写了177封信。他们两兄弟还痴迷于观看鸟类的翱翔。从所有这些研究中，他们搜集到了至关重要的想法，比如用机翼翼形的曲率来提供升力，双翼的概念以及让机翼翘曲来操纵方向的观念。然后，他们在1900年建造了一台滑翔机，把它的各个部件带到了卡罗来纳多风的障壁岛，进行了试飞，起初用绳子拴着像风筝一样放飞它，然后在它飞入风中将要冲下山坡时趴在它上面。1901年，尽管蚊虫成灾以及风雨交加，他们和两个助手以及沙尼特本人还是在基蒂霍克安营扎寨，对设计进行了调整，结果却发现，它没有1年前那么正常了。这架滑翔机爬升得很迅速，但是太容易失速了。结果表明，李林塔尔建议的弯曲机翼的高宽比（1∶12）弯曲的太大了（他们复制了这个比率）。而采用比率为1∶20的更平的机翼后，滑翔机又能正常飞行了。

此时，他们回到了达顿（Dayton），开始在风洞中对模型进行试验，他们做了上千次艰辛的测量，直到完全理解了升力和阻力。1902年，新的自行车销售季高峰在夏季一结束，他们就带着设计好的第三架滑翔机（风筝）返回到基蒂霍克，这次做了更多的调整，尤其是在尾舵上，他们历尽艰辛领悟到了如何在空中试验一个设备，在掌握这种技巧之前他们屡次坠地。一点一点地，他们把除发动机之外的所有东西都聚集到一起了。

到那时为止，至少从理论上来说，莱昂纳多·达·芬奇（Leonardo da Vinci）做不出来的发明，一直也没人能发明。莱特兄弟的发明就是一个有布制蒙皮的木制框架。当然，它有维持其形状的金属线，以及对于制作和维修机翼不可或缺的一台缝纫机，这是不久前在莱特兄弟的家乡俄亥俄州发明出来的。不过它还只是带有巨大机翼且重量很低的某种木质悬挂式滑翔机，仅能搭载一人。从任何实用的目的来说，它都一无是处，它需要很强的风才能起飞，但非常容易被吹得坠毁。为何此前没人发明过这样的东西？其部分原因在于，人类从未如此接近于进入动力飞行的下一个阶段。被新奇的汽车围绕着的莱特兄弟知道，让世界有所不同的是发动机，是马达。与其他发明家不同的是，他们把发动机留在了最后，理由是发动机将是最不难做的事情，因为它所要做的只是提供足够的推进力。

这回他们遇到了意外的好运。那个雇来在他们离开时负责经营自行车店的查理·泰勒（Charlie Taylor）是一个很棒的机械师。因为在市场上找不到一个轻型发动机，所以他从零开始自己设计，并用铝建造了一台。这是一台四缸发动机，虽然不断地出故障，但是他最终生产出了一个被证明可靠的样机。同时奥维尔和威尔伯摆弄着螺旋桨的不同设计，发现这其中的数学计算极其困难，并且船用螺旋桨的做法不是特别有帮助。到1903年秋，一切准备就绪。他们前往基蒂霍克，在那个季节末尾，他们最终成功地带着躺在引擎后面的一个人飞上了蓝天。

大多数飞行先驱都是有业余爱好的绅士或科学家，而非脚踏实地的工匠，比如兰利。莱特兄弟的一个显著特征是，他们在努力工作中体现出的奉献精神，他们跟自己的牧师父亲米尔顿以及他们的教师妹妹凯瑟琳一起生活。独身的他们对轻浮的举止或任何类似于罪行的东西都不感兴趣，兄弟二人把他们一生中除周日之外的所有时间都奉献给了工作。他们把彼此作为征询意见的对象，也包括他们当中唯一拥有大学学历的凯瑟琳。在第一次飞行的照片中，尽管迎着北卡罗来纳州海岸的凛冽寒风，在临时帐篷里和机库中熬了好几个星期，但是威尔伯这时穿着硬领的黑色西装，就好像准备要去教堂一样。拍下了这张照片的基蒂霍克的居民约翰·丹尼尔斯（John Daniels）写道，他们是"我认识的最拼命的家伙……让他们飞上蓝天的不是运气，而是勤奋和常识"。

甚至在第一次飞行之后，从很大程度上来说，全世界都忽略掉了相关的新闻，因为让人非常难以置信的是，这两个发明者出身低微，也没有大学文凭。莱特兄弟继续摆弄和调整着他们的设计，直到他们能利用弹射器让飞机逆风起飞，在空中慢慢转圈并一次维持几分钟时间。到1905年，在俄亥俄州达顿郊外的一个地方，威尔伯创造了持续飞行24英里的记录。即便是当地的报纸也不知道在他们眼皮子底下发生了什么事情，甚至到了1906年，《科学美国人》（Scientific American）杂志的一个显要的评论员在一篇名为《莱特兄弟的飞机及其传说中的表现》（The Wright aeroplane and its fabled performances）的文章中认为，用上流社会的讽刺挖苦对莱特兄弟的主张"辟谣"是适宜的：

既然这么轰动的重要试验发生在美国一个不算偏僻的地方，而且这个话题几乎每个人都有兴趣，那么为什么这么有事业心的记者……到现在都没去核实一下？

显然他们没有去核实。即便人们确实相信了莱特兄弟的所作所为，他们依然怀疑他们做这些事情的价值。《工程杂志》（Engineering Magazine）

发表的文章指出，"我们的怀疑仅限于飞机现在的或可能成就的实用价值。我们根本不认为它会成为商用交通工具"。

美国陆军部断然地拒绝了莱特兄弟展示他们飞机的提议，兰利的惨败坚定了他们的信念。威尔伯在 1907 年和 1908 年的法国旅行中签署了一个丰厚的合约：如果他能展示动力飞行并且满足特定目标，那将会得到大笔收入，即便如此人们仍嘲笑他是一个骗子。1908 年 8 月 8 日，当天是威尔伯要在勒芒市（Le Mans）的一个赛马场展示飞行的日子，一小群人聚集在那里，其中包括对此持怀疑态度的一个显要人物，他就是法国航空俱乐部的恩尼斯特·阿芝迪肯（Ernest Archdeacon），他不停地向等在那里愿意听他看法的人表达着自己对莱特兄弟主张的蔑视。几个小时过去了，威尔伯还在做相应的准备，人们的怀疑情绪越来越强烈。当他终于在下午 6:30 一飞冲天时，人们的震惊和兴奋达到了极致。他向左转弯，来了个优美的回旋，从人群的头顶上略过，又转了一圈，飞行了大约 35 英尺，然后平稳地降落在了草坪上，在空中飞行的时间有两分钟。《费加罗报》（Le Figaro）报道说，"群众热情洋溢，场面火爆至极"。在现场的路易·布莱里奥（Louis Blériot）惊呼道，"这就是奇迹！"还有人大喊，"他才不是骗子！"这没准儿是冲着阿克迪肯说的。

同时在华盛顿附近的迈耶堡（Fort Myer），奥维尔也在用一架复制的飞行器让观众们发出了惊呼。

9 月 9 日，威尔伯两次在空中共飞行了一个多小时，绕场转了 50 多圈。自此开始，莱特兄弟成为走红的名人，无论走到哪里都得到了厚待。他们的对手奋起直追；在接下来的 1 年内，22 名飞行员在兰斯（Reims）的航空嘉年华中冲上云霄，现场有 20 万人观看，布莱里奥驾驶着一架脆弱的单翼机穿越了英吉利海峡。仅仅10年后的1919年6月，约翰·阿尔科克（John Alcock）和亚瑟·布朗（Arthur Brown）就用16个小时的不间断飞行从加拿大新斯科舍省（Nova Scotia）横跨大西洋抵达了爱尔兰，途中他们穿越了迷雾、暴雪和大雨。虽然其中的大部分推动力是无论如何都会出现的，但当时发生的第一次世界大战为飞机设计和飞行技能的发展提供了快速的推动力。

把动力飞行这项发明变成一种对社会来说有用的创新仍然有很长的路要走。莱特兄弟的一些想法被抛弃了，它前部的升降舵太不稳定了，让整个机翼都翘曲，不如铰链式襟翼或副翼好用。但是他们的很多发现是至关重要的：为了在转弯中控制好飞机，必须要使用机翼来实现滚转以及用方向舵来控制飞机的偏航。奖金和合同很快就让莱特兄弟自己变得很富有了，不过他们也卷入了令人筋疲力尽的法律斗争之中，因为他们试图捍卫自己的专利。威尔伯1912年死于伤寒，时年45岁。凯瑟琳和奥威尔也分别于1929年和1948年离世。

回头看来，1903年出现在基蒂霍克的那一刻注定会引人注目，因为肯定会存在那么一个瞬间，一架有动力的飞机在受控的条件下离开地面，但事实上，这是漫长的演化道路上的一步，这条道路始于行为怪异之人带着拍动的大翅膀纵身跃入空中这种奇怪的而通常又是致命的尝试。类似的是，莱特兄弟的设计继续逐步演化成今天的大型客机、超音速战斗机、直升机和无人机。这是一个连续的体系。

毫无疑问，即便没有莱特兄弟，也一定会有人在20世纪的头十年里让飞机冲上云霄。发动机不可避免地会让很多人去尝试，并且真正需要做的工作就是反复试验。实际上，因为起初很少有人相信莱特兄弟，《巴黎先驱报》(Paris Herald)在 1906 年就称他们"不是投机者就是骗子",所以动力飞行的其他先驱者们开始完全独立地参与到飞行竞争研究中,他们也发明了差不多的螺旋桨和翅膀,并在一定程度上做到了飞行控制,尤其是在法国的克雷芒·阿德尔(Clément Ader)、阿尔贝托·桑托斯–杜蒙特(Alberto Santos-Dumont)、亨利·法尔芒(Henri Farman)和路易·布莱里奥。让奥维尔·莱特愤怒的是,史密森学会在 1914 年试图重写历史,重新复原了兰利的"大飞行场号",秘密地对它进行了修改,做了简短的飞行,并且将其公之于众,不过在公开展览之前删除了对它所做的修改,并且同时宣称兰利设计了第一个能够进行动力飞行的机器。莱特兄弟的飞机直到 1948 年奥威尔去世之后才进入到史密森博物馆之中展示。

国际竞争和喷气发动机

1928 年,年轻的弗兰克·惠特尔(Frank Whittle)在一篇有关未来飞机设计构思的论文中写道:"涡轮机能提供已知最有效的原动力,有可能的是,它可以用于飞机上,特别是如果可以设计出用汽油来驱动(它)的一些方法的话。"很快,他就开始着手进行这一工作,并于 1930 年拿下了自己设计的喷气式飞机的专利。在此之前,在喷气式飞机的想法上已经有着相当悠久的历史了,包括由马克西姆·纪尧姆(Maxime Guillaume)于 1921 年在法国获得的轴流式涡轮喷气发动机的设计专利,惠特尔并不知道这个事情。在此之前,更大的燃气涡轮机已经在法国和德国用于给工厂提供动力了,虽然它们因为效率太低而不适合使用在飞机上。

但是从提出喷射推进的想法到真正地建造一架喷气式飞机实际上有很

长的一段路要走，尽管惠特尔就要发现这条路了。找到制造能够承受巨大的高压和炽热的温度同时又能高速旋转的压缩机和涡轮叶片的材料是一项难以完成的任务。就像18世纪的蒸汽机和今天的核聚变的情况一样，对于实现一项可以设想但无法造出实体的构想来说，材料上的创新是至关重要的。自1926年开始，工程师艾伦·格里菲斯（Alan Griffith）就已经悄悄地在英国的皇家航空研究院应对这个问题了。当年，格里菲斯发表了一篇关键性论文，即《一种涡轮设计的空气动力学理论》(*An Aerodynamic Theory of Turbine Design*)，解释了所有涡轮性能较差的表现，包括叶片形状错了，而且它们都会造成"飞行失速"。莱特兄弟所使用的那种机翼形状被证明是更好的。格里菲斯现在正努力提出一种轴流式涡轮喷气发动机，以在两级引擎中驱动一个螺旋桨，这是涡轮螺旋桨发动机的先驱。

当惠特尔这个新任命的空军少尉找到格里菲斯时，格里菲斯对惠特尔表示热烈欢迎，但结果却有点让惠特尔感到沮丧，格里菲斯写道，在一架喷气式飞机能够运行之前"压缩机和涡轮的性能都需要有极大的改善"。很久以后，惠特尔把这认为是一种故意怠慢，不过英国皇家空军慷慨地把惠特尔送到了剑桥大学，让他去学习工程。1935年5月，他就是在那里给一个朋友写信说："我终止了这个专利。基于试验工作的巨大成本，没有人会去碰它，我不认为他们大错特错了，虽然我仍然对这项发明充满信心。"

仅仅六个月之后，也就是1935年的11月，哥廷根大学毕业的汉斯·约阿希姆·帕布斯特·冯·奥海因（Hans Joachim Pabst von Ohain）在德国对喷气发动机申请了专利，他没有意识到惠特尔或者格里菲斯以及纪尧姆所做的工作。奥海因获得了德国工业界更积极的响应，1937年3月，他的发动机准备在罗斯托克市（Rostock）的亨克尔（Heinkel）工厂进行首次测试运行。一个月后，惠特尔的设计也生产了出来，并且在拉格比（Rugby）的英国汤姆森休斯顿公司（British Thomson Houston company）进行首次试运行。1935年，在实业家的支持下，惠特尔利用他的项目重新组建了一个公司——喷气动力有限公司（Power Jets）。作为同步创新的例子，惠特尔和奥海因并行的故事是一个极端，二者在日期上几乎完全一致，但是这是普遍现象，相当常见。

这个并行的故事还在继续。在惠特尔之前，奥海因的喷气式引擎把一架亨克尔飞机送上了蓝天，它的第一次飞行发生在1939年8月27日，也就是德国入侵波兰并发动了第二次世界大战的前几天。惠特尔的发动机在1941年5月15日把一架格洛斯特（Gloster）飞机送入空中。德国和英国都在同一个月首次把喷射式战斗机投入到战斗之中，格罗斯特流星战斗机（Gloster Meteor）在1944年7月17日之后立即投入战斗，梅塞施密特Me-262喷气式飞机（Messerschmitt 262）于7月25日投入战斗，虽然它们的速度都很快，但因射程的限制而对战争几乎没有影响。在战争期间，英国向美国提供了相应的技术，并且美国的喷气式飞机在战争结束的时候也升空了。

后来，稍微有点愤恨不平又没有得到太多经济报酬的惠特尔把他的回忆录写成了一个与官员、官僚和企业的抵制作斗争的孤独天才的故事，但是随后的历史学家修改了这种叙述，结果表明英国政府和英国工业界实际上对惠特尔的想法是相当乐于接受的，至少按照他们行动迟缓的标准来说是如此的，并且与最初呈现的相比，喷气式飞机的故事更是一种集体性的努力。实际上，今天所用的喷气式发动机的主要设计是格里菲斯的轴流式，而惠特尔用的是离心式。安德鲁·那鸿（Andrew Nahum）指出，"给一些时间来反思的话，现在会断言如果没有惠特尔就没有喷气式发动机的历史学家，甚至工程师是相当少的。"

这种情况同样也发生在奥海因身上。他们两个都是影响了历史进程的才华横溢的先驱，但如果没有他们的话，喷气式引擎也会出现。奇怪的是，他们直到 1966 年才初次见面，当时奥海因在给美国空军效力，而惠特尔已经退休多年了。

与雷达和计算机一样，喷气式飞机通常被视为一项战时发明的产品。但是，就像其他例子一样，实际上英国和德国在战争爆发很久之前就已经在开展关键工作了，只是我们无从知晓的是，喷气式飞机在 20 世纪 40 年代某个繁荣与和平的平行宇宙中的发展速度和商业化速度会有多快。

二战后，对民航客机以及军用飞机的喷气式引擎进行改进和完善的工作主要是由三个公司开展的，分别是普拉特·惠特尼集团公司（Pratt and Whitney）、通用电器公司和罗尔斯·罗伊斯（Rolls-Royce）。英雄的时代终结了。如今是工程师团队开展着数以千计的实验和大量的计算，逐步、缓慢地提升喷气式引擎的动力和效率，把热变成功，今天这个转换比率已经达到了 40%，而在奥海因和惠特尔的第一代喷气式飞机的时代，这个比率只有 10%。

安全和成本上的创新

飞行安全记录的非凡进步就是一个渐进但处处充满创新的例子，它给世界带来了实际的改变。2017 年，首次出现了没有人员因商业客机坠毁而死亡的情况。虽然当年出现了致命的坠机事故，包括货运飞机、私人飞机和螺旋桨飞机，但是没有商业客机坠毁。然而，这一年也见证了商业航班达到 3700 万架次的记录。即便乘飞机出行的人员数量大大地增加了，全球航空事故死亡人数还是从 20 世纪 90 年代的每年 1000 人稳步地下降到了 2017 年的 59 人。尽管 2018 年在印度尼西亚以及 2019 年在埃塞俄比亚出现了因电脑出错而导致的两起波音 737-MAX 8 飞机的空难，遇难人数分别为 189 人和 157 人，但是上述总体趋势仍然是真实的。这两起例外的悲剧彰显出这种事故已经变得十分罕见了，并且使得执行飞行任务的这种机型的编队整体停飞。

与半个世纪之前的比较则更加明显。如今任一时刻搭乘飞机的人数都是 1970 年的十倍还多，不过根据航空安全网的数据，死亡人数在早些年是如今的十倍还多。1970 年，每万亿客运周转量的死亡人数是 3218。到 2018 年，这个数字下降到原先的 1/54，只有 59 了。如今，在美国每行驶一英里，乘坐汽车致死的可能性至少要比乘坐飞机高 700 倍。

航空事故的下降与作为摩尔定律（Moore's Law）结果的微芯片价格的下降一样剧烈并且给人印象深刻。这是如何实现的？与大多数创新一样，答案就是这是很多不同的人通过尝试很多不同的方法所带来的一种渐进的结果。举一个早期的例子，在 20 世纪 40 年代，承担着查明美国陆军航空队事故原因这一任务的阿尔方斯·查帕尼斯（Alphonse Chapanis）注意到，疲倦的飞行员有时候在他们降落的时候会收回起落架而非襟翼。这两个设备的控制器在外形上相似并且在操控盘上的位置也是紧挨着的。他建议改变控制器的位置和外形，以便轮子的控制器看上去更像是轮子，襟翼的控制器更像是襟翼。

自 20 世纪 70 年代以来，带来了巨大改变的正是广泛地采用了枯燥的、低技术含量但至关重要的实践，比如"机组资源管理"技术，以及机组成员之间对大量清单的交叉核验，还有一种质询的文化。

1992 年，因特航空（Air Inter）一架现代空客 320 班机在准备降落在斯特拉斯堡国际机场时坠入山谷，导致机上 96 人中的 87 人遇难。当时飘着雪，天也已经黑了下来，虽然导致这次事故的因素很多，但都是可以避免的。事故的首要原因是机组选错了飞行管理和引导系统模式，采用了"垂直速度"模式而非"航迹倾角"模式。这种错误太容易出现了，同时也非常难以发现。这意味着，当他们输入"33"这个数字时，飞机开始以每分钟 3300 英尺的速度下降，而非以每分钟 3.3°下降，但是自动驾驶仪并未足够清晰地展示出这一情况。空管给机组提供了一个错误的修正方案，使得驾驶舱不知所措，机组也没有很好地沟通或者彼此交叉核验，这也是导致空难的原因。最后，因为认为地面迫近警告系统可能会在多山地区产生太多错误的警告，所以飞机也没有装配这个系统。这样的例子表明，安全设计师必须把技术、程序和心理学的很多因素都搞清楚、弄明白，才能让飞机更加安全。最重要的是，要从诸如这次事故的错误中吸取教训，在全世界公开且透明地共享事故调查的结果。毫不夸张地说，现代航空业令人吃惊的安全记录是通过反复试验实现的。从那以后，它的方法已经被其他行业所效仿了，比如外科手术，海上石油和天然气勘探。

安全方面的改善发生于一个放松管制和价格下降的时代。这绝不是导致偷工减料和冒险行为，航空业在过去半个世纪出现的以快速周转、无多余的附加服务以及廉价机票为特征的卓越的进程恰巧与安全改革基本同步。在廉价航空革命领域，于 2019 年去世享年 87 岁的赫布·凯莱赫（Herb Kelleher）是其中最著名的英雄的一个强有力的候选人。他在1967年成立了西南航空（Southwest airlines），时值商业航班由受政府资助并通常是国有的航空公司组成的卡特尔运营。美国各州之间的航班完全由政府决定，在设定价格和决定航线时，航空公司要接受民用航空局的指令。

凯莱赫起初决定他的航空公司不会离开得克萨斯州。即便如此，三家现有的航空公司立即申请了阻止他的航班运营的限制令。在得克萨斯州最高法院全体一致地做出有利于凯莱赫的判决之前，他输掉了一个又一个起诉这个卡特尔的诉讼案。甚至到了法院做出有利于他的判决的时候，法律斗争仍然在持续进行，但是凯莱赫是一个律师，他知道如何打败那些人。作家吉布安·可汗（Jibran Khan）说到，布兰尼夫国际航空（Braniff）和得克萨斯国际航空（Texas International）这两家公司向联邦民用航空局告发了凯莱赫。但是凯莱赫在法庭上为自己做了辩护，并赢了这个案子，委员会驳回了反对意见。这两家航空公司又找了早些年前在另一起案件中做出了不利于西南航空公司的裁决的一个法官，并且得到了另一个禁令。得克萨斯州最高法院召开紧急会议，推翻了这个禁令。1977年，布兰尼夫国际航空和得克萨斯国际航空因合谋垄断航空业而遭到起诉。

西南航空公司终于在1971年飞上云霄。尽管它售卖低价票，但是到1973年它就盈利了。到今天它依然如此，在因破产和兼并而伤痕累累的这个行业中，它创下了一个无人能比的记录。凯莱赫有很多创新，其中就包括一些简单的想法，比如应该鼓励空中乘务员开玩笑、讲笑话，以及当飞机准备起飞但餐食还没有送到时，让乘客投票来决定是否等餐食送过来再起飞（投票结果往往是不等餐食了）。

1974年，政府设定了航空公司的票价，按照今天的美元价值来看，从纽约到洛杉矶的标准舱最低票价超过1550美元。今天的价格只是这一数字的一小部分了。自此之后，对于凯莱赫创新之举的很多模仿者都开始追随削减成本的同一路径，并取得了不同程度的成功，这些人包括弗雷迪·莱克（Freddie Laker）、迈克尔·奥莱利（Michael O'Leary）以及挪威航空（Norwegian Air）的创始人比昂·休斯（Bjørn Kjos）。这些都是当今交通领域的真正的创新者，是史蒂芬逊和伏特的继承者。

我们对创新的作用心存敬畏。对于19世纪20年代之前的整个人类历史来说，没有人能在不携带沉重货物的情况下比奔驰的骏马跑得更快；然而，19世纪20年代突然出现的情况是，在我们的视线中并未出现动物，而仅仅需要一堆矿物、一堆火和一些水，成百上千人和数吨的东西就能以极快的速度飞起来。如果能用别出心裁的方式把它们组合起来的话，一直都在那里的最简单的成分就可以生产出最难以置信的结果。在下一个世纪初[一]，人们就实现了搭乘飞机翱翔于蓝天，或者驾驶着自己的车辆在路上疾驰了，而这再次仅仅是通过分子和原子在远离热力学平衡的模式上的重新排列来实现的。

[一] 即20世纪初。——译者注

第 4 章

食　品

不要马铃薯，不要教皇主义！

暴徒，1765

美味的块茎

曾经作为旧世界一项创新的马铃薯是由征服者从安第斯山脉（Andes）带回来的。通过这段历史，我们可以看出，一些新理念和产品在社会中传播的时候既有困难之处，也有轻而易举之时。

马铃薯是产量最高的主粮作物，每英亩所提供的能量是谷物的三倍。马铃薯由人们从坚硬且有毒的块茎类野生植物驯化而来，这大约发生在8000年前的安第斯山脉3000米以上地带。从如此危险的野生植物驯化出这么有营养价值的作物，其中的原因、方法和过程仍处在时间的迷雾中。但我们能大致推断出，具体发生地位于提提卡卡湖附近。16世纪30年代，在屠杀印加帝国（Inca Empire）国民并抢劫该国时，法兰西斯克·皮泽洛（Francisco Pizarro）和他的征服者队伍偶然遇到了马铃薯，还把它作为食物吃掉了。但是征服者的重点是把他们在旧世界熟悉的作物和动物带到新世界去，而不熟悉的作物和动物，他们并不重视，所以马铃薯之后30多年才出现在大西洋的东岸。相比于马铃薯，玉米、番茄和烟草更早来到旧世界。

大西洋东岸种植马铃薯的第一次精确记述来自加纳利群岛（Canary Islands），在大加那利岛的拉斯帕尔马斯（Las Palmas de Gran Canaria）的公证处档案中，有一个 1567 年 11 月 28 日胡安·德·莫利纳（Juan de Molina）于安特卫普（Antwerp）给他哥哥路易斯·德·奎萨达（Luis de Quesada）运送货物的清单，"三个装有马铃薯、橙子和青柠檬的中等尺寸的木桶"。

对欧洲来说，马铃薯迟迟未到，它在欧洲的流行也比较缓慢。导致这种状况的原因既有现实的，也有偏见的。由于来自热带地区，马铃薯适应了每天 12 小时的光照，它在欧洲夏季较长的日子里不能生长出块茎，所以在"结出果实"之前秋季就到来了，这非常令人失望。也许在加纳利群岛进行的选育逐渐地解决了这个问题。

至于偏见，神职人员直到 18 世纪初才在英格兰允许他们的教区居民食用马铃薯，其愚蠢至极的理由是《圣经》中没有提到马铃薯。不知何故，也许认为马铃薯是一种爱尔兰风味，英国人把这变成了一种信条，即马铃薯是天主教的间谍⊖。在苏塞克斯的路易斯镇（Lewes），众人在 1765 年的一次选举期间高喊着，"不要马铃薯，不要教皇主义！"然而在多雨的兰开夏郡和爱尔兰，即便是在谷物腐烂的丰水年里，马铃薯可以获得大丰收的能力也是不可遏制的。1664 年，约翰·福斯特（John Forster）写了一个小册子，敦促国王从种植马铃薯的特许权使用税中谋利。仅仅在标题中，他就写道：

⊖ 在 16 世纪之后，英国开始信奉英国国教，爱尔兰人依旧信仰天主教，而爱尔兰又把土豆作为主粮。

应对随后几年的一种可靠而又简单的补救办法：种植一种名叫马铃薯的根茎，以此（再加上面粉）可以在每年八个或九个月的时间里制成极好的、优质的、有益健康的面包，其价格只有以前的一半。

马铃薯还要克服一种怪异的教条，这是由那时候的知识分子所传授的，即以形补形，植物善于治疗与它们的形状最相像的脏器的疾病。看起来像大脑的核桃对治疗精神疾病有好处。这种观念是炼金术士和占星家巴拉赛尔苏斯（Paracelsus，他的真名是德奥弗拉斯特·冯·霍恩海姆）在16世纪提出来的，并且被16世纪各种各样的草本植物学家不加质疑地重复着。据说因为马铃薯的外形很像麻风病患者的手指，而麻风病很罕见，所以不知何故，人们认为马铃薯可能会引起麻风病。1784年，为了防止人们染上麻风病，法国议会禁止将马铃薯作为人类食品，这是后来禁止使用转基因的预防性原则的一个早期例子。

被这种恐惧所吓倒的欧洲大陆居民和北美居民过了很久才慢慢喜欢上种植和食用马铃薯。实际上，在17世纪，马铃薯于印度和中国的传播扩散速度要比欧洲快很多。它在喜马拉雅山脉的长势尤其好，这也提醒着人们，它毫无疑问来自安第斯山脉。在18世纪的欧洲大陆，作为田间作物而非花园美食的马铃薯似乎已经从如今比利时的沿海扩散到了南方，以及从阿尔萨斯扩散到西北方，因为卢森堡和德国的大部分地区分别在18世纪60年代和18世纪70年代末就已经习惯了种植马铃薯。让马铃薯最终克服了阻力的因素之一就是战争。在依赖于小麦和大麦的世界里，入侵的敌人洗劫了粮仓和畜舍，践踏或让牲畜吃掉了作物，这种举动让人们忍饥挨饿。然而，马铃薯通常会在这些劫掠中幸存下来，它们在战争期间仍埋在地下，而且对士兵们来说，把它们挖出来也很费力。因而种植马铃薯的农民在战争期间往往会更容易幸存下来，从而使种植马铃薯流传开来。约翰·瑞德（John Reader）讲述道，腓特烈大帝（Frederick the Great）所发动的战争的结果就是，在1700年仍为绝大多数中欧和东欧人所不知或蔑视的马铃薯到1800年已经成为欧洲餐桌上不可或缺的一部分。

法国在这方面就落后许多。法国人焦躁不安地留意着普鲁士人现在吃的那种丰盛且易让人发胖的食物，以及它们因此而给人口结构带来的威胁。最后，让我们看一下作为马铃薯的创新者的那个人，至少根据传说来看，他是一个在法国军队中工作的药剂师，安托万-奥古斯丁·帕尔芒捷（Antoine-Augustin Parmentier），在七年战争期间，他不小心被普鲁士军队至少俘虏了五次。除了马铃薯之外，普鲁士人没有给他任何食物，他惊讶地发现自己凭借着这种饮食变得越来越胖，且越来越健康。在1763年返回法国后，他致力于劝说人们认识马铃薯的益处，并把它作为法国应对多次饥荒的一种解决方案。随着农作物歉收之后出现的粮食价格高涨，他正猛推一扇已经打开的大门。

帕尔芒捷是那种爱出风头的人，他设计了一系列宣传噱头来传播他的信息。他得到了法国王后玛丽·安托瓦内特（Marie Antoinette）的关注，并且说服了王后在头上戴马铃薯的花，据说他和王后在凡尔赛宫花园的会面是精心设计好的有预谋的碰面。他在巴黎郊外的一块地上种了马铃薯，并且委派了警卫来保护它，因为他知道警卫的出现本身就是对这种作物的价值打广告，当警卫在晚上神秘地消失时，饥饿的小偷就找上门来了。他在晚餐上给有影响力的人物用马铃薯做了菜肴，其中包括本杰明·富兰克林（Benjamin Franklin）。他的种植方法也是科学的，他在

1773 年（也就是议会废除了对马铃薯的禁令 1 年后）发表的《马铃薯的化学检验》（Examen chimique des pommes de terre）的文章中盛赞了马铃薯的营养含量。1789 年，在大革命的前夜，以及在广泛缺粮的大背景之下，法国国王命令他对"马铃薯的培育和使用"以及其他根茎类植物撰写另外一篇专题论文。不过，国王并未因此而留住脑袋。他留下的东西却让革命分子全面获益，在大革命期间，在杜伊勒理宫的花园里种植的马铃薯阻止了大规模饥荒的发生。

在爱尔兰，马铃薯推动了人口激增，而这种激增很快就可能会成为一种马尔萨斯灾难（Malthusian disaster）。19 世纪初人口的快速增加迫使人们耕种了他们能找到的每一英亩地，从而使得其每英亩的人口密度比欧洲任何一个地方都高很多，人多、孩子多的大家庭设法把孩子们养到成年，但因为要在孩子们之间分配土地，这就让他们日益陷入极度贫困的状态之中。塞西尔·伍德翰姆·史密斯（Cecil Woodham Smith）在她 19 世纪初的著作《大饥荒》（Great Hunger）中写道：

委任了多达 114 个委员会和 61 个特别委员去调查并汇报爱尔兰的状况，毫无例外，他们的发现都预示着灾难即将来临；爱尔兰处于饥荒的边缘，她的人口数激增，她 3/4 的体力劳动者处于失业状态，住房条件极为恶劣，生活标准低得让人难以置信。

当遗留在安第斯山脉的马铃薯植株上的寄生性枯萎真菌——致病疫霉（Phytophthora infestans）经由美国传到爱尔兰时，爱尔兰于 1845 年出现了大饥荒。当年 9 月，整个爱尔兰的马铃薯全部腐烂在地里。即便是储存起来的马铃薯也变黑了，散发着腐臭味。几年时间里，就有 100 万人死于饥饿、营养不良和疾病，同时至少还有 100 万人移居国外。爱尔兰人口数量（曾经高达 800 多万）出现了暴跌，至今仍未回到它 1840 年的水平。类似的是，如果不是由枯萎病引发的严重饥荒，也不会驱使挪威人、丹麦人和德国人横渡大西洋。

如今，马铃薯正经历新一轮的创新。20 世纪 60 年代人工合成杀菌剂的发明让薯农们得以阻止枯萎病的发生，但只能通过几乎每周都喷洒杀菌剂来做到这一点，或者一季要喷洒 15 次之多。2017 年，美国批准发布了一个抗枯萎病的马铃薯新品种。这是由爱达荷州的辛普劳（J. R. Simplot）公司用转基因技术开发的——特意从阿根廷发现的一个马铃薯品种引入了抗病基因。这个新品种几乎不需要喷洒农药。通过基因编辑技术开发的其他抗枯萎病品种也正在进入市场。

化肥如何养活全世界

1908 年，弗里茨·哈伯（Fritz Haber）发现了如何通过固定来自空气中的氮元素来生产氨——在催化剂存在的情况下，让它在压力之下与氢气发生反应，这代表着有史以来关键的创新之一，不是因为氮元素在养活全世界以及战胜饥荒上所产生的巨大影响，也不是因为它使得生产炸药更加容易了这种不那么好的影响，而是因为它成为一个非比寻常的例子，并解决了一个显然不太可能解决的问题。空气在很大程度上是由氮分子组成的，每个人都认为利用空气来制造有用的含氮化合物是一项挑战，而这一挑战也是值得很好地解决的。到哈伯从事这一工作的时候，绝大多数人都认为这个问题的解决与炼金师梦想着把铅变成黄金一样困难，并且可能永远不会有结果。这是一个全世界都渴望着并且得到了创新成果的例子。

几个世纪以来，人们已经（至少是模糊地）知道氮元素在作物的生长过程中是一种限制性养分。这导致农民们去乞讨、借用甚至是偷窃他们能找到的任何来源的粪肥、尿素或尿液。尽管如此，他们还是努力地施用足够的氮元素来让他们的作物充分发挥潜力。所涉及的最佳方式不仅仅是依赖于来自牛、猪和人的粪便，而且还有豌豆和其他豆类这样的"轮作作物"。这些豆科植物在没有粪便作肥料的情况下也会茁壮成长，因为它们会以某种方式把来自空气中的氮元素固定住，并且让来年种植作物的土壤变得肥沃。如果它们都可以做到，那么为何工厂做不到？

直到发现了蛋白质的每一个构造块及 DNA 分子都必须含有几个氮原子，以及虽然空气主要是由氮原子组成的，但是它们成对地紧紧绑在一起，每一对原子之间还有三个共价键，这种对氮元素渴求的科学解释此时才出现。要打破这些共价键并让氮元素变得有用就需要大量的能量。在热带地区，频繁的雷击提供了这种能量，从而使得土地更加肥沃一些，同时在稻作农业区域，海藻和其他植物会固定来自空气中的氮元素，以给土壤提供补给。在种植像小麦这样的作物的温带农田，即便不是极其缺乏氮元素，它往往也非常有限。

1843 年，在赫特福德郡（Hertfordshire）的洛桑试验站（Rothamsted）旁边开辟了一块叫 Broadbalk 的试验田，以用来展示肥料的效果。此后，这块试验田的几垄每年都种冬小麦，而且不施任何种类的肥料。它出现了贫瘠荒凉的景象，粮食的产量也越来越少，到 1925 年，它的粮食产量降到了每公顷不到半吨了，这一产量只占到该试验田的另外一部分（施了农家肥或硝酸盐肥料）的产量的一小部分。1925 年之后，对轮作的土地引入了休耕制度，以便这块土地每隔一年都可以从野生三叶草中恢复一些氮元素。未加处理的那一部分土地的产量有所升高，但是提升的水平十分有限。这给人类带来的教训是明显的，没有氮元素的持续输入，农田无法可持续地喂饱人们，这些氮元素可能来自其他地方或在其他时间种植的作物，或者来自牲畜和人类的粪便。

在19世纪，氮元素并没有那么重要。耕地向西挺进到了牧场，向东拓展到了大草原，向南延伸到了草甸以及内陆，因而开垦了从原住民以及其野生牧群那里剥夺来的处女地，并且释放了它富饶的潜能。更多的土地养活了更多的人。重要的是，这些土地很快就枯竭了，除非用粪便或三叶草进行补充，但总是有等待被开垦的新土地。向西挺进！

雪上加霜的是对氮元素的竞争性需求。国王和征服者们也在垂涎电离的氮（倒不是说他们懂这些）来制作火药并发动战争。比如，1626年，英格兰的查理一世命令他的臣民"在一整年间认真且持续地用一些便捷的器皿或契合这种用途的容器保留并储存人的所有尿液，以及他们能够保存的牲畜的所有尿液"，并以此来制作硝酸钾，这是火药的基本成分。为支持他们的统治者所声称的对武力的垄断，全球的农民都被迫从尿液中制作硝酸钾，并把它作为支付的税收，因而也剥夺了他们田地的一种肥料来源。英国征服孟加拉地区（Bengal）的动机之一就是可以在恒河（Ganges）河口获得丰富的硝酸钾沉积物。

19世纪初，全球偶然发现了固氮的一个巨大的主矿脉，它与对植物来说至关重要的另外两种元素（磷和钾）结合在一起。在距离秘鲁海岸不远的地方，有一些位于海中的小岛屿，那里有着丰富的渔产。多种因素的结合吸引了数百万计的鸟类来此繁殖，主要是鸬鹚和鲣鸟。因为这里几乎从不下雨，也就无法把海岛冲刷干净，所以这些鸟类的粪便就一个世纪又一个世纪地累积起来，直到那里出现了厚达数百英尺的充满着尿素、氨、磷和钾的灰色鸟粪。这对于增加农田的产量来说再完美不过了。在19世纪中期的几十年里，为满足英国和欧洲其他地区农民的需求，数百万吨的鸟粪被开采出来，现场的状况极其恐怖，这些契约劳工主要来自中国，他们的状况并不比奴隶好多少。船只需要排好几个月的队，才能有机会把这种灰暗且难闻的货物装上船。

为获得鸟粪，美国国会甚至通过了一项法案，规定在太平洋中发现了鸟粪岛的任何一个美国人都可以声称它是属于美国的，这也是今天太平洋中很多环状珊瑚岛隶属于美国的原因。很少有岛屿像秘鲁沿岸的钦查群岛（Chinchas）一样富含鸟粪。纳米比亚海岸与钦查群岛的状况类似，那里有丰富的海洋生物与沙漠一般干燥的空气，1843年，一名来自利物浦的商人在伊博岛（Ichaboe Island）上开了一个鸟粪矿。到1845年，他开采并运走了大量鸟粪——足有400艘船之多，这持续地降低了这个岛屿的高度，并且他与敌对矿主们发生了激烈的战争。但是伊博岛和钦查群岛很快就耗尽了鸟粪。如今，鸬鹚、鲣鸟和企鹅又回到了岛上，缓慢地恢复着鸟粪。

鸟粪的激增带来了巨大的财富，但是到19世纪70年代，这一切都结束了。接踵而至的是智利硝石的繁盛，这是一种富含氮的硝酸盐，它可以通过煮沸生硝而产生，而生硝这种矿物在阿塔卡马（Atacama）沙漠中十分充足，这是干枯的远古海洋向上抬升为山脉以及极端干燥的气候留下了无法溶解的硝石的结果。虽然硝石矿和冶炼厂绝大多数都位于秘鲁和玻利维亚，但是让它们运行起来的则是智利人。1879年，智利向这两个国家宣战，并夺取了重点省区，从而切断了玻利维亚的海路，同时肢解了秘鲁的部分领土。到1900年，智利所生产的肥料占到全球总量的2/3，而且很多炸药也是由智利生产的。但是智利硝石这种最佳矿藏也很快出现了即将耗尽的迹象。

正是在这种背景下，英国一个著名化学家所做的一次演讲突然引起了全球的关注。威廉·克鲁克斯爵士（Sir William Crookes）是一个既富有又独立的科学家和唯灵论者，他因为发现了铊元素、分离出氦元素以及发明了阴极射线管而享有盛名。1898年，克鲁克斯爵士当选为英国科学促进协会的主席。这是一项为期一年的工作，与这种工作相伴而来的一项义务就是要在任期结束时做一次正式的演讲，说一些高深的东西。他选择了谈论"小麦问题"，也就说存在着一种迫在眉睫的可能性，那就是全世界的人到1930年会挨饿，除非有一种方式可以合成氮肥来取代智利硝石，那时小麦是世界上最大的作物。

尤其是在德国，克鲁克斯的警告得到了关注，为支撑日益增加的人口，德国正在用越来越大的航海帆船进口比任何一个国家都多的智利硝石。因为英国正准备跟有荷兰和德国血统的南非布尔人（Boers）开战，在克鲁克斯发表演说一年后，一个名叫威廉·奥斯特瓦尔德（Wilhelm Ostwald）的德国著名化学家开始怀疑：如果真发生了战争，并且英国皇家海军切断了与智利的贸易，以把这作为剥夺德国获取制造火药和肥料的原材料的一种方式会带来什么后果？奥斯特瓦尔德加入了从空气中固氮的竞赛，但与绝大多数人正在尝试的用电能的方式不同，他采用的是化学催化剂，特别是铁。1900年，他认为自己成功地制造了铵盐，但是在购买他的专利之前，巴斯夫（BASF）化学公司聘请了卡尔·博施（Carl

Bosch）去核验他的成果，结果卡尔·博施发现这只是幻影而已。他制造的氨是铁的一种污染物，源于一氧化二铁。奥斯特瓦尔德"因伤退场"。

现在轮到弗里茨·哈伯（Fritz Haber）了。他是一个有雄心、敏感且焦躁不安的天才，对自己的犹太出身非常敏感，怀疑反犹太人的歧视会阻止他获得自己应得的熠熠生辉的大奖（然而结果确实如此），而且他在代表德意志帝国的问题上有着强烈的民族情感。哈伯也把固氮视为一个制胜的"金球"。用写了哈伯传记的现代传记作家托马斯·海格（Thomas Hager）引人注目的话来说，这将有效地实现"从空气中生产面包"。1907 年，当哈伯首次宣称他利用热量和催化剂制造出了少量的氨时，他与奥斯特瓦尔德的门生瓦尔特·能斯特（Walther Nernst）发生了争吵。能斯特认为哈伯制造出的氨可能要比他所声称的还要少。哈伯勃然大怒，他重新回到实验室，决意要证明能斯特错了，而且他还从能斯特那里获得了一个启示，那就是用非常高的压力可能会奏效。他很快发现压力越大，产生化学反应的温度越低。这至关重要，因为过高的温度会让氨刚一形成就分解了。哈伯的助手罗伯特·勒·罗塞格尔（Robert Le Rossignol）一步步地逐渐搞明白了如何于高压下让这些成分在固态石英上钻出的腔室里整合在一起。海格写道，"不存在单一的突破性时刻，只有一系列小的改进和增量式的进步"。

正是在这个时候，哈伯找到了巴斯夫，这个大型的化学公司通过制造合成的靛青染料渐渐地富有起来，并正在寻找第二次机会。巴斯夫决定找到固氮的方法，不过它认为电能是可取的路径。它之所以会在哈伯的理念上投入资金，是因为它想把这作为一个备用计划。它为哈伯提供了一个实验室、一大笔预算、销售额 10% 的提成以及留在卡尔斯鲁厄大学的机会。有了巴斯夫的经费和专业知识，哈伯和罗塞格尔能够在100个大气压下开展实验了——这相当于海平面以下1英里处的气压，并且能把温度从1000摄氏度降到600摄氏度。

但实验结果让人很失望，还远远未达到商业上切实可行的地步，所以哈伯开始尝试不同的催化剂。跟爱迪生给白炽灯的灯丝寻找恰当的材料一样，哈伯几乎是随意地物色着不同的金属，确实，最终他就是从照明的灯丝中偶然发现了锇，这是一种致密的、有深蓝色光泽的金属元素，它通常会出现在铂的旁边。1804年，人们首次描述了这种元素。1909年3月，在用锇催化剂进行第二次尝试时，哈伯看到了液态氨从装置中涌出。对于为什么锇会有效，他一无所知，但是它确实奏效了。

他立刻提议巴斯夫扩大规模。巴斯夫公司心存疑虑，因为锇不仅稀缺，而且昂贵，在100个大气压下运行而没有发生爆炸的制造厂是无法想象的，更不要说还要控制建厂成本。但是当时在巴斯夫负责研究氮的卡尔·博施则力主放手一搏，主要是因为他现在除此之外也没有其他的想法了，他在9年前揭穿了奥斯特瓦尔德的失利。

在接下来的几年里，博施把哈伯的发明变成了一项切实可行的创新，他在力求建造一个真正的工厂而非一个玩具的过程中解决了一个又一个问题，从而生产出了成吨、成吨的而非一茶匙、一茶匙的氨，而且这样的方式要比用船从智利运输回来便宜太多了。他首先几乎买下了全球供应的全部锇元素——几百公斤，但这根本不够。哈伯发现铀虽然不太好，但是也能奏效，不过它并不比锇更便宜或储量更多。所以博施建造了一个可以测试新催化剂的工厂，并且同时确立了含有高压成分的新的设计方案。它位于一面坚固的墙后面，这样一来，即使爆炸它也不会伤害到人。最终，博施的助手阿尔文·米塔什（Alwin Mittasch）又回到了纯铁上，然后是含铁化合物，并且发现来自瑞典的一个磁铁矿样本有很好的效果。磁铁矿中的一些杂质把铁变成了很好的催化剂。到1909年年末，他们选定了铁、铝和钙的混合物。它与锇一样有效，但是要比锇便宜得多。米塔什继续寻找更好的催化剂，他测试了2万多种不同的材料，却始终未能对铁的混合物做出改善。虽然巴斯夫允许哈伯于1910年宣布在锇上取得了突破，但是却要求哈伯严守这种催化剂的秘密，从而使它拥有了一直处于领先地位的隐性知识。

如何从空气中纯化出氮，如何从暴露于热煤焦的蒸汽中制造出足够的氢气而又不让气体中含有一氧化碳，如何实现前所未有的高压，如何在炽热的温度下维持这种压力，以及如何给这种气体投料并且萃取出氮都依然存在着巨大的挑战。这个团队成为曼哈顿计划（Manhattan Project）之前最大的科学家和工程师团体。和很多有关创新的故事一样，哈伯与博施的故事往往被讲述成商人（博施）对有敏锐洞察力的学者（哈伯）不可替代的应用的跟进，不过这是错误的。与哈伯寻找灵感的过程相比，博施在付出汗水的过程中需要更多的聪明才智。如海格所言，在未接触其他行业发展出的构想的情况下，这些挑战中的任何一个都不能被克服，这真是一项创新如何在培育创新的生态系统中蓬勃发展的良好范例：

博施的团队在内燃机、汽油发动机和鲁道夫·狄赛尔发明的新型发动机中寻找设计线索。博施和他的工程师与来自德国钢铁行业的人会面，了解制造钢铁的贝西默（Bessemer）炼钢法，与克虏伯公司的代表讨论加农炮的设计以及冶金行业的新进展。他组建了一些团队，致力于设计快动阀、自闭阀和滑动阀，大小不一的往复循环的泵，各种类型和尺寸的温度监测器、压力平衡设备、密度记录器、跳闸警报器、色度计和高压管件。每一样东西都必须在高温和极高的压力下做到坚固、无泄漏和正常运转。炉子有像小型炸弹一样爆炸的可能性，博施希望确保的是，如果有什么东西出错了，它们能受到认真的监测，并且迅速关闭。他希望的是完美的可靠性和闪电般的速度。他希望有能把相扑选手的力量、短跑运动员的速度和芭蕾舞女演员的优雅结合在一起的一台机器。

6个月以来，博施一直受阻于一个显然难以克服的问题，氢气渗入了炉子的钢壁之中，并且削弱了炉子的功能，这使得炉子在几天之后爆炸了。他尝试了不同的合金，但一无所获。唯有通过重新思考他的整个方案，在炉子里利用强度较弱的弱钢层作为夹层，并且钻一些小洞以耗尽来自两层之间的氢气才能控制住这个问题。到1911年，他制造出了持续运行的原型机，并且生产出了廉价的氨——只要能冲销掉开发这个系统的成本。

和往常一样，在知识产权方面现在遇到问题了。竞争对手赫斯特公司（Hoechst）在奥斯特瓦尔德的建议下对哈伯利用热能和压力生产氨的专利提出了质疑，认为能斯特的整体想法都是沿着奥斯特瓦尔德的思路前进的。面临灭顶之灾的巴斯夫仅仅用了一份有利可图的5年合约就让能斯特倒戈相向了，他在法庭上站在了巴斯夫的一边。

巴斯夫公司位于奥堡（Oppau）的巨型工厂于1913年年末开始生产氨，正好赶上了第一次世界大战。德国储存了大量可以制造炸药的智利硝石，它认为这些储量可以维持一场短暂的战争，并且当安特卫普落入德国手里之后，它又夺取了更多的硝石。但是当战争陷入在战壕中进行的僵持状态，皇家海军在马尔维纳斯群岛附近的一次战斗中击沉了一支封锁着智利硝石贸易路线的德国舰队时，德国面临着的局面是，耗尽为枪支制造炸药以及为农田生产肥料的固氮，奥斯特瓦尔德担忧的情况出现了。在很短的时间内，德国就开始利用电能通过氰氨法（利用电能和碳化钙）来生产少量的硝酸盐了。

然后博施在1914年9月做出了著名的"硝石承诺"，他将用新发现的铁－铋催化剂对奥堡工厂进行改造，以便它能将氨转变成硝酸盐。他在洛伊纳（Leuna）建了一个更大的工厂，生产大量的硝酸盐，这很可能延长战争的时间。与此同时，哈伯发明了毒气战，他于1915年3月亲自主持了在伊珀尔（Ypres）的第一次氯气袭击。

在第一次世界大战之后，全世界都在用哈伯－博施法来大规模地固氮。这个工艺的效率渐渐地越来越高，尤其是在天然气取代煤炭成为能量和氢气的来源之后。如今，合成氨厂生产一吨氨所需的能量大约只占到博施时代的1/3了。全球能源的大约1%被用于固氮，人类普通食物中大约一半的固定氮原子是由它提供的。合成肥料使得欧洲、美洲、中国和印度躲过了大饥荒，并且在很大程度上让饥荒成为历史书上的故事，20世纪60年代的饥荒导致的年死亡率要比21世纪头十年高100倍。20世纪60年代和70年代所谓的绿色革命（Green Revolution）是关于作物新品种的，但是这些新品种的关键特征是它们可以吸收更多的氮，并且在不倒伏的情况下（见下一节）长出更多的粮食。如果哈伯和博施没有实现他们近乎不可能实现的创新的话，那么就像威廉·克鲁克斯所预测的那样，世界将会开垦每一英亩可能的土地，砍倒每一片森林，排干每一块湿地，然而人类可能还会在饥饿的边缘摇摇欲坠。

不过，在我写下这些文字的时候，倒是有可能对不再需要哈伯－博施法的未来进行一番展望了。1988年，两位来自巴西的科学家，乔安娜·德贝赖纳（Joanna Döbereiner）和弗拉基米尔·卡瓦尔坎特（Vladimir Cavalcante）注意到了一些奇特的东西。有些几十年未施任何肥料的甘蔗地会有始终如一的产量。他们查看了甘蔗组织的内部，发现了一种名为重氮营养葡糖酸醋杆菌（Gluconacetobacter diazotrophicus）的细菌，它可以从空气中固氮。在豆科植物中发现了这种固氮的能力，比如豌豆等豆类，这要归功于植物与在其根部特殊的结节中存活的细菌之间的共生关系。但是迄今为止，迫使像玉米和小麦这样的作物模仿豆科作物这种习性的所有尝试都失败了。也许这种生长在植物内部且不需要特殊结节的新细菌可能会做得更好。这种细菌的一个样品被送到了诺丁汉大学泰德·科金（Ted Cocking）教授的手中，他很快就使得这个细菌在不同种类植物的真实细胞中生长起来。玉米、小麦和水稻的田间实验也很快有了产量及蛋白质含量上的明显改善。2018年，科金与大卫·丹特（David Dent）共同成立的阿佐提克公司（Azotic）宣布，它将把这种细菌作为拌种剂销售给美国农民。如果这种简单的固氮技术取得成功的话，这可能会证明不用工厂中生产的氨也可以喂养全世界的人口了。

来自日本的矮化基因

在世界的另一头，一个植物育种师在博施完善从空气中固氮的那段时间里正从事于一项不同的创新，对博施的产品的应用来说，这项创新将是至关重要的。

1917年，在位于东京附近西之原（Nishigahara）的中央农业试验场，有一个我们并不清楚他到底是谁的人决定对两种小麦进行杂交。其中一种是"质地光滑的福尔兹"（glassy Fultz），它源于在1892年从美国进口的一个小麦品种。另外一个是名为达摩（Daruma）的日本本土的矮秆品种。这两个品种杂交后的小麦——达摩 - 福尔兹在1924年又与另外一个叫土耳其红（Turkey Red）的美国品种进行了杂交。在于日本东北部岩手县的一个农业研究站进行测试之前，又对杂交后的样品进行了种植和自交。这种最佳的作物似乎保留了达摩的矮秆特性和土耳其红的高产。这个研究站的领导——稻冢权次郎（Gonjirô Inazuka）选择了最有前景的品系，并于1935年以农林10号（Nôrin-10）的名字在市场上销售真实遗传的新小麦品种。当地农民首次开始大量地种植矮秆小麦。

10年后，也就是第二次世界大战的后期，一个名叫塞西尔·萨蒙（Cecil Salmon）的农学家和小麦育种专家从美国堪萨斯州来到日本。他在日本实际上的统治者——道格拉斯·麦克阿瑟（Douglas MacArthur）将军的军队里服役。本州岛盛冈农业研究站的矮秆小麦引起了萨蒙的极大兴趣，他把16个样本送回到美国的小谷物收藏中心。其中就包括权次郎的农林10号。

同时，第三个小麦育种师——位于普尔曼（Pullman）的华盛顿州立大学的奥威尔·沃格尔（Orville Vogel）正在全力解决哈伯 - 博施的硝态氮肥所引发的一个问题。应用到农田中的这种肥料会让小麦植株长得又粗又高。这意味着只要在大风和大雨过后，正在成熟的小麦作物就可能被自身重量压垮，或者说出现"倒伏"，然后植株就会平躺在地上，腐烂变质。

萨蒙提供的来自日本的种子经由第四个育种师波顿·贝勒斯（Burton Bayles）之手传递给了他，并成为他的救星。沃格尔讲述了这个故事：

因为意识到我们的倒伏问题，贝勒斯送来了1949年在贝尔曼进行过初步观察的半矮秆小麦。从这些品种中，我们选择了农林10号与当时被认为是最具抗倒伏性状且有较高产量的矮秆品种布瑞沃（Brevor）进行了杂交。

沃格尔推断说，也许更短的麦秆让小麦倒下的可能性更小，从而避免了倒伏，并且让它适应了新的肥料。果然，他的一些新的农林10号杂交小麦，尤其是与布瑞沃杂交的小麦，表明能够在具有"非常好的产量"（沃格尔的笔记本这样写道）的同时保持直立。唯一的问题是它易受本土疾病的影响，所以在把它推向市场之前，沃格尔继续开展实验，寻找不容易受到疾病影响的品系。

这时，第五个小麦育种师听说了沃格尔的实验，并且跟他要了一些样品。他就是来自明尼苏达州的诺曼·博洛格（Norman Borlaug），他是一个难民的后裔，在马铃薯大饥荒期间，他的家人离开了挪威，前往美国。他一开始是做护林员，之后中途放弃了，博洛格开始在墨西哥为洛克菲勒基金会工作，他的目标就是找到抗锈病菌并有很好产量的小麦品种。

博洛格和他的团队取得了很好的进展。起初没有一个墨西哥的农民相信他们的新品种，即便它有很好的产量。最终在1949年，博洛格说服了几个农民种植他们的品种，并且给它们施肥，关于他们的新品种有更高产量的消息开始扩散开来。农民们发现它们的产量可以翻番，收入也随之翻番。到1951年，这个品种的小麦遍布墨西哥各地。到1952年，博洛格的小麦品种已经在墨西哥的小麦种植面积中占据支配地位了，全国的小麦产量也翻番了。

跟沃格尔一样，博洛格很快就遇到了倒伏问题。他遍寻美国收藏的所有小麦品种，以便能找到可以抗小麦倒伏的品种，但是一无所获。在前往阿根廷的途中，他发现跟自己边喝边聊的人也供职于美国政府，这个人就是小麦育种师波顿·贝勒斯，也正是他把农林10号的种子送给了沃格尔。他问贝勒斯是否知道有什么抗倒伏的矮秆小麦品种，贝勒斯把农林10号的情况告诉了他，并且建议他联系沃格尔。博洛格给沃格尔写了信，而后沃格尔给他送来了纯种的农林10号以及农林-布瑞沃杂交种。博洛格开始用他自己的墨西哥小麦跟它们进行杂交。他得到了令人瞩目的成果：

不仅矮秆特性被引入了与农林10号的衍生品种进行杂交的品种中，而且一系列其他基因也被引入进来，这增加了每个小穗上的可育小花数、每个头状花序上的小穗数，以及每株作物的分蘖数。

跟沃格尔一样，博洛格发现这个新的品种遭受到锈病侵染。但是他比华盛顿团队有优势，他在海拔差异很大的两个不同的地方种植了小麦，这意味着在中央高地的高海拔地区作物种植之前，位于索诺拉山谷（Sonora Valley）北部低海拔地区灌溉田的小麦就已经收获了。因而他能够在每年有两个育种季。他测试了抵抗锈病的数万个品种。到1962年，博洛格把一个具有商业可行性的矮秆品种提供给了墨西哥的农民，如果施肥良好的话，它可以有非常大的产量，几乎不倒伏，而且具有很好的锈病抗性。

墨西哥仅仅是一个国家而已。现在轮到第六个小麦育种师出场了，他来自巴基斯坦，名叫曼佐尔·巴杰瓦（Manzoor Bajwa）。当博洛格在1960年前往巴基斯坦的时候，巴杰瓦跟他会了面。巴杰瓦立即申请跟博洛格一起去墨西哥工作。在墨西哥，他从杂交品种中找到了一个矮秆且抗锈病的小麦品系，并在印度河流域进行了测试。这个新的品种引起了当时西巴基斯坦㊀（West Pakistan）农业部部长马利克·库达·巴克什·布查（Malik Khuda Bakhsh Bucha）的关注。但是巴基斯坦的科研机构对此嗤之以鼻，他们告诉博洛格和巴杰瓦说，墨西哥小麦不适合巴基斯坦，容易受到疾病的侵扰，需要大量的化肥，这只能让杂草疯长；或者更富于幻想的看法是，这个新品种中的基因可能会让牛绝育或者使当地居民中毒，这是美国中情局的阴谋，目的是让巴基斯坦依赖于美国的技术。所以这方面的进展就停滞了。

在印度边境这一边，小麦育种这个故事中的第七个小麦遗传学家斯瓦米纳森（Momkombu Sambasivan Swaminathan）也注意到了这种进展。他在1963年邀请博洛格访问印度，帮助他说服印度政府着手设立针对小麦改良的应急计划，这是一项艰苦的工作。博洛格后来说道：

当我谈及需要对农业进行现代化时，科学家和行政人员通常的回答是，"贫穷是农民的宿命，他们习以为常了"。我被告知说，农民对他们低下的地位感到自豪，他们跟我保证说农民不想改变。当我自己在美国艾奥瓦州和墨西哥有了亲身经历之后，我对此一个字都不信。

印度当时的官僚们坚持认为，墨西哥小麦甚至都不应该允许出现在这个国家里，更不要说鼓励种植了。生物学家警告说，如果这种小麦失败

㊀ 即今天的巴基斯坦，该名称对应的是当时尚未独立建国的孟加拉，即当时的东巴基斯坦。

的话，会出现灾难和疾病。社会科学家警告说，如果小麦成功了，会出现"不可逆的社会紧张局势"以及骚乱，这会让有些农民比其他农民赚更多的钱。创新的反对者们会寻找任何理由来维护现状，不论这些理由多么荒唐。

印度本应迫切地寻求一些新的方式，以便可以养育其日益增加的人口，然而饥饿和营养不良的现象普遍存在。到20世纪60年代末，在较弱的夏季季风导致饥荒之后，西方专家开始把印度视为不可能靠自己来养育其人口的国家。生态学家保罗·埃尔利希（Paul Ehrlich）预测说，到1975年饥荒"将达到难以置信的规模"；另外一个著名的环保主义者加勒特·哈丁（Garret Hardin）认为，养活印度的人口就像让失事船只上的幸存者爬上一个过载的救生艇一样；世界地球日（Earth Day）的主要组织者在1970年说，"避免大范围饥荒为时已晚了"；分别是农学家和外交官的威廉·帕多克（William Paddock）和保罗·帕多克（Paul Paddock）两兄弟写了一本名为《饥荒1975！》（*Famine 1975!*）的畅销书，他们主张放弃那些"像印度这样如此绝望地走向饥荒或已处于饥荒控制之下的国家（不论是因为人口过剩、农业上的机能不全，还是政治的无能而导致的），因为我们的援助就是一种浪费；这些'不能被拯救的国家'将会被忽视，并且让它们听天由命"。从来没有哪一种既阴暗又冷漠的预测被如此迅速地证明预判错了。多亏有了矮秆小麦，印度和巴基斯坦在10年的时间里就实现了谷物的自给自足。

1965年，在各自农业部长坚定的支持之下，印度和巴基斯坦分别订购了200吨和250吨博洛格的墨西哥小麦作为种子。对博洛格来说，满足这个订单就是一场噩梦，因为在将货物运往洛杉矶的过程中，它被阻挡在了美国的边境，洛杉矶瓦茨区的骚乱延迟了运输的时间，等货物最终到达孟买和卡拉奇时，又正好赶上了两国之间爆发的短暂战争的中间阶段。不过货物恰好在耕种时抵达了目的地，丰收有望了。在接下来的几年里，博洛格一点一点地战胜了他的批评者，尤其是巴基斯坦开始见证了小麦产量的显著增加。

在印度，脚踏实地的农民们很快就开始看到了差异，但是政府拒绝批准进口足够的肥料，或者由外国公司建设化肥厂，从而抑制了这种新作物的潜能的发挥。博洛格持续的宣传活动在1967年3月31日与副总理兼规划部部长阿肖克·梅赫塔（Ashok Mehta）的一场激烈的会议中达到顶峰。博洛格决定不顾一切豁出去了。在争论的中间，他大声叫喊着：

撕掉那些五年计划吧。从头再来，把支持农业的那些东西翻上三番或四番。增加你们的肥料，提高你们的保障价格，提高你们的贷款基金。然后你们距离让印度免于挨饿所需要的东西就更近了。想想让你们的国家免于饥荒……这一切尽在你们的掌握之中！

梅赫塔屏息静听着。印度仅用了6年时间就让小麦的产量翻番了。谷物多得都没有地方储存了。在1970年接受诺贝尔和平奖颁奖的演讲中，诺曼·博洛格说道："人类能够而且必须要防止将来发生饥荒这种悲剧，而不应该像过去经常做的那样，像虔诚的教徒似的，满怀着懊悔、惋惜的心情千方百计地挽回饥荒造成的灾难。"

矮化基因首先在日本被发现，在华盛顿进行了杂交育种，在墨西哥做出了调整，然后在激烈的反对之下被引入印度和巴基斯坦，这个跨度长达50年的故事只是人类历史上最不可思议的故事之一。幸亏有了稻冢-博洛格（Inazuka-Borlaug）的遗传多样性，以及哈伯－博施的氮肥，印度不仅养活了自己，证明了对日益恶化的饥荒的预测是错误的，而且还变成了出口国。因而，通过与从空气中固定氮而来的肥料结合在一起，农林10号中的矮化基因（结果表明这是两种名为Rht1和Rht2的变异，它们会让小麦这种作物对生长激素不太敏感）也改变了世界。在水稻育种方面也很快如法炮制起来，它有了自己的矮秆品种，并且获得了更高的产量；其他作物也"萧规曹随"。把印度这个国家的各种环保和诸如农民自杀这样的社会问题归咎于这种决绝的绿色革命的抗议活动被证明是假新闻。与普通的印度人相比，实际上印度农民自杀的可能性更小一些。

昆虫劲敌

1901年，一个名叫石渡繁胤（Ishiwata Shigetane）的日本生物学家开始调查出现在蚕身上的一种名为猝倒病的致命疾病，这种疾病给日本全国重要的丝绸产业带来了经济方面的影响。他迅速地找到了引发这种疾病的细菌，不过他没有意识到的是，在将近一个世纪之后，他的这一发现会带来一项至关重要的创新，并且这项创新将改变耕作技术，让耕作变得对环境友好且更有生产力，这就是抗虫作物。

1909年，一个德国研究人员再次发现了同一个细菌，并且给它命了名。恩斯特·贝尔林纳（Ernst Berliner）正在位于柏林的谷物加工研究所研究面粉蛾。来自图林根一家面粉厂的一批面粉含有染了病的毛毛虫，这种疾病迅速地传播给了在实验室中繁殖的面粉蛾。贝尔林纳分离出了位于这种传染病背后的细菌，并命名为苏云金芽孢杆菌（Bacillus thuringiensi，以下简称 Bt）。它被证明与杀死了日本蚕的东西是同一种生物。如同人们所知的那样，Bt 有杀死任何飞蛾或蝴蝶幼虫的能力，因为它有一个基因，能产生对这种昆虫来说致命的结晶蛋白。这种蛋白依附在受体的肠壁上，并且让这些肠壁变得千疮百孔。

到 20 世纪 30 年代，在法国已经可能买到 Bt 了，它是以细菌孢子（芽孢）的形式存在的一种被称为斯坡任（Sporine）的微生物杀虫剂。今天，它在市场上仍然有售，被置于敌派尔（Dipel）、苏力菌（Thuricide）或自然卫士（Natural Guard）的标签之下，它主要由有机农户和园丁使用，因为它不是一种化工产品，而是生物控制的一种实例。它反复地表明对人类无害，这种晶体会被哺乳动物的胃酸破坏，并且无法契合哺乳动物受体。能杀死苍蝇和甲虫的这种细菌的变体分别在 1977 年和 1983 年加入了这个产品的范围中。

虽然在温室中有用，但是 Bt 对于农民来说并不是一个非常具有成本效益的喷雾剂，它很贵，效果也参差不齐，容易被阳光破坏或者被雨水冲刷掉。它还时常无法触及位于植物内部的昆虫，比如棉铃虫或玉米螟。

此时该轮到这个故事中的一个比利时生物化学家出场了。马克·范·蒙塔古（Marc Van Montagu）于 1933 年生于根特市，此时恰逢大萧条的鼎盛时期。他们一家人生活在贫困之中，他的妈妈在生他时因为难产去世了。他的双亲或兄弟姐妹没有一个人完成了学业，但是他的一个叔叔是老师，并且坚持要求蒙塔古必须上学，而且还要上大学。他后来成为核酸生物化学领域的专家，并且在 1974 年与他的同事杰夫·谢尔（Jeff Schell）一起做出了一项重大发现——"肿瘤诱导质粒"（tumour-inducing (Ti) plasmid）。这是位于一种叫根癌农杆菌（Agrobacterium tumefaciens）的细菌之中的一个很小的环状染色体，人们知道它具有一种奇怪特性，能够在植物中诱导出肿瘤——称为冠瘿瘤，但它本身却不存在于这些肿瘤之中。

3年后，在发现肿瘤诱导质粒把它的某些DNA缝合到植物自身的DNA之中并作为感染的一部分方面，范·蒙塔古险些被华盛顿大学圣路易斯分校的玛丽-戴尔·奇尔顿（Mary-Dell Chilton）击败。鉴于几年前已经开发出了把来自动物或植物的基因插入细菌中的工具，比如生产治疗糖尿病的胰岛素，如今反其道而行之变得可行了，也就是把细菌的基因插入到植物之中。这又是一个同步发明的例子，在之后的6年时间里，由范·蒙塔古、奇尔顿和孟山都的罗伯特·福瑞里（Robert Fraley）所领导的团队都把这一想法变成了一种发明，表明了通过从质粒中移除肿瘤诱导基因，并用来自不同生物体的基因进行替代的方式可以操控土壤杆菌在植物中插入任何基因，其结果就是产生了一种有了新基因的健康植物，农业生物技术由此诞生。正是使用肿瘤诱导质粒，才让科学家们可以继续创造出很多转基因作物，包括耐除草剂的玉米和大豆，并最终生产出了抗病毒的木瓜和富含维生素的"黄金大米"。

范·蒙塔古开办了植物遗传科学（Plant Genetic Sciences）公司来开发这项技术。他的同事想到的插入植物之中的第一批候选基因就包括能杀死昆虫的Bt蛋白，因为它已经在有机农户和园丁中广受欢迎了。1987年，他们在实验室中培育了一株烟草植物，除染色体中含有Bt的关键基因之外，它在各方面都与普通烟草植物无异。结果表明它对烟草天蛾这种常见的害虫是致命的。很快，孟山都就授权使用这项技术来生产本身能够抗虫的棉花、玉米和其他作物了。

因为这种杀虫蛋白位于植物体内，所以它能杀死钻入植物组织内的幼虫，比如棉铃虫和根茎天牛，这些是喷雾剂无法触及的。但是，与化学喷雾剂不同的是，它不会影响那些无意采食作物的无害的昆虫种类。这被证明是一项极其成功的创新。你今天买的几乎每一件棉质服装都是这种基因工程植物的一种产品，全球种植的棉花中有90%以上都是抗虫的。在印度和巴基斯坦，虽然它仍然不合法，但是农民们迅速地采用了这项技术，因为它的益处在世界其他任何地方都是异常明显的。随后它被合法化，如今这两个国家种植的几乎所有棉花都是Bt棉花。

因为引入了Bt基因，如今，全球大约1/3的玉米是抗虫的。在美国，如今79%的玉米是Bt玉米，这项技术在20年的时间里给农业收入带来的累积收益超过250亿美元。奇怪的是，因为在原则上反对生物技术，所以有机农业行业拒绝批准这种新的作物，尽管这种作物与有机农户们自己喷洒的喷雾剂用的是同一种分子。

因为Bt作物无需太多喷雾剂（即便用的话）就可以免受害虫的采食，所以采用了Bt技术的农田里的野生动物数量显著增加，并且农民自己因为喷雾剂而意外中毒的情况也减少了。中国开展的一些研究表明，在Bt棉花田里，像瓢虫、草蛉和蜘蛛这样的天然昆虫捕食者的数量翻了一番，这意味着天然捕食者更好地控制了所有的害虫。马里兰大学开展的研究表明，如今Bt作物产生了一种围绕着作物和农田的"光圈效应"，那些没有种植Bt作物的地方，其害虫的问题也减弱了。在Bt作物被引入的20年间，两种常见害虫——欧洲玉米螟和玉米穗虫（除了玉米之外，它们也会攻击其他作物）的数量在美国三个州出现了大幅度的下降，甚至于有机农户和种植非转基因作物的农户所使用的喷雾剂的数量都比以前少了很多，在辣椒上的用量也比之前少了85%。总之，对Bt技术的效果进行的一项综合性研究认为，在数十亿英亩的农田种植这种作物之后，所产生的非预期后果为零，并且给非目标昆虫带来了很大的益处。

这项技术被证明在发展中国家尤其有用。目前非洲因为来自美国的一种害虫而面临着严重的危机，这就是于2016年抵达非洲大陆的草地贪夜蛾，这种害虫如今正在破坏整个非洲大陆的玉米作物。这种害虫在巴西已经不再是一个问题了，因为那里种植了Bt玉米，但是由于某些资金充沛的团体的施压以及它们在意识形态方面对转基因作物持反对意见，非洲国家在允许种植Bt玉米方面则迟缓很多。

这些反对者在欧洲尤其成功，他们在20世纪90年代末期发现，在那些容易受惊的消费者中传播有关转基因作物的恐怖故事是一种有利可图的筹款方式。让范·蒙塔古惊愕的是，通过对这种作物的部署设立很高且成本高昂的管制壁垒，欧洲几乎完全拒绝了这项技术，实际上相当于将它完全禁止了（见第11章）。

所有的害虫防治最终都要遇到害虫抗性的演化，虽然与杀虫剂相比，Bt作物的问题会少很多。然而，最新一代的Bt作物包含了一些额外的先进功能，它让昆虫更加缓慢地对Bt蛋白产生抗性。所以从一个多世纪之前在蚕身上发现细菌性疾病开始的这条创新之路使得作物损失、杀虫剂的使用以及环境损害都大幅度地降低了。如今绝大多数作物都是抗除草剂的，所以它们可以在不让耕作破坏土壤的情况下结合有效的杂草控制措施。有些作物还被改造成了抗真菌性疾病或抗旱的。其他一些作物则被改造成了在细菌的帮助下可以固定自己的氮元素，这极大地提高了产量。还有一些经改造移除了在所有碳三植物（包括小麦、水稻、大豆和马铃薯，但不包括玉米）中发现的代谢障碍，氧气会借助于这种代谢障碍把光合作用装置投入到生产经济性差的作物之中。2019年发表的田间试验结果表明，经过这种改造的第一批烟草植物产量提高了40%，并且提前一周开花。

基因编辑变得更清晰了

非常有价值的科学发现几乎总是伴随着有关谁功不可没的疯狂的争论，可笑的是，这种争论常常发生。没有什么能比CRISPR[⊖]这个故事更能说明此种情况了，这是全世界在2012年注意到的一项基因技术，它有望给农业和医学带来神奇的结果。这种争端在美国东西海岸的两所大学针尖对麦芒的情形之中变得更加尖锐了。一方是加州大学伯克利分校，詹妮弗·杜德纳（Jennifer Doudna）在该校任教，她与近期刚从维也纳前往瑞典于默奥大学的法国教授埃马纽埃尔·卡彭蒂耶（Emmanuelle Charpentier）以及卡彭蒂耶的研究生马丁·季聂克（Martin Jinek）一起合作。另外一方是麻省理工学院，张锋和他的同事丛乐以及冉菲在该校工作。两个群体大约在同一时间都取得了至关重要的突破。起初，很多大奖都颁给了杜德纳的小组，但是打得热火朝天的专利斗争最终以张锋的小组在法庭上获胜而告终。

但可以说，有着巨额预算和豪华实验室的这两所规模庞大的美国大学都配不上它们所追求的荣誉。这项荣誉应该归属于两个籍籍无名的微生物学家，他们都研究有关细菌的实际但有些过时的问题，其中一个人在一所

[⊖] 成簇的规律间隔的短回文重复序列，被称为"基因魔剪"。——译者注

大学的实验室里工作,致力于解决制盐行业关心的问题,另一个则在工业化的食品制造公司工作。从发现对生物化学具有好奇心到发明一种技术,这条道路一如既往地漫长而曲折。而在这件事上,它不是从学界向产业界发展,而是至少在某种程度上采取了相反的方向。

距离西班牙阿利坎特镇(Alicante)不远的地方,有一个很大的粉红色湖泊,更加粉红的火烈鸟点缀其间。这里被称为托雷维耶哈(Torrevieja),这个1400公顷的湖泊位于海平面之下,并且3个世纪以来一直都被当成生产食盐的地方。在6月份,海水会流入湖泊之中。随着水分在整个夏季的蒸发,盐分会在湖床上结晶。人们会用特殊的机器把它挖出来,清洁之后销售,每年产量达到70万吨。湖水的粉红色源于两类喜盐微生物——细菌和古细菌,粉红虾会吃这些微生物,然后粉红色的火烈鸟会吃粉红虾。

不足为奇的是,当地大学的微生物系利用这种资源来研究喜盐的粉色微生物。在阿利坎特镇首次记录了一种名为嗜盐菌(Haloferax mediterranei)的原始微生物。或许对于生物技术来说,作为这样一种喜盐的物种,它可以用于盐分特别高的地方。在附近出生的弗朗西斯科·莫吉卡(Francisco Mojica)于1993年在当地的大学获得了博士学位,他研究的是这种生物的基因。他发现了一些相当奇怪的现象,在它一部分基因组中会隐藏着一个独特的含有30个碱基的相同序列,这个序列会一遍又一遍地重复出现,而每一段重复都由35~39个碱基的间隔序列分离开来(在每种情况下,这些间隔序列都各不相同)。这个重复出现的序列通常是一种回文序列——它来来回回地拼写同一个文本。莫吉卡研究了另外一个同属的喜盐微生物,并且几乎发现了同一模式,虽然有不同的序列。随后他在 20 个不同的微生物中再次发现了这种模式，他们都是细菌和古细菌。20 世纪 80 年代，一个日本研究人员在细菌中发现了同样的模式，只不过他没有继续跟踪下去。

莫吉卡接下来花了 10 年的时间努力去理解为什么会出现这种模式。他的绝大多数假设都被证明是错的。一个荷兰科学家路德·詹森（Ruud Jansen）注意到，在这个奇怪的文本附近总是有被称为 Cas 基因的特定基因。詹森为这种模式杜撰了一个名字，成簇的规律间隔的短回文重复序列，简称 CRISPR。

然后，时间来到了 2003 年的某一天，莫吉卡时来运转。他从肠道细菌中取出了位于两个回文结构之间的一段非重复性的"间隔"序列，然后把它放到了一个基因序列的数据库中，以观察它的匹配性。找到啦！返回的答案是，它与一种病毒的基因相匹配，尤其是一种简称为"噬菌体"的噬菌体病毒。形状有时候像阿波罗任务中微小的月球着陆器的这些微小粒子是一种病毒，它们把自己的 DNA 注入细菌之中，劫持了细菌的细胞装置并产生了更多的噬菌体。莫吉卡考察了更多的间隔序列，并且发现它们中的很多都来自让细菌感染的病毒。他推测说，他研究的是微生物自身的免疫系统，病毒性疾病的基因在这个免疫系统中被微生物存放起来，以便识别并摧毁它。Cas 基因发挥了这种作用。

莫吉卡花了一年多的时间才让他的研究结果发表出来，著名的科技期刊对这样一个科学上的无名小辈做出的这一重要发现嗤之以鼻，更不要说他的这一发现是在阿利坎特这样的一潭死水中做出来的。位于比利牛斯山（Pyrenees）另一侧的法国，一个工业领域的微生物学家已经在采取下一步行动了。菲利普·霍瓦特（Philippe Horvath）就职于罗地亚（Rhodia）食品公司——很快它就成为丹尼斯克（Danisco）的一部分，之后又成为杜邦公司（DuPont）的一部分。酸奶和奶酪都是发酵奶，它们依靠细菌来吞噬牛奶并把它转换成细菌的身体——也就是我们吃的东西。这种乳品加工业中微小的被驯化了的"摇钱树"是一种名为嗜热链球菌（Streptococcus thermophilus）的无害生物。普通人1年大约要吃掉几千亿个嗜热链球菌。因而，为了更好地理解他们驯化的微生物群落，生产酸奶的大型公司在细菌学上投入了大量的金钱。他们尤其感兴趣的是，当细菌生病时会发生什么。就像一个奶农想保护他的奶牛免受乳腺炎的困扰一样，酸奶制造商需要他的链球菌不要被"噬菌体"所感染。霍瓦特和他位于丹尼斯克公司的同事鲁道夫·巴兰古（Rodolphe Barrangou）知道，有一些细菌培养基对噬菌体流行病具有更强的抵抗性，而理解这背后的原因可能对这个行业有所帮助。

在一次会议上听说了CRISPR之后，霍瓦特有了一种预感，CRISPR可能会给他的疑问提供答案。他很快地表明了，带有最多间隔序列的细菌往往最可能是耐药菌株，带有来源于特定噬菌体DNA的间隔序列的细菌对那种噬菌体具有抗性。这证明了莫吉卡是正确的。CRISPR的工作就是在Cas基因的帮助下去识别这个特殊的序列并且对它进行剪切，从而对病毒进行删减。

下一步，或者说逻辑上的跳跃就是去思考"也许我们人类可以为了自身的目的而借用CRISPR"。将间隔序列替换为我们想删除的基因，也许还可以把该基因与我们想插入的新的序列结合起来，并且把微生物系统调整为一种具有异常高精确度的遗传工程工具。不再像我们在20世纪20年代所做的那样等待着自然抛出更好的基因，或者像我们在60年代那样利用伽马射线随机地让基因变异，也不再像我们在 90 年代那样注入特定的新基因并期望在某些情况下它们可以在某个有用的地方"着陆"，如今我们利用 CRISPR-Cas9 系统可以真正地编辑一种动物或植物的基因组了，从而改变这里的一个字母，或者那里的一个句子。基因编辑诞生了。

2017 年，爱丁堡附近的罗斯林研究所（Roslin Institute）的科学家们宣布，他们生产了基因编辑猪，可以预防猪繁殖与呼吸综合征（Porcine Reproductive and Respiratory Syndrome virus，PRRS）病毒。他们利用 CRISPR 从构成蛋白质的基因中删除了一小段可以让病毒接近猪的细胞的基因，从而完全地阻断了病毒的通道，他们这样做并未改变蛋白质的功能，所以它在各个方面都生长得十分正常，只是对这种疾病免疫了。2018 年，来自明尼苏达大学和基因公司 Calyxt 的科学家利用另一种名为 TALEN 的不同的基因编辑技术制造了一种对白粉病有抗性的小麦，所以它所需的杀真菌剂就更少了。同年，阿根廷的科学家利用 CRISPR 剪掉了马铃薯中多酚氧化酶基因的一部分，从而使得马铃薯在切开后不会变成褐色。截至 2019 年年中，中国有 500 多个基因编辑项目在进展之中，美国和日本也分别有将近 400 个和 100 个。（这些中绝大多数都是与农业有关的，当然基因编辑也会被应用于医药领域。）

欧洲的情况又如何？全球大多数国家很快就会同意，不应该像对待转基因作物那样让基因编辑作物受到同样极其昂贵且不断延迟的监管，而是要像对待传统育种的品种那样来对待它。欧洲各地的科学家期望并祈祷着欧洲的权威部门也可以得出同样的结论。欧盟委员会等了欧洲法院两年时间出台意见。欧洲法院的辅佐法官主张自由化，但是在 2018 年 7 月，法院在政治压力之下拒绝了辅佐法官的建议，并且裁定经过基因编辑的有机体必须与转基因生物一样接受同样的监管，而非适用于突变作物的更简单的规则，而这些突变作物通过更加危险的流程接受了伽马射线或化学诱变。

2019 年，三名法国科学家对 CRISPR 产品的专利进行了审查，并且发现欧洲已经被远远地抛在后面了。反之，美国和中国分别取得了 872 个和 858 个同族专利。欧盟只有 194 个，这个差距仍在增加。他们认为，"不将欧洲在转基因上的禁令视为对欧洲大陆未来生物技术具有强烈负面影响的话，那会是一种错觉。"

基因编辑在快速地变化着。已经开始出现了碱基编辑或先导编辑——DNA 碱基被化学替换，而不用剪断 DNA 链，它比基因编辑具有更高的精确度。毫无疑问，未来在粮食作物的产量、营养品质和环境影响方面出现非凡的改善将变得可能。

节约土地与共享土地

即便人口数量仍在持续增加，但是作为机械化作业、肥料、新品种、杀虫剂和基因工程这些创新的结果，20 世纪期间农田产量的极大改善几乎完全地在我们这颗星球的表面消除了饥荒，并且急剧地降低了营养不良的发生。几乎没有人预测到这种结果，然而很多人仍然担心这种改善会以牺牲自然为代价。实际上，有充分的证据表明情况恰恰相反。食物生产方面的创新使土地和森林免于耕种，经由我们所耕种土地的生产力的增加，耕牛和斧头的数量也大规模地减少了。这表明，这种"土地节约"对生物多样性来说要远远好过本该出现的土地共享——这意味着种植低产量的作物，同时期望大量的野生动物与作物一起出现在田间地头。

　　1960～2010年，生产给定数量食物的土地面积已经下降了65%。如果没有发生这种情况的话，世界上几乎每一英亩森林、湿地和自然保护区都将被开垦成耕地或用来放牧，亚马逊雨林将遭到更为严重的破坏。事实上，荒野和自然保护区的面积在持续稳定地增加，同时森林覆盖率停止了下降，并且如今在很多地方开始增加，因此自1982年以来，森林植被的面积总体上增加了7%。到21世纪中期，地球将用比它在1950年喂饱30亿人时所用的土地更小的面积喂饱90亿人。此外，近期的研究已经表明，对于给定的食物产量来说，与有机的或粗放型体系相比，集约型农业不仅会使用更少的土地，而且会产生更少的污染物，导致更少的土壤流失并消耗更少的水资源。

　　现在假设通过调整光合作用的效率，在作物细胞中插入固氮细菌，进一步降低昆虫、真菌和杂草导致的损失，甚至把每一种作物更多的能量都转变成有价值的食物（所有这一切都正在发生）。这样的创新将继续改善农田的产量，因而像水稻、小麦、玉米、大豆和马铃薯这样的作物，其平均产量到2050年将比现在增加50%。这绝对是合理的，也许甚至是可能的。那意味着我们将耕种更少的土地，因而可以扩大国家公园和自然保护区的面积，将土地恢复成森林和荒野，把更多的土地留给花朵、鸟类和蝴蝶。在我们喂饱自己的同时，我们将改善和巩固这颗星球的生态。

第 5 章

低技术创新

给一个数加上 0 或者从一个数中减去 0,这个数保持不变;一个数乘以 0 则结果为 0。

婆罗摩笈多(Brahmagupta),628 年

数字为全新之时

1202 年（或者写为 MCCII）左右，一个意大利商人向欧洲如此介绍现代数字符号、现代算数，以及最重要的是，零是如何使用的，"印度数字的九个符号是：9、8、7、6、5、4、3、2、1。正如下面所论证的，用这九个数字符号和被阿拉伯人称为零（zephirum）的符号 0，就可以写出任何数"。如今以斐波那契（Fibonacci）这个外号而著称的比萨的列奥纳多（Leonardo of Pisa）在孩提时代就从比萨旅居到了布吉亚（Bugia），这是北非海岸上的一个港口，他的父亲在那里担任比萨商人的外交代表，这些人把羊毛、布料、木材和铁进口到北非，并把丝绸、香料、蜂蜡和皮革出口到热那亚。

有可能是以阿拉伯语的形式，斐波那契在布吉亚学习了阿拉伯式的四则运算，他迅速地意识到，从印度人那里借用来的阿拉伯数字符号要远比罗马数字符号更加实用且用途广泛得多。斐波那契后来自夸地说道："我获知了有关九个印度数字的绝妙技艺，学会这项技艺使我欢喜得无以复加。而授我以渔者，来自埃及、叙利亚、希腊、西西里及普罗旺斯等地。他们的种种方法，在我行商所到之处，皆堪其用。"

印度算数的两个特征有着惊人的用处。其一是，数字在一个序列中的位置显示着它的大小。所以 90 是 9 的 10 倍，而在罗马数字中，无论 X 出现在数字中的哪个位置，它都代表着 10。另外一个特征则是，如果在十个数字符号中有一个代表着什么都没有，那这种按位记数系统只适用于十进制。罗伯特·卡普兰（Robert Kaplan）写道，"当零作为运算的一个标志进入到数学语言中——移动它的位置来改变一个数位的值，"数学语言"便盛行起来了"。

不过，如果你停下来仔细想想的话，你会发现代表什么都没有的符号是极其反直觉的。什么都没有指代的是什么？阿尔弗雷德·诺斯·怀特海（Alfred North Whitehead）认为，"零的特点是，我们日常生活并不需要它；没有人会出门买零条鱼。"（虽然我有时候出去钓鱼会空手而归。）零把数字从形容词变成了名词，并且它本身就成为一个数字。毫无疑问，这是一种产生了意义深远的影响的创新，但是它不涉及技术。

考虑到印度数字对于现代生活有多么不可或缺，以及没有了它们，我们的生活将变得多么不可能，所以这种创新是极其重要的，而且极其怪异的是，它很晚才进入西方文明故事之中。整个古典世界和中世纪早期的基督教世界利用一个计数系统勉强得以维持，在这种系统中，乘法基本上不可能、代数高深莫测、会计记账也非常原始。在 18 世纪末之前，斐波那契在这场革命中的作用一直被忽视，当时有一个名叫彼得罗·柯萨里（Pietro Cossali）的学者，他研究了 15 世纪伟大的数学家卢卡·帕乔利（Luca Pacioli）的著作，帕乔利还是达·芬奇的一个密友，柯萨里发现帕乔利顺带提到了"我们大部分时间都是在追随比萨的列奥纳多的脚步"。柯萨里想方设法找到了列奥纳多的早期手稿，并且发现，在这期间的几个世纪里，几乎所有的数学论述都或多或少地直接源于斐波那契的大部头著作《计算之书》(*Liber abbaci*)。"斐波那契"这个称呼是在 19 世纪被杜撰出来的，是"波那契之子"或者一个不错的家伙的儿子这个短语的缩写，这个称谓出现在了他的《计算之书》的扉页上。因为《计算之书》出现在印刷革命之前的 200 年，因而它的传播完全依赖于誊写，作为一部手稿，它的成功已经迷失在了时间的迷雾之中。

在整个欧洲史中，斐波那契的著作是最有影响的作品之一，神圣罗马帝国的皇帝、求知若渴但异常残酷的腓特烈二世都是他的读者，他的作品被复制和扩散到了欧洲的各个角落，直至印度数字几乎完全地取代了罗马数字。具有讽刺意味的是，在地中海北岸，人们对印度数字并非闻所未闻，只不过它是一种学术上的专长，尤其是在西班牙，基督教僧侣们从阿拉伯人那里引入了这些数字，但仅用于研究数学。作为代数上最伟大的阐释者，阿尔·花拉子密（Al Khwarizmi）的著作也被翻译成了拉丁语，但仅用于学者，而非商人。

斐波那契所做的是，向商人展示了如何在日常商业交易中使用四则运算。他的著作满是实际问题，每一个问题都让人联想到由意大利城邦和他们位于近东以及马格里布（Maghreb）的贸易伙伴所主导的地中海贸易的世界。比如，"如果 1 担亚麻或其他商品在叙利亚或亚历山大附近出售，卖了 4 个撒拉逊金币，那么 37 卷商品值多少？"请注意，此事发生在头三次十字军东征之后和第四次东征前后，所以当时大批的基督教领袖和牧师生活在近东，并统治着那里，在那里缠斗不休，但是把这个消息传递出来的却是一个商人。值得一提的是，和很多创新一样，此次的创新是经由商业来到我们身边的。

斐波那契是一个非常有才华的创新者，但还算不上是一个发明家，他只是一个信使。他确实发明了很多数学，包括著名的斐波那契数列和由此而来的黄金分割率，他通过观察自然界中生长的有机体发现了这个规律，比如蜗牛的壳或者向日葵的种子，但是他并未发明印度数字或者零。他的信息源自阿拉伯人，其中最伟大的是阿尔·花拉子密，这个数学家的名字演变成了英语的"算法"（algorithm）。回到意大利后，斐波那契阅读了花拉子密拉丁文版的著作，也有可能是阿拉伯语的。不过，就像阿尔·花拉子密在大约820年发表的最重要著作的题目《印度数字算术》（On the Calculation with Hindu Numerals）所表明的那样，他也不是书中所提及的大部分内容的发明者，而只是一个汇编者和推广普及者。他在伊斯兰世界所发挥的作用与斐波那契在基督教世界的作用并无二致，他的著作是以商人为阅读对象的，他对一种创新进行了解释，而这种创新是他所在的文明从其他文明中借鉴而来的。

我们把这条线索再向前倒推200年，时间来到了628年，婆罗摩笈多因其学术成就而闻名遐迩，他是居住在印度西部一个名为乌贾因王国的天文学者，他出版了《婆罗摩历算书》。虽然该书很大程度上是有关天文学的，但是它有关于数学的章节，并且是已知的第一部把零作为一个实数的著作。这与巴比伦人不同，巴比伦人把零看作是什么都没有的一种符号。通过用简单又易于理解的叙述，婆罗摩笈多陈述了零的意义，并且首次考虑了负数。他用浅显的语言说明了问题，"负数减零是负数。正数减零是正数。零减零是零。零减负数是正数。零减正数是负数。零乘以正数或负数都是零。"随后，它逐渐地失去了踪迹。公元 4 世纪或者 5 世纪的巴克沙利手稿（Bakhshali）是把零作为占位符（当时用一个小点表示）的最古老的手稿，该手稿在 1881 年发现于如今的巴基斯坦境内。就像在古代的苏美尔和巴比伦已经使用的东西一样，它可能是与追随着亚历山大大帝的脚步来到了印度的希腊人一起来到了东方的，当然也有可能不是这样。但是没有证据表明，在婆罗摩笈多之前，零是以现在的这种数字形式被使用的，并因此改变了数学运算。

但是且慢！在并行创新的优良传统中，有证据表明玛雅人（Mayans）大约与婆罗摩笈多在同一时间发明了零，甚至也许要比婆罗摩笈多还早一些。在玛雅长历法所使用的 20 进制的计数系统中，有一个作为间隔的象形文字，这有点像印度数字零。结果证明这是一个死胡同。玛雅文明崩溃了，它最佳的算数理念也随之一起消失了。旧世界是否也会发生同样的事情？斐波那契与狮心王理查、萨拉丁和成吉思汗处于同一个时代，这三个人都是嗜血成性的勇士。战争、宗教狂热主义和暴政正在蔓延。两大学术之都——安萨里（Al-Ghazali）治下的巴格达和圣伯尔纳铎（St Bernard of Clairvaux）治下的巴黎，都背弃了思想自由，转而支持神秘主义。印度也一样，沦为了伊斯兰教和原教旨主义日益加剧的印度王朝之间的战场。斐波那契远渡重洋，把零带到比萨和意大利北部的其他城邦，这或许也没什么不好，那里商业繁荣，人们更关心实用性和低买高卖，而非荣耀或者上帝。

斐波那契的创新与其他方式的计数和会计，如计数板、符木和算盘，并存了几个世纪。即便是在纸上，它也与罗马数字并列显示。14 世纪，账簿有时候也会混用或轮流使用印度数字的列与罗马数字的段落。渐渐地，数字取得了胜利，尤其是在制作商业账目方面：商业引领了潮流。到卢卡·帕乔利于1494年完成了复式记账法的杰出著作时，罗马数字已经主要用于日期和历史遗迹了，这清晰地表明了斐波那契的创新对于数学家和会计来说有多么重要。在今天，人们依然如此行事，我看到有人在信纸上写下了代表日期的"7.ii.19"。

疏水阀

我在伦敦经常步行，几个月前，我给自己定了个目标，那就是在沿着一条街散步的时候，要在这个大城市的某个地方捕捉到污水的气味。我至今尚未实现这个目标。据推测，伦敦每天有近1000万人"排便"，对绝大多数人来说，这是每天都会发生的事情。我鼓足勇气，近在咫尺地去感受从事这一工作的人。据英国议会科学技术办公室称，伦敦每天产生的污水量超过10亿升，也就是1年4000亿升，或者说这足以填满1000万个标准泳池了。

然而，你却从来没有闻到过臭味。这是为什么？这是一种新的现象，一种创新。在过去的时代，城市中无时无刻不弥漫着污水的味道，你走在大街上的时候，很难不看到或者踩到污水，更不要说闻到它的臭味了。如今，污水还在那里，遍布我们周围，不过却与我们完全地隔绝开了，甚至于我们都闻不到它的气味了，更不要说看到了。它几乎完全于我们的视野之外被带走、处理，然后消失不见。当你静下来思索的时候，你会发现这真的是一项成就，是我们文明的最美好成就之一。

很多创新促成了这一情况的出现，其中的大多数都是简单且低技术的，比如下水道本身。也许最灵巧的创新就是每一个马桶下面的管子中的S型弯或U型弯了，它用水挡住了管道，免得任何臭味逆行回到管道之中。它异常简单，又巧夺天工。它使抽水马桶变成了夜壶强有力的竞争对手。以前，人们曾经多次尝试使用抽水马桶，这开始于1596年约翰·哈灵顿爵士（Sir John Harington）发明的一个设备，他是伊丽莎白一世的教子㊀，他在里士满宫（Richmond Palace）就装了一个这样的设备。哈灵顿甚至为此还写了一本书，书名可谓一语双关，《旧论新说：关于埃阿斯的蜕变》(The Metamorphosis of Ajax)，"茅坑"（jakes）成为厕所的当代称谓。女王把这本书挂在了厕所的墙上，可能会在上厕所的时候读一读。但是这并未流行起来。抽水马桶价格昂贵又不可靠，而且有巨大的缺陷，它们只能冲走污水，却带不走它的臭味。就此而论，把夜壶拿到屋外效果会更好。

S型弯是一个几乎任何人于几乎任何时间都可以发明出来的东西。它本应是一个学徒期满的水管工做的一些避开了天才思想家的事情的经典案例。不过，出人意料的是，它却是在启蒙运动处于鼎盛时期时由一个具有优秀数学头脑的人设计出来的产品。他就是亚历山大·卡明（Alexander Cumming），他的主要工作是制作时钟和风琴，虽然他也写有关马车车轮的专题论文并且涉足纯粹的数学。

对于他的出身，除他生于爱丁堡，并且前往伦敦以获得国王乔治三世（King George Ⅲ）的赞助之外，我们一无所知。他在伦敦给乔治三世制作了一台精巧的由摆锤驱动的气压时钟，这个时钟可以在纸质图表上记录气压。他制作的精密计时器非常棒，甚至于北极探险家康斯坦丁·菲普斯

㊀ 在洗礼时某人为教父，而教父保证将其教养成为基督徒。——译者注

（Constantine Phipps）在斯匹茨卑尔根岛（Spitsbergen）北部以他的名字命名了一个小岛。

此外，对于卡明先生没什么好说的了。他获得的一份专利就是"一套新的抽水马桶"。它含有我们如今所知的很多特性，最为关键的就是 S 型存水弯。水从头顶上的蓄水箱一泻而下，少量的水会留在水管中的 S 型双弯头处，发挥着阻断臭味的作用。不过，卡明的马桶设计含有一个有些画蛇添足又令人烦恼的特征，那就是在 S 型存水弯上方有一个位于水箱底部的滑动阀，必须要用操纵杆来控制它的开关。它会渗漏。尤其是在霜冻天气出现的时候（那个时候绝大多数厕所都位于户外的隐蔽处），或者当它生锈或大面积结垢的时候，它就会被卡住。所以，和哈灵顿一样，对卡明这一发明的采用也是非常缓慢的。

3 年后的 1778 年，另外一个创新者改造了抽水马桶，他就是约瑟夫·布拉默（Joseph Bramah）。出生于 1749 年的布拉默是约克郡（Yorkshire）一个农民的儿子，在很多不同的领域，都有以他的名字命名的一系列发明。他最重要的发明就是液压装置，这对于今天的很多机器来说都是至关重要的，虽然实际上这应该归功于为此提供了关键想法的、比他更有才华的雇员亨利·莫兹利（Henry Maudslay）。他最著名的发明是布拉默锁⊖（Bramah lock），这也是由莫兹利制造的。布拉默的公司给出了 200 畿尼⊜的悬赏，招募第一个能够打开这把锁的人，实际上这是不可能做到的。这笔赏金在近半个世纪里仍未有人认领，直到 1851 年，此时布拉默已经过世很久了。一个名叫阿尔弗雷德·霍布斯（Alfred

---

⊖ 即安全锁。——译者注
⊜ 旧时英国金币，合 21 先令。——译者注

Hobbs）的美国锁匠用一组特制的仪器花了一个多月的时间才实现了这一壮举。而此时，布拉默公司已经生产出了一种新型的安全锁。

布拉默因青少年时期腿部受伤而留下了终身残疾，这使得他不适合从事农业劳动，但是他发展出了从事木工的天赋，他当过木工学徒，后来搬到伦敦，干起了家具制造商的行当。艾伦先生聘请了他，卡明可能让艾伦制造过一个支撑抽水马桶的小柜子。艾伦改进了抽水马桶，当水冲下的时候，水会在水箱里呈现螺旋状。大约在这个时候，布拉默又遭遇了另外一次事故，卧床休养期间，他在头脑中进一步改进了抽水马桶。1778 年，他把这个设计申请了专利，这款设计用铰接片取代了滑动阀，并做了一系列其他的调整。更重要的是，在制作工艺方面，他给这款产品设定了非常高的标准，并且开始售卖它。布拉默开始做起了生意，并在一周之内就给有钱人安装了 6 个抽水马桶，每次的收费超过 10 英镑。这款产品非常成功，其他人很快就照搬了他的做法，布拉默还把几个人诉诸公堂。1789 年的一个案子开创了法律上的先例。被告人哈德喀斯特尔（Hardcastle）先生认为布拉默的专利措辞太过模糊，包括了并不新颖且关键是以前曾经"公开过"的特征。布拉默对后一点⊖给出的论点是，他根据自己的设计制造过 3 个抽水马桶，并且在申请专利之前进行过测试。法官最终做出了有利于布拉默的判决，可能是从实践经验的角度认为这个设计比此前的任何一款都更加有效。

直到 19 世纪末，室内抽水马桶其实才真正地成为一个必需品。伦敦对大量新的下水道系统的建设意味着，最终抽水马桶可以把废弃物排放到某个地方，甚至对最简陋的房子也可以如此。很多人对室内厕所的反

⊖ 即此前"公开过"。——译者注

感情绪发生了变化。来自约克郡的管道工人托马斯·克拉普尔（Thomas Crapper）于 19 世纪 60 年代在伦敦设立了店铺，他是充分地利用了这种新需求的一个企业家。他没什么发明，但是却通过更多地使用 U 型弯而非 S 型弯大大改进了疏水阀，从而让它更不容易堵塞。他改进了蓄水池的虹吸系统和浮球阀装置（英式抽水马桶的一种特性），从而防止了蓄水池的溢出。但是他真正的成就在于，让抽水马桶可靠、简单又经济可行，并且以自己的名字给它命了名，虽然不可思议的是"排便"（crap⊖）这个动词更古老一些。

波纹铁征服了帝国

有一件东西，人们厌恶它的丑陋，对它的平凡无奇视而不见，而且它又有点古老，所以很难把它看作是一项创新，瓦楞铁皮就是这个不太可能会成为英雄的东西。然而，发明于 1829 年的这个东西曾经很新颖，并且可以说，它给人类带来的好处要比很多更加光鲜亮丽的东西还多不少。不计其数的人用它来遮风挡雨，并且它比更驰名的建筑物更加便宜、作用更为有效。它让身处棚屋、棚户区和贫民窟的穷人们得以保命。借助于安德森庇护所⊜的形式，它挽救了处于炸弹袭击之下的生命。在美国加利福尼亚州、澳大利亚和南非，它都是掘金者建立临时城镇必不可少的东西。在澳大利亚，它在定居者和土著居民中都很受欢迎。它一度时髦到建筑师用它来建造教堂。阿尔伯特亲王（Prince Albert）用瓦楞铁皮在巴尔莫勒尔堡（Balmoral）补建了一个宴会厅。

⊖ crap 这个动词与 crapper 的名字类似。——译者注
⊜ 第二次世界大战初期在英国建造的家庭防空洞。——译者注

就创新而言，瓦楞铁皮的故事相当简单。它似乎是由一个人发明的，而且也没有受到竞争对手的挑战。它的发明者是一个训练有素的工程师，而非一个籍籍无名的天才或才华横溢的科学家。他的专利也未有争议地获得了批准，当专利过期，这个产品的产量快速地增加，并且形成了一个出口行业。它在不同的历史时期都得到过改善，尤其是让它更耐腐蚀，但是它的设计仍然与它最开始的样子基本上相同。

它的发明者是亨利·罗宾逊·帕尔默（Henry Robinson Palmer）。他的其他创意——单轨列车和集装箱运输也远远超前于时代。帕尔默于1795年出生于伦敦东部，他的父亲是一个圣公会教区牧师，他起初是一个工程师的学徒，为伟大的土木工程师托马斯·特尔福德（Thomas Telford）效力了10年，并且成为英国土木工程师协会的创始人。1826年，他受命在伦敦东部监督一个码头的扩建。在完成了船闸的开挖施工之后，他把注意力转移到了建筑物上。他似乎突然有了一个主意，用铁皮来做一个露天堆场的顶棚，不过要让铁皮变得更结实一些，于是他用滚轴把熟铁压制成带有正弦波的形状。1829年4月28日，他申请了专利，"把有凹槽的、锯齿状的或波纹状的金属板或板材应用于房顶或建筑物的其他地方"。这种方法极大地加固了铁皮，让它变得更坚固，在撑起像雪这样的载荷的同时能够在不用额外支撑的情况下跨越很长的间距。波纹铁诞生了。

让熟铁呈波纹状的工作是在码头现场完成的，第一个有弯曲状、自支撑铸铁顶棚的建筑拔地而起。《艺术与科学》（*Arts and Sciences*）的编辑乔治·赫伯特（George Hebert）在其竣工后不久就前往现场参观，并且非常喜欢"帕尔默先生新发明的盖顶棚的方法"。赫伯特精确地报道说，"或者我们可以说，沟槽、拱形和对拱带来了巨大的强度"，因此只有 1/10 英寸厚的金属板足以建起跨度达 18 英尺的坚固的屋顶，"我们应该把它看成是自亚当出世以来，人类建造的（从重量上来说）最轻且最坚固的屋顶了。"

自此，波纹铁也在持续地演化之中，出现了对它进行改善的众多专利。比如，在它问世的 10 年内，斯坦尼斯拉斯·索雷尔（Stanislas Sorel）就在法国发明了镀锌工艺，它可以用薄薄的一层锌膜来防止铁生锈，并且让波纹铁有了更长的使用寿命。在 19 世纪的晚些时候，钢材取代了熟铁，成为主要成分。但是其基本的设计几乎没有变化。

帕尔默把这项专利转让给了他的助手理查德·沃克（Richard Walker），沃克与帕尔默的儿子控制了这个行业几十年。在这项专利于 1843 年终止之前，沃克已经赚得盆满钵满了。只有在专利终止之后，这个市场才随着价格的下降而迅速地扩张起来。因而，像往常一样，知识产权只不过是延缓了创新的推广。

到 1837 年，沃克已经在澳大利亚投放使用波纹铁的广告了，这个大陆将比任何一个地方都更好地接纳这种材料。"毫无疑问，澳大利亚成为波纹铁的精神家园。"亚当·莫恩蒙特（Adam Mornement）和西蒙·赫洛韦（Simon Holloway）在他们 2007 年的著作《波纹铁：前沿建筑》中如此写道。在劳动力紧缺的国家，它对白蚁和火灾的抵抗能力，它的轻量化以及它的预制特性都让它成为澳大利亚这块大陆上的殖民者的首选。19 世纪 50 年代维多利亚州的淘金热使得对速效的新建筑材料的需求急剧增加，黄金矿区很快就如雨后春笋般涌现出了用波纹铁建设的整个城镇。1853 年，塞缪尔·海明（Samuel Hemming）以 1000 英镑的价格从伦敦向墨尔本运输了一座建造完整的教堂，然后用牛车又将其从墨尔本运输到了吉斯伯恩（Gisborne），又花了 500 英镑把它立了起来。

到 1885 年，澳大利亚已经成为全球范围内波纹铁最大的市场了，在 20 世纪 70 年代，正是澳大利亚的公司必和必拓（BHP）获得了优耐板（Zincalume steel）的专利，它是一种用钢材制成的波纹材料，只不过用 55% 的铝、47.5% 的锌和 1.5% 的硅进行了镀膜。这要比普通镀锌钢材具有更强的抗腐蚀性。由于波纹铁在澳大利亚历史上很有地位，所以不久前它成为建筑家和艺术家们使用的一种流行材料，为表达对波纹铁的敬意，悉尼奥运会在开幕式中有一个专门创作的交响乐"Tin Symphony"，而艺术家罗莎莉·加斯科因（Rosalie Gascoigne）则把这种材料用在了自己的雕塑作品上。

用波纹铁建造房屋的习惯从澳大利亚扩散到了非洲，19 世纪末期南非繁荣发展的黄金开采业严重地依赖于由澳大利亚生产的波纹铁，它从澳大利亚运输到了德班（Durban），然后由搬运工运送到南非内陆，建成了包括屋顶、储水罐和整座建筑在内的各种各样的东西。在布尔战争（Boer War）期间，英军用弯曲的波纹铁建造了双层外皮的碉堡来保护铁路，两层之间填满了鹅卵石。从第一次世界大战的战壕到南乔治亚岛（South Georgia）的捕鲸站，波纹铁都是 20 世纪的建筑中至关重要的组成部分。美国工程师诺曼·尼森（Norman Nissen）发明的尼森小屋在两次世界大战期间都表明它是便宜、安全又能快速建成的建筑物，这是一个用波纹铁在钢架上建造而成的半圆柱型的庇护所。

在如今因特大城市日益扩张而出现的财产权归属尚不确定的贫民窟中，波纹铁不仅实惠且易于获得，而且用它搭成的建筑物很容易拆解和移除。它是被运往地震灾区的第一批物资之一,可以迅速地为灾民提供庇护所。它还有可能拯救大面积的森林,因为把它支撑起来所需要的木材要远远少于其他建筑材料。它可能永远得不到人们的喜爱和赞赏,而且雨滴坠落在由它制成的房顶的声音可能也不是最美妙的乐曲,但是它显然是改变了整个世界的一种简单的创新。

改变了贸易的集装箱

1954年,美国承包的普通货船勇士号(Warrior)从布鲁克林(Brooklyn)向德国的不来梅哈芬港(Bremerhaven)运输了重达5000吨的货物。这批货物共有194 582种,规格不一,有盒子,纸箱,袋子,箱子,线盘,包裹,鼓形圆桶,罐子,木桶,板条箱,还有机动车,不一而足。这批货物分1156批次从151个城市抵达了布鲁克林。单单装船就用了6天时间,其中还有一天是因为罢工而浪费掉了。这次航程花了差不多11天时间。卸货又用了4天。总航运成本为237 577美元,其中港口费就占到了37%,而海上航行的成本只占到了11%。我们之所以对此如数家珍,是因为政府资助了一项对这批货物进行的研究,马克·莱文森(Marc Levinson)在关于集装箱运输的著作《集装箱改变世界》(*The Box*)⊖中引述了这些内容。这一研究的结论是,在应对港口的高成本方面,"也许解决之道存在于发明打包、移动和堆装货物的方式,并且用这种办法来避免零担货物"。在几年的时间里,集装箱化就成为改变世界的一种创新。这是一种重大的创新,但是它不涉及任何新的科学,任何高

⊖ 本书中文版已由机械工业出版社于2007年出版。

超的技术，也没有很多新的低端技术包含在内，它只关系到很多的组织工作。

和数个世纪以来的情况一样，在20世纪50年代中期，海上运输货物几乎还是成本昂贵、缓慢且低效的。尽管有了速度更快的发动机和更大的货船，但港口是巨大的瓶颈。进口或出口中超过一半的费用都是港口费用（在这方面，勇士号的航程超乎寻常地划算，因为战后德国的人力成本很低）。对于体力劳动者来说，从事这项工作的码头工人和港口装卸工有相对较高的工资收入，但是这项工作是劳动密集型的，而且很危险、充满不确定性，工作时间不规律且会让人疲惫不堪。货物会杂乱地堆在岸边，分类存放在仓库内，堆放在货板上，用起重机吊装到船上，再基本上靠手工从货板上卸下来，装进形状多变的货仓，这使得确保货物的安全既是一种科学，也是一门艺术。叉车和起重机提供了帮助，但是绝大多数工作还是要靠大量的劳力来完成。在货物抵达目的地后，这样的工作还要再重复一遍，同时还要加上海关核查。因为港口费用的增加，自20世纪20年代以来，国际贸易在美国经济中所占的比重实际上已经出现了收缩。当时随着码头上对不正常工作的争夺而出现的贿赂和暴力，消灭了排外性雇用制企业，但这是以更高的收费为代价的。在20世纪50年代的洛杉矶、纽约和伦敦港口，即便工资出现了上涨，但是一个工人1年处理的货物数量却严重地下降了。

在工厂用大小和形状完全一样的标准货柜来提前装载货物，然后在不打开的情况下把它们装上或搬下轮船，这种想法并不新鲜。铁路系统在标准化货柜方面试验几十年了，卡车也一样。一个名叫海上列车线（Seatrain Lines）的美国公司于1929年开始使用专门设计的船来装载火车车厢。但是结果却令人十分失望。货柜不是太大而难以迅速地装满，以至于它们闲置在工厂里，就是用小货柜而无济于事，它们自身的重量也会增加货物的成本。它们或因难以整齐地装进货仓，或因处于悬空状态而浪费了很多空间。"货物集装箱已经成为一种阻碍，而非帮助。"1955年一个资深的货运高管总结说，不过就在那时他的这番言论刚好被证明是极其错误的。

接着马尔科姆·麦克莱恩（Malcom McLean）出现了。1913年，麦克莱恩出生于北卡罗来纳州的马克斯顿，这是一个绝大多数居民都是苏格兰后裔的内陆城镇，那里的创业者把致富看成是轻而易举之事，而麦克莱恩就是这种有雄心壮志、随时准备承担风险的一个人。在加油站工作期间，他意识到运输燃料可以赚一笔大钱，所以他在1934年就借来了一个旧的油罐车，跑起了运输。在1年的时间里，他就有了两台卡车，并且雇用了9个自带卡车的司机。到1945年，他的公司已经拥有了162台卡车，并且获利220万美元。麦克莱恩知道如何规避琐碎的洲际贸易条例，跟他竞争对手聘用的司机相比，他的绝大多数自带卡车的司机不太容易举行罢工。如果不发生事故，他们还能得到额外的奖励，这降低了维修成本。为了省钱，他很早就转向了柴油机，并且首创了在卡车之间用传送带输送货物。到1954年，他已经拥有了600多台卡车，并且靠大量债务进行了融资。

这时，他有了一个想法。沿海运输出现了下降，还没有从战争中恢复元气，而陆上运输则愈发拥堵不堪。为什么不把拖车开上船，用大卡车在距离目的地更近的港口将货物接走呢？由于对风险有着很大的偏好，他出让了自己的卡车生意，转而用借来的钱买了一个大型的航运公司，他实际上发明了杠杆收购。这时，他又有了一个更好的想法。不再是把所有的拖车都放到船上，为什么不把拖车的主体从轮子上卸下来，并且整齐地码放在船上？他在纸上测试了这个计划，结果发现，与杂散货物相比，从纽约到迈阿密的一艘装满啤酒的轮船可以节省94%的成本。

与阿基米德（Archimedes）和牛顿的情形一样，围绕着这个故事发展出了一个传说，早在20世纪30年代，麦克莱恩在等待卡车往港口卸货时就突然产生了某种灵感。与所有这些故事一样的是，这也是杜撰出来的，虽然它的生命力很顽强。研究了这段历史的莱文森回忆说，

不过，让我感到错愕的是，我很快就意识到了，很多人非常倾慕麦克莱恩在码头上的顿悟。即便被证明是虚构的，苹果砸在年轻的艾萨克·牛顿头上激发出了一时的灵感这样的想法也能触动人们的灵魂。相反，创新的发生是间歇性的，某人采用了已经在用的一种概念，而且别人发现了如何通过创新来盈利，这样的想法是没有什么吸引力的。

为何这个英雄般的神话会持续地存在？也许是因为，实际上人们愿意相信，自己也能够通过发挥想象力而一跃成为英雄。对于绝大多数现实中的创新者所具有的特征来说，这种天马行空的幻想是非常具有误导性的。事实虽然不那么引人注目，但却更加令人生畏，麦克莱恩就是一个明显的例子。

麦克莱恩购买了一艘邮轮"理想X号"（the SS Ideal X），并且对它进行了改造，让它具有装载集装箱的专门设计的甲板；他买了两台巨型起重机，并把它们改造成了可以吊起集装箱的设备；他还委托建造了一组33英寸的集装箱。然后，他用了两年时间来说服州际商务委员会的官员

和海岸警卫队，让他们相信这艘轮船是安全的，同时还在法庭上对抗铁路系统和卡车司机的破坏行为。1956 年 4 月 26 日，载着 58 个集装箱的"理想 X 号"从新泽西州启航，前往得克萨斯州。起重机每隔 7 分钟就把一个集装箱吊装到了船上，只用了 8 个小时就全部装完了。到航程结束的时候，麦克莱恩计算出每吨货物的装船成本不到 16 美分，而散货装船的成本是每吨 5.83 美元。

如此巨大的成本节约可以说已经不言自明了，或者人们也会这么认为。但是麦克莱恩的战争才刚刚开始。工程起初进展得很顺利。1956 年，他在自己位于亚拉巴马州莫比尔（Mobile）的公司总部，用码头工人罢工的机会重新设计了 6 艘更大的船，每 1 艘都可以装下 226 个集装箱。通过反复试错，他的工程师基思·坦特林格（Keith Tantlinger）计算出了放置集装箱的货仓的金属格槽需要有多大的容限，每个格槽应该比它要容纳的集装箱长 1 英寸多一点，宽不到 1 英寸，这足以让装载货物变得简单，而且不会让集装箱在暴风雨天气中移位。（在首次航行中，坦特林格用黏土塞满集装箱之间的孔隙，从而证明了它们不会发生位移。）坦特林格系统性地重新设计了从卡车底盘到集装箱本身，再到把集装箱固定在一起的扭锁在内的所有东西，从而实现了更快速地装载和卸载。船上新的龙门式起重机甚至可以同时装载和卸载集装箱。与"理想 X 号"一样，于 1957 年在莫比尔建造的第一艘配备了这些设备的轮船"门户之城号"（the SS Gateway City）可以在 8 个小时内完成集装箱的装载和卸载，不过它运输的集装箱数量是"理想 X 号"的 5 倍。

麦克莱恩遇到的最大障碍是人的问题。1958 年，他从纽瓦克（Newark）发了两艘新建造的船前往波多黎各，而波多黎各的码头搬运工人工会拒绝卸货。货物在那里闲置了四个月，直到麦克莱恩做出了让步，同意让多余的码头工人来装卸集装箱，这次延误让他赔掉了前一年所有的收益。发生于1959年的另一次罢工则带来了更大的损失，让麦克莱恩的生意陷入了破产的边缘。其他的船务公司对需要投入集装箱运输之中的巨额投资望而却步，尤其是还有不愿意合作的劳动力大军，所以港口不太愿意改变。集装箱革命似乎要失败了。

麦克莱恩的回应是，雇佣之前参与到货运业中的那些饥寒交迫、年富力强又充满创业精神的人来解决这个问题，并重新将公司命名为海陆联运（Sea-Land）公司。他借了更多的钱，建造了更大的轮船。他开始从东海岸通过巴拿马运河（Panama Canal）运输货物到加利福尼亚州。当麦克莱恩在波多黎各航线上的主要竞争者因为其买主承揽了太多的债务而倒闭时，他的运气来了。到1956年，海陆联运公司有了15艘船和13 533个集装箱。经过长时间的内部斗争，工会最终对机械化回心转意了，因为它给港口带来了更多的生意，以及更好的工作条件。在西海岸，工会甚至认为，雇主们在拖延自动化的推进。

现在，关键的问题变成了标准化。美国政府和当时的国际标准化组织在什么才是"标准集装箱"最好的尺寸和形状上角力数年。不过，到1965年，在用的集装箱中有2/3都不符合所认可的长度或高度标准。它们要么是海陆联运公司的35英尺集装箱，要么就是美森公司（Matson）位于太平洋上的24英尺集装箱，后者是由一个从夏威夷往旧金山运输菠萝的船运公司所开发的一种与海陆联运公司的集装箱存在竞争且并行的产品。不过最终，集装箱行业确立了其标准长度主要是20英尺和40英尺。

伴随着越南战争的发生，麦克莱恩的下一次突破出现了。因为胡志明市和岘港的水域很浅，并且港口设施不足，集结美国的部队并把他们送到越南一直是一个难题。军方尝试多次去缓解港口出现的这种拥堵，但是迟迟不见成效。事态开始每况愈下。麦克莱恩看到了机会，不断敦促五角大楼批准在金兰湾建设一个集装箱港口。他遭遇到了意料之中的阻力，但是他的坚持不懈最终在1967年奏效了。自行承担风险的海陆联运公司建设了一个港口，并且开始每两周运输600个集装箱。突然，输送军队的问题结束了。甚至船上装满冰激凌的制冷集装箱也加入到了业务的竞争之中，海陆联运公司从这项合同中获得了巨额的收入。按捺不住的麦克莱恩又发现了一个机会，他把空的集装箱运往日本，在那里装满日本的出口商品返回美国，因而帮助促进了亚洲出口贸易的繁荣，改变了日本、中国台湾地区、韩国、中国大陆的经济，并最终改变了越南的经济。军方又给麦克莱恩提供了更多的合约，让他向欧洲输送军队，这改变了欧洲对集装箱港口的怀疑态度。

1970年，麦克莱恩把海陆联运公司卖给了雷诺公司（R. J. Reynolds），并且很快就离开了公司。在1977年收购美国航运（United States Lines）并再次回到航运业之前，他尝试了其他各种不同的事业，包括养猪和开设度假村。集装箱的运输能力以每年20%的速度在增加，船造得也越来越大。与较小的船相比，成本更低的较大的船所运输的每吨货物所需要的船员更少，而且所需的燃料也更少。唯一的限制就是要穿过巴拿马运河的咽喉。

因为1973年和1978年的石油危机导致了燃料成本的增加，集装箱轮船在20世纪70年代期间发展的平均速度有所下降。麦克莱恩看到了机会，他在韩国建造了14艘巨大但速度缓慢的"全集装箱船"

（Econships），想让它一直向东做环球航行，这样就避免了返航时空载的问题。这是一个好主意，但是并未奏效。石油价格下降了，并且环球航行的时间表也证明这种计划是不可靠的。1986年，负债12亿美元的麦克莱恩工业（McLean Industries）申请破产，这是当时美国历史上最大的破产案。这个伟大的冒险家多冒了一次险。这次经历让他受到了很大的刺激，并且在一段时间里避开了聚光灯。他于2001年去世，享年87岁，在为他举行葬礼的那天清晨，全球所有的集装箱运输船同时为他拉响了汽笛。

麦克莱恩留给世人的遗产就是，如今对全球经济来说至关重要的漂洋过海的巨额集装箱贸易。如今，有些轮船可以装载2万多个20英尺的集装箱；只需要三天时间就可以完成卸载和再次装载。麦克莱恩是现代贸易之父，但是他并未发明什么非常新颖的东西，更不要说高科技了。如果他没有做出这项革命，也许其他人也会这样做。但是他还是这样做了，并且做成了。

轮式行李箱迟到了吗

我年轻的时候曾拖着沉重的行李奔走在火车站和机场，所以我认为轮式行李箱是文明的顶点之一。但是对于如此低技术的一种东西来说，它的出现出奇地晚，直到第一个人登陆月球之后它才出现。在20世纪60年代，是什么阻止了人们发明轮式行李箱？为什么它的出现会如此之晚？轮式行李箱似乎是应该在更早些时候出现的迟到的创新的一个典范。或者说，它是这样一个典范吗？

1970年的某一天，马萨诸塞州一家箱包制作公司的高级主管伯纳德·萨多夫（Bernard Sadow）跟家人一起去阿鲁巴岛（Aruba）度假。回程途中，萨多夫手里提着两个沉重的行李，拖着脚步往前磨蹭，排队过美国海关。就在这时候，一个机场工作人员推着轮式手推车大步走过他的面前，车上放着一个较重的机械。"你看，这就是我们的行李箱需要的东西。"萨多夫跟自己的夫人说道。回家后，他把衣柜上的四个万向脚轮拆了下来，安在了一个行李箱上。然后他给行李箱绑上一条皮带，毫不费力地拉着它在屋子里转来转去。他为有滚轮的行李箱申请了专利，并于1972年获得了授权。在应用方面，他这样写道，"行李箱实际上是滑行的。此外，实际上任何人，不论大小、力量或年龄，都可以毫不费力地拖动行李箱"。

　　当萨多夫把他粗劣的原型介绍给零售商时，他们一个接一个地拒绝了他。回绝的理由多种多样。在你可以把行李放到行李车上或交给行李员时，为什么还要给行李箱增加额外的重量？为何要增加成本？几年来，他毫无进展，直到最后梅西百货（Macy's）委托萨多夫制作一系列"滑动的箱子"，全世界才逐渐地竞相效仿起来。

　　如果浏览一下有关专利的历史，我们会发现，萨多夫先生并不是第一个尝试这样做的人。亚瑟·布朗宁（Arthur Browning）在萨多夫申请专利的前一年，也就是1969年，就对轮式行李箱申请了专利。格瑞斯·麦金太尔（Grace McIntyre）和马尔科姆·麦金太尔（Malcolm McIntyre）在1949年也尝试过。1947年，克拉伦斯·诺林（Clarence Norlin）对带有可伸缩轮子的行李箱申请过专利，它对空间要求有更好的适应性。1945年，巴内特·布克（Barnett Book）对轮式行李箱申请了专利。1925年，萨维尔·马斯特罗托尼奥（Saviour Mastrontonio）就对"行李架"申请了专利，它可以用于让"袋子、挎包、行李箱或类似的东西"转动起来。在附随的图示中，一位穿着条纹连衣裙的富有魅力的女士，推着毛毡旅行包又直又长的把手在向前移动。

很明显，问题并不在于缺乏灵感。相反，阻碍轮式行李箱流行起来的东西似乎主要是车站和机场的体系结构。尤其是对高层管理人员来说，行李搬运工数量众多且乐于提供帮助。火车站的站台和中央大厅的长度很短，并且非常靠近于下车地点，汽车可以直接开过去。楼梯通道却十分众多。机场也很小。旅行者中也是男性多于女性，他们担心的似乎并不是自己强壮的身体扛不起行李箱，他们显然有自己的看法，轮式行李箱很重，还容易损坏。不情愿的行李箱制造商在让它们流行起来上面也行动迟缓，但他们并非都错了。20世纪70年代航空旅行的快速扩张以及乘客步行距离的日益增加都为轮式行李箱大受追捧创造了转折点。

10年后，一种更优越的创新取代了萨多夫的设计，它就是拉杆箱。这种创意来自美国西北航空公司（Northwest Airlines）的飞行员罗伯特·普拉斯（Robert Plath）。1987年，他在自己家中的工作室给一个长方形手提箱短端的一侧安装了两个轮子，而不是像萨多夫那样在侧面的底部安装四个。现在这个箱子可以在伸缩手柄的协助下以一定的倾角拉动。普拉斯卖了几个这样的箱子给他的同行，普通乘客开始注意到了这种箱子并询问怎么购买，于是普拉斯从航空公司离职了，成立了特普罗公司（Travelpro），并且迅速地发展成了一个成功的企业。随后出现了四轮的款式，以及新的铝合金款以及轻质塑料款，并且轮子也可以转向任何方位，这样你既可以推又可以拉。创新在持续地改变着旅行的体验。

轮式行李箱所展示出来的教训是，在万事俱备之前，你通常无法做出创新。当万事俱备之时，创意就已经呼之欲出了，等待着被采纳，至少在美国应该是这个样子的。

餐桌上新颖的东西

餐饮业痴迷于创新。当一度盛行的饮食场所让位于新的场所时，它就会经历快速的升级换代。政府不会给那些倾向于抵制创新的人提供任何保护，也不给那些愿意创新的人提供任何补贴，专家也不会为其提供任何的总体战略，这就如同你进入了一个无需许可的创新系统之中，餐馆若不适应就要消亡。有些创新会持续数十年，并且成为全球品牌，不过它们要持续地适应口味的改变。还有一些则只是一闪而过，它们的配方如果流行的话，那也只能是转瞬即逝。

在过去的半个世纪左右，食品中的很多创新都来自引进国外的烹饪风格。1950 年，在伦敦外出就餐的人们可能会熟悉法国菜，但是可能不熟悉意大利菜肴，更不要说印度餐、阿拉伯餐、日餐、墨西哥餐或中餐了。如今，在我购买作为今天午餐的咖喱角的街道市场上，人们可以品尝到所有这些餐食，在距此不远的地方还有韩餐、埃塞俄比亚餐、越南餐和其他风味的食品。不过，在饮食方面人们可以找到多少种外国文化是有一定限度的，这种创新方法最终也会枯竭；餐饮业在寻找更多的新颖性上必须要具有创造性。

虽然不是很频繁，但偶尔还是会有一些新的原料出现。猕猴桃和智利海鲈鱼（此前名为巴塔哥尼亚嚙齿鱼）就是数十年前人们还没有把它们作为食物的两个例子，不过在大部分时间内，我们食用像鸡和土豆这样的东西的方法越来越多。我们有很多准备食物的新方式，并且还给它们赋予了一些很炫的名称，比如"泡沫"或"汁液"，还夹杂着其他一些矫揉造作。在风格上也存在着融合，一路领先的是亚洲融合料理。素食也在崛起，以别出心裁的方式改造着食用红肉（甜菜是关键）或炸鱼薯条（香蕉花与鳕鱼的紧实程度惊人地相似）的体验。

在某些情况下，对新颖性的追求会呈现出近乎让人绝望的味道，并回归过去的原料或风格。因而，至少在某种程度上来说，丹麦高级料理的名厨瑞尼·瑞兹匹（René Redzepi）的成功依赖于复古的创意，把动物与让它们得以生长的植物结合起来，比如把猪颈肉与宽叶香蒲、紫罗兰和麦芽放在一起食用。他位于哥本哈根的诺玛餐厅（Noma）因而被选为最具创意的餐厅，从 2010 年开始连续三年摘得圣培露奖（San Pellegrino Award）。自相矛盾的是，重新创造出古代狩猎-采集者的极端地方特色反而成为一种创新。

两个如饥似渴地聚焦于创新研究的教授对诺玛餐厅开展的一项研究强调，这里创新的主要方法并不是重新去发明，而是重组，以新的组合方式把旧的东西放到一起，同时该研究还强调说，这种做法是经济领域中其他创新的一般特征。他们认为，"创新就是对现有的成分进行搜索和重组的一个过程"。约瑟夫·熊彼特在 20 世纪 30 年代也做出过这样的判断，他说"创新是以新的方式把要素组合起来"。

这种重组能无限期继续下去吗？假设有 10 种不同的肉类、蔬菜和香料或草药，以及又各有 10 种不同的烹饪方法。虽然这是对实际情况的极大简化，但是却仍然可以有 1 万种可能不同的菜肴。在一组更现实的数字中，对原料进行重组的方式不计其数。所以，这并不会让食物变得单调乏味并停止变化。

甚至有实验室正致力于食谱的研究。位于西班牙的"阿布衣餐厅"（El Bulli）是第一个同时获得米其林星级（Michelin star）和圣培露奖的餐厅。它之所以能取得这样的辉煌成就，是因为它的老板朱利·索拉（Juli Soler）会在自己的研发设施方面进行投资，当每年冬季餐馆关门并为来年做准备的时候，他的厨师和食品科学家们会开发新的食谱。在与牛津大学的心理学家合作之后，位于英国的奢华餐厅"肥鸭"甚至开发了一道名为"海洋之声"的海鲜拼盘，波浪声来自隐藏在一个贝壳里的苹果音乐播放器。那些研究了厨师们如何创新的人汇报说，他们遵循了前馈试验和修正的过程，对核心创意的各种变体进行实验，直到找到一道他们认为会赢得客户认可的菜肴为止。这和托马斯·爱迪生改善白炽灯的方式没什么太大的差别。

但是食物创新并非仅仅与原料和食谱有关。它还和食用的方法有关。雷·克拉克（Ray Kroc）意识到，简单的膳食可以按标准的形式来准备，这样在食用时就可以不用盘子或叉子了，这种方法借助于麦当劳得以在全球推广开来，它提醒着人们，产生差异的不是发明，而是商业化。作为一个旅行推销员，克拉克的工作是努力销售面临着激烈竞争的奶昔搅拌机。他的一个客户是一家异常干净、组织完善且广受欢迎的加州汉堡餐厅连锁店，这个连锁店是由理查德·麦当劳（Richard McDonald）和莫里斯·麦当劳（Maurice McDonald）运营的。"以我的经验而言，汉堡店简直就是自动点唱机、付费电话、吸烟室，一屋子穿着皮夹克的人。我不会带我的妻子去这种地方。"克拉克写道。麦当劳兄弟开发了一种流水线组装的方法来准备膳食，只要菜谱很简单，这种方法既快速又可靠。通过与这两兄弟建立伙伴关系，克拉克用特许经营模式扩张了麦当劳的业务，这种模式在强调一致性和可负担性的同时还可以让他严格把控标准，这与当时快餐业的不可靠性形成了鲜明的对比。全美和全球很快就产生了麦当劳的模仿者，最终它的受欢迎程度使它招致了势利的文化评论员们的怒火。毫无疑问，没有比这更大的荣誉和赞扬了。

共享经济的崛起

鉴于共享经济对互联网的依赖性，把共享经济描述为低端技术，看起来似乎有点奇怪。但是诸如易趣（eBay）、优步（Uber）和爱彼迎（Airbnb）这样的创新实际上是来自早些年代的非常简单又非技术性的概念，只不过是现代世界的连通性使其成为可能而已。有闲暇时间的人可以接送需要搭乘汽车的人；有多余房间的人可以把它们租给在度假期间需要有地方落脚的人；有专业知识的人可以把这些专业知识提供给需要它的人；有东西要出售的人找到了需要购买这些东西的人。这些活动在互联网出现之前都发生过，只不过当全世界通过网络连接起来时，它们变得更加有利可图，更加广泛而已。并没有很多人意识到这一点，尽管它本来应该是很明显的。

2008 年，乔·格比亚（Joe Gebbia）和布莱恩·切斯基（Brian Chesky）创立了爱彼迎。现在，它在 8 万多个城镇和城市中有超过 500 万处不动产。出租房屋的总收入每年可能超过 400 亿美元。这些数字表明，这种创新满足了需求。通过释放隐藏在人们家庭中的潜在价值，它给出租不动产的人带来了可观的收入。而通过提供更多的供出租的不动产，它又让价格低于个人出租的水平。确实，它也带来了一些问题，而这些问题不仅仅存在于连锁酒店方面。对常驻居民来说，像阿姆斯特丹和杜布罗夫尼克（Dubrovnik）这样的城市已经成为单调的房屋租赁区以及永久居民的荒漠。

共享经济是一种以少谋多的形式，或者说是一种靠收缩促进增长的形式，通过更节约地使用资源来实现经济上的富庶。拿共享汽车来说，很多私人汽车的生命周期的 95% 都是空闲的；为什么不多使用一些？有关共享经济的其他事例才刚刚开始。在线青少儿英语 VIPKid 是由米雯娟在 2013 年创立的，它通过互联网把中国的学生与美国的英语教师联系起来。到 2018 年底，它让 6.1 万名老师在空闲时间有了新的工作，以及让 50 万名学生在线学习英语。每年从中国人腰包里流到美国人腰包里的钱差不多就有 10 亿美元。艾丽莎·拉瓦西奥（Alyssa Ravasio）在 2013 年成立了露营体验预订网站 Hipcamp，它让在美国国家公园附近拥有土地的人可以找到愿意付费在他们的土地上支起帐篷的露营者。共享经济是全球最古老的创意，也就是把那些鱼多到吃不完的人与那些水果多到吃不完的人关联起来。

第 6 章

通信与计算

有一个关于摩尔定律的定律。预测摩尔定律失效的人的数量每两年会翻一番。

微软研究院，彼得·李
（Peter Lee）2015

距离的首次消失

1832 年，在从勒阿弗尔（Le Havre）到纽约的途中，萨利号（Sully）三桅客船在海浪涌动的大西洋上左右摇晃。一天夜里，两名乘客在晚餐后进行了一番有重要意义的对话。其中一人是来自于波士顿的查尔斯·托马斯·杰克逊（Charles Thomas Jackson），他是一个地质学家、医生，还有点小天赋，不过在发疯之前，他把生命的大部分时间都用在了对他人在医药、地质和技术方面的科学发现疯狂地宣称拥有优先权上。现在他正准备这样做。

另外一个人是著名的艺术家萨缪尔·摩尔斯（Samuel Morse）。他时年 42 岁，每个人都很尊敬他，他给很多名人都画过肖像，包括几位总统。他觉得自己已经束手无策、辉煌不再了。不过他仍然在努力地完成自己的杰作，那就是极其详细地描绘卢浮宫大画廊（Grand Gallery in the Louvre），他已经在这方面努力好几个月了。不过这番对话不是有关艺术的。据摩尔斯 5 年之后的回忆，"我们谈论了在电磁领域的新近科学发现以及安培（Ampere）的实验"。另一个乘客问电流是否可以沿着长长的电线传到很远的地方而不受阻碍。杰克逊立即回答说，本杰明·富兰克林（Ben Franklin）已经证明了你想让电流沿着电线传多远就能有多远，并且速度非常快。就在那一瞬间，摩尔斯萌生了一个想法，也许在电流沿着电线抵达远端时，可以通过某种方式让电流携带一条信息："如果在电路中任何需要观测的部分都能看到电流的存在，那么我没有什么理由认为信息情报不能通过电力进行即刻的传输。"摩尔斯和杰克逊然后就开展一些实验来证实这种想法进行了讨论。

5年后，摩尔斯给萨利号上的乘客和船长写了一封信，请他们回忆一下当晚发生的情况。到那个时候，他实际上已经发明了电报，但来自欧洲的竞争对手让他备受困扰，他们声称自己已经在摩尔斯之前就这样做了，摩尔斯想确立自己的优先权。船长给他提供的帮助最大，"我清晰地记得你提出的是你刚刚想到的一个想法，通过电线实现电报通信的可能性"。两个乘客也这样说。但是杰克逊却不这么认为，他现在宣称这个想法是他自己想出来的："我确实认为自己是在萨利号上做出这整项发明创意的主角。这完全来自我自己的资料，并且我应你的要求对其进行了整合。"这让摩尔斯勃然大怒，并最终诉诸法律。

从让世界变小这个角度来说，萨缪尔·摩尔斯所做的工作要比前人和后来者都多得多。多亏了他的创新，曾经需要花费数月时间才能抵达其目的地的信息如今只需要几秒钟时间。与杰克逊不同的是，摩尔斯做了一系列实验，尝试着把最初的构想变成一种设备。纽约大学的伦纳德·盖尔（Leonard Gale）有关利用继电器的建议被证明是至关重要的，到1883年，摩尔斯已经能够利用代码在两英里长的电线上传送消息了，这条信息就是,"有耐心的等待者是不会输的"。在一个同步做出发现的典型例子中,摩尔斯险些被为了同一目标而努力的两个英国发明家击败,他们是查尔斯·惠斯通(Charles Wheatstone)和威廉·库克(William Cooke),不过摩尔斯这个只利用一根电线的版本更好一些。此外,摩尔斯继续发明了一种用于电报之中的二进制数字字母——摩尔斯电码。和很多发明家一样,他随后花费了数年时间来捍卫自己的优先权,为争夺专利权,他在法庭诉讼中争辩的次数多达15次。他在1848年怒喊道:"我在持续不断地注视着一群最无耻的侵权者的动向,我所有的时间都被对此进行的辩护占据了,把证据整理成符合法律形态的东西,来证明我才是电磁式电报的发明者!"到1854年,他最终才得到了最高法院的澄清。

和大多数创新者一样,摩尔斯真正的成就是与政治上的障碍和实际运作中的障碍一战到底。他的传记作者肯尼斯·西尔弗曼(Kenneth Silverman)写道:

> 摩尔斯对自己是(电报)创新者的主张最令人信服地依赖于他最不重视的一部分工作——他顽强的创业精神。尽管面临着国会的无动于衷、恼人的拖延、机械故障、家庭纠纷、伙伴间的争吵、媒体的抨击、旷日持久的法律诉讼、长期的精神抑郁,他还是带着固执的热望把这种发明引入了市场。

1843年,在长时间的围困之下,国会给摩尔斯拨了一笔款,用来在华盛顿和巴尔的摩之间架设第一条电报线路。沿着铁路线对线路进行绝缘处理和加固被证明是无望的,同时他的伙伴又被发现存在着腐败,是不值得信任的。翌年,他改变了策略,开始在电线杆上挂起电线,并取得了很大的成功。到5月份,他就能够用刚刚完成了一半的线路提前得到辉格党

（Whig Party）在巴尔的摩召开的会议上提名亨利·克莱（Henry Clay）为总统候选人的消息了，这要比火车传递过来的证实性报道早一个多小时。1844 年 5 月 24 日，随着线路铺设完成，他把一条信息从巴尔的摩一路传递到了位于华盛顿的最高法院大厦，这是由一个朋友的女儿安妮·埃尔斯沃斯（Annie Ellsworth）建议的《民数记》（*The Book of Numbers*）里的一句引文，"上帝创造了什么？"

像美国这样辽阔的国家即刻就认识到了电报在消除物理距离上的意义。几年后，一份官方报告写道：

> 许多爱国人士心存疑虑，对于生活在一个代议制共和国之内的人来说如此必要的思想和信息情报的迅速、全面和彻底的互联互通，会在多大程度上发生于如此广阔的疆界之内。这种怀疑不复存在了，它被摩尔斯教授电磁式电报的伟大成功永远地解决并画上了句号。

很快，电报线路就纵横交错地出现在各大洲上，仅仅美国到 1855 年就铺设了 24 000 英里的线路。1850 年，第一条水下电缆被部署到了英吉利海峡之中，用"古塔胶"包裹着，这是一种来自橡胶树的绝缘材料。紧随其后的是，1866 年出现了跨大西洋海底电缆，1870 年铺设了从英国到印度的海底电缆，并于 1872 年建成了通往澳大利亚的海底电缆。凭借其海外帝国，英国主导了海上电缆铺设产业，并且伦敦成为海底电缆网络的枢纽。海底电缆容量在 1870 年之后的 30 年里增加了 10 倍。

在电报对社会的影响方面，存在着一个广为传播的乌托邦式的期望，这种期望也在 150 年后出现在了互联网上面。评论家们推测说，电缆减少了战争的可能性，让家人之间保持联络，变革了金融实践，并且威慑了犯罪行为。《尤蒂卡公报》(*Utica Gazette*)这份报纸极尽溢美之词,"快逃命去吧,你们这些暴君、杀手和小偷们,你们这些光明、法律和自由所憎恨的人,因为电报会对你们穷追不舍"。

一旦电报投入使用,电话就注定要在某一时刻紧随其后。1876年,在一个通常被引述为同步发明的引人注目的例子中,亚历山大·格雷厄姆·贝尔(Alexander Graham Bell)抵达专利局,提交电话发明的专利,仅仅两个小时之后,伊莱沙·格雷(Elisha Gray)也来到了同一个专利局,也是为同一件东西(电话)申请专利。实际上多年来,二人在研发电话(或者他们所称为的谐波电报)的比赛中是竞争对手,有大量的证据表明他们不仅彼此窥探对方的工作,还窥探对方与专利局的谈判。所以这样一个巧合并不离奇,而只是反映了竞争。

实际上,我们现在知道,在研发电话方面,安东尼奥·梅乌奇(Antonio Meucci)打败了贝尔和格雷,他是一个移民到古巴而后又到纽约的意大利人。这要回到1857年,他用"振动膜片和带电的磁铁"做了试验,这是电话听筒的关键组成部分,并且在1871年被他申请了专利预告。他建造了很多设备,甚至在他位于斯塔滕岛(Staten Island)的房子的各层之间用这些设备进行通信。历史之所以遗忘了梅乌奇的原因在于,与坚定不移的贝尔不同的是,他没有筹到钱来发展这个构想或者保护他的专利,他的蜡烛厂破产了,让他陷入到了贫困和破产的窘境。他是一个发明者,但不是一个创新者。

无线的奇迹

从很多方面来说,伽利尔摩·马可尼(Guglielmo Marconi)都是不寻常的创新者。首先，他来自上层阶级，在家庭别墅里把他的男管家作为自己实验室的研究助手。其次，他很擅长于把他的创意转变成技术发明并且进行商业化，因而成了一个顶尖的商人。再次，他确实从科学领域获得了一些创意——从海因里希·赫兹（Heinrich Hertz）的实验中，然而他之前的很多发明者不是工程师就是技术专家，但并不是科学家。不过在一定程度上来说，马可尼确实是一个典型，那就是，他进行了大量的反复试验。

马可尼出生在位于博洛尼亚的一所宫殿式的公寓内，他起初在城市郊外的山顶别墅中长大。他的父亲是一个富有的意大利商人，母亲来自爱尔兰生产尊美醇（Jameson）蒸馏威士忌的家族。他们全家曾搬去英格兰的贝德福德（Bedford），4年后又去了佛罗伦萨，随后是利沃诺（Livorno），在那里，年轻的马可尼接受了科学方面的私人教育。他的表妹黛西·普雷斯科特（Daisy Prescott）记得马可尼还是小孩子的时候就总是会发明各种各样的东西，并且痴迷于电力，他的双亲都非常鼓励他的这种爱好。

1888年，海因里希·赫兹发表了富有独创性的实验的结果，就像物理学家詹姆斯·克拉克·麦克斯韦（James Clerk Maxwell）所预测的那样，这个实验表明存在着以光速传播的电磁波。"我们拥有这些裸眼无法看到的神奇的电磁波，但是它们就在那里。"赫兹写道。但是至于电磁波有什么用途，他这样写道，"一无用处，我猜"。

马可尼读到了这些材料，并且开始思考电磁波在无线电报方面可能存在着一些用途，也就是在不用电缆的情况下来发送摩尔斯码。在如何于很短的距离内做到这一点上已经有好几个创意了——利用地里、水中或空气中的电感应,但是没有一种创意是切实可行的。还有主张宣称在马可尼之前就实现了信号传输,但是并未全然理解这是如何实现的,最著名的是一个名叫马伦·卢米斯(Mahlon Loomis)的美国牙医,他在1872年获得了"空中电报"专利,利用风筝来产生"对大气中电平衡的扰动"。他甚至让国会投票决定给他一大笔钱来开发这个设备,但是他没有取得任何进展。

至于马可尼于何时以及如何开展了他的第一个实验,这还是个未知数,因为从他自己后来的叙述来看,他一直在更改自己的说法,他重新改写了自己的传记。但毫无疑问的是,到1895年底,在格里芬山庄(Villa Griffone),他已经将三次敲击组成的一组信号从山坡的一边传到了受话器一端,收到信息后,他的助手开枪示意。时年22岁的马可尼迅速地前往伦敦,为他的发明申请英国专利,他相信这会让他大赚一笔。在伦敦,他得到了自己表姐玛丽·柯勒律治(Mary Coleridge)的协助,后者是《古舟子咏》(*The Ancient Mariner*)的作者塞缪尔·泰勒·柯勒律治(Samuel Taylor Coleridge)的侄孙女,也是一个著名的作家。玛丽把马可尼引荐给她当时的好友,著名的律师亨利·纽伯特(Henry Newbolt),后来纽伯特以爱国诗篇作者的身份成为文学和政治界的支柱。纽伯特立刻意识到这一发明的前景,不过他对一个对此感兴趣的公司给马可尼提供的合约非常失望。他建议马可尼找一个经验丰富的专利律师,并且通过自己的社会关系,他给马可尼介绍了后来成为无线电研究会(Wireless Society)主席的艾伦·坎贝尔·斯文顿(Alan Campbell Swinton),斯文顿又把马可尼介绍给了邮政总局的威廉·普利斯(William Preece),后者正在努力开发研究灯塔与船之间的通信。当然,利用在伦敦有良好社会关系的一些家族，马可尼获得了人们的尊重，但是这些人并不能给他提供帮助。他们之所以这么做，是因为他们看到了取得丰硕成果的可能性，并且希望一切顺利。和半个世纪之前的电报先驱以及一个世纪之后的互联网先驱一样，马可尼相信开放全球通信只会推动人们之间的和平与和谐，这种乌托邦思想很有感染力。物理学家威廉·克鲁克斯爵士（Sir William Crookes）也预见到了用赫兹波来传递信息——这符合他对超自然力量的信仰，他曾经写道，可以用它们来"提高收成，杀死寄生虫，净化污水，消除疾病和控制天气"。

即便马可尼没有出现过，无线电仍然会在19世纪90年代复苏。其他人，像印度的贾格迪什·钱德拉·博斯（Jagadish Chandra Bose）、英国的奥利弗·洛奇（Oliver Lodge）和俄罗斯的亚历山大·波波夫（Alexander Popov）都在开展利用电磁波产生超距作用的实验并发布了结果，虽然他们并不总是为了通信的目的。一些人发明了传递和接收这种电磁波的更好的设备，比如法国的爱德华·布朗利（Édouard Branly）和博洛尼亚的奥古斯托·里吉（Augusto Righi）。随后又出现了尼古拉·特斯拉（Nikola Tesla），电动机、交流电和很多与无线电有关的创意都来自这个不眠不休的天才和发明者。不过马可尼只是另外一个实验者，虽然他是比较好的那一个，多亏有了纽伯特，马可尼才能迅速地将他的发现申请了尽可能广泛的专利，从而表明了正是知识产权体系促进了个体发明者的脱颖而出，反过来也是一样的。马可尼也知道如何借鉴其他人的设备和创意，并且把它们变成既简单又实用的形式。他的传记作家马库斯·雷波依（Marcus Raboy）写道，"在1895年的几个月里，经过多次的反复实验，马可尼完善了粉末检波器，发明了一种稳定的电键，提高了感应线圈的效率，把摩尔斯打字机和电报继电器与送话器和受话器连接起来，并且控制住了由此而产生的电火花"。

与他的绝大多数对手相比，他还更具有商业头脑。1897年，他在布里斯托尔海峡（Bristol Channel）的水域中把信号传输了9英里远，并且在怀特岛（Isle of Wight）和伯恩茅斯（Bournemouth）建设了站点来继续开发和展示这种技术。到1899年，他传送的信息已经跨越了英吉利海峡，并且到1902年就跨越了大西洋，从加拿大的布列塔尼角（Cape Breton）传到了英国康沃尔郡（Cornwal）的波尔都（Poldhu）。（他有关在1901年用较弱的受话器听见了跨大西洋传输的信号的主张可能是真的，因为这可能是从当时未知的电离层反弹而来的，但是当时所有人对此都不相信。）在几年的时间里，他就卷入了让人筋疲力尽的法律斗争中，尤其是与美国发明家范信达（Reginald Fessenden）以及李·德·福雷斯特（Lee de Forest）的斗争中。历史记录表明，他们都对无线电做出了关键的改进，这对于把无线电变成一种有声的系统而非摩尔斯系统来说是至关重要的，并且在法庭上成本高昂的争论就是在浪费时间。

马可尼始终没有意识到广播在电台中所扮演的角色，而更多地把它视为一种通信媒介。但是到20世纪20年代，广播的可能性是毋庸置疑的。"现在，人类在世界历史上首次能够通过直接讲话的方式吸引上百万追随者，什么东西都无法阻止它同时对5000万男男女女产生吸引力。"马可尼写道，也许他开始意识到了他的发明也有不好的一面。1931年2月12日，站在马可尼身边的教皇在大张旗鼓的全球宣传中启动了梵蒂冈广播电台。在随后的招待会上，教皇感谢马可尼和上帝让"这种无线的神奇设备为人类服务"。

其他一些意图不那么善良的人注意到了梵蒂冈的例子。约瑟夫·戈培尔（Josef Goebbels）在1933年8月写道，"对我们来说，如果没有无线电，取得政权或者以我们的方式来行使权力是不太可能的"。一组经济学家在2013年的详细分析表明，在1930年的选举中，纳粹的得票率在无线电更普及的区域升幅较低，因为广播通常带有轻度的反纳粹观点和态度。在阿道夫·希特勒于1933年1月成为元首之后，在无线电上进行的密集的亲纳粹宣传即刻就开始了，并且仅仅五周之后，在最后一次正规选举中，广播的影响就倒过来了，在那些更多的人能收听广播的地方，纳粹的得票率增加得更多。（类似的模式也出现在1993年的卢旺达种族灭绝中，在一个区域接触到"讨厌的广播电台"RTLM的人越多，针对图西族的暴力就越严重。）

纳粹大规模地利用无线电来影响奥地利人、苏台德日耳曼人以及国内的民众。他们开发了一个售价为76马克的廉价的无线电接收器——"纳粹心灵控制器"（Volksempfänger），或者说是国民收音机，特别是用来确保它们可以覆盖到更多的人。"所有的德国人都用国民收音机收听元首的讲话。"1936年一个推广这种收音机的海报这样吹嘘。奥斯瓦尔德·莫斯利（Oswald Mosley）试图通过他的妻子让希特勒支持他从德国向英国发送广播。柯林神父（Father Charles Coughlin）用无线电在他的3000万听众中煽动对银行家和犹太人的愤怒，而富兰克林·罗斯福（Franklin Roosevelt）则用它来兜售自己的政策。在这类民主国家之中，无线电对社会两极分化的影响也是巨大的，这不由地让人们想起了新近发生在社交媒体上的事情。1934年，马可尼自问道："我是给世界带来了好处，还是增加了威胁？"早在5年前，墨索里尼就给马可尼封了侯爵。

广播电视网所产生的效果与无线电截然相反，导致这一状况的原因还不完全清楚。它并没有让人们出现两极分化，而是把人们带回到了某种社会共识上，有时候这种共识会让人窒息。如果说存在着一个能概括这种转变的时刻，那就是 1954 年 4 月，当时美国人通过电视第一次看到了参议员乔·麦卡锡（Senator Joe McCarthy）。他们不喜欢自己看到的画面，麦卡锡的泡沫即刻就破裂了。此后不久，参议员斯图亚特·赛明顿（Stuart Symington）说道："美国人看了你六个星期。你骗不了任何人。"社交媒体出现后，正是这种向心效应使它走向了反面，我认为，这是与早期的无线电一样的一种加剧两极化的力量。

谁发明了计算机

如果说蒸汽机的起源迷失在 18 世纪初的迷雾中，当时籍籍无名又不名一文的人们在没有太多回报的情况下努力探索着，也没有人记录下他们的曲折经历，那么在决定到底是谁发明了计算机上就容易太多了，这项 20 世纪中期的创新让所有的主角都有充足的机会为子孙后代记录下他们的工作，并且每个人都意识到他们在创造历史。然而我们并没有这么幸运。和那些更为古老且不确定的创新一样，计算机的起源同样充满着神秘色彩和困惑。没有人配得上计算机的发明者这种美誉。相反，存在着这样一群人，他们对一个过程做出了关键性贡献，这个过程是增量的、渐进的，是相互启发且网络化的，以至于不存在一个认为计算机产生了的特定时刻或者地点，就如同不存在一个孩子变成成人的时刻或地点那样。就像我们所知道的，计算机有四个不可或缺的组成部分，这把它与纯粹的计算器区别开来。它必须是数字化的（特别是二进制的），电子的、可编程的以及通用（多用途）的。也就是说，能够执行任何的逻辑任务，至少在原则上来讲应该是这样的。此外，它必须能起实际作用。在对很多主张进行了穷尽式的调查之后，历史学家沃尔特·艾萨克森（Walter Isaacson）认为，满足所有这些标准的第一台机器是电子数字积分计算机（Electronic Numerical Integrator and Computer，ENIAC。以下简称埃尼阿克）。该机器于1945年底在宾夕法尼亚大学开始运行，埃尼阿克重30吨，有一个房子那么大，含有17 000多个真空电子管，它成功地运行了好多年，并且立刻成为此后绝大多数计算机所照搬的设计模式。埃尼阿克是三个人脑力劳动的成果，他们分别是理智的物理学家约翰·莫奇利（John Mauchly）、追求完美主义的工程师布雷斯伯·埃克特（Presper Eckert）和富有效率的士兵赫尔曼·哥尔斯廷（Herman Goldstine）。

但是把这台机器单拎出来，并且表明它的建造标志着与全世界还没有计算机的过去突然决裂将是一个巨大的错误。首先，埃尼阿克不是二进制的，而是十进制的。在试图捍卫自己在埃尼阿克的设计上的专利的过程中，莫奇利在漫长且让人痛苦的法律纠纷中败下阵来。法官裁定，在约翰·文森特·阿塔那索夫（John Vincent Atanasoff）这个有天赋的工程师于1937年在一个路边小酒吧提供了令人眼花缭乱的想法之后，莫奇利从前者在艾奥瓦州建造的一个鲜为人知的试验机那里窃取了很多关键创意。不过阿塔那索夫的机器很小，也不完全是电子的，又从来没有运行过，而且它不可编程或者说不是通用的，所以除了对律师而言，这桩诉讼的判决结果毫无道理。确实，莫奇利在去艾奥瓦州拜访阿塔纳索夫的时候，从后者那里获得了一些很好的创意，但这就是创新的方式。

对埃尼阿克是第一台计算机的主张发起挑战的更出色的候选者可能是"科洛萨斯"(Colossus),建造于英国布莱切利园(Bletchley Park)的这台计算机是用来破解德国密码的。"科洛萨斯"早于埃尼阿克差不多两年时间,第一台于 1943 年 12 月完成,而第二台、更大的机器于 1944 年 6 月投入运行,它在几周时间内就破解了希特勒有关诺曼底(Normandy)战争的一些指令。"科洛萨斯"完全是电子的,数字化的(与埃尼阿克不同的是,它是二进制的),也是可编程的。但是它被设计成了一个专用的而非通用的机器。此外,即便在 20 世纪 70 年代,它的故事仍然充满着神秘感,所以它对后来的机器的影响也较小。再说了,即便把功劳记在"科洛萨斯"上,那么应该把设计了"科洛萨斯"这项荣誉记在谁身上?它的建设在很大程度上是由一个名叫汤米·佛洛亚斯(Tommy Flowers)的工程师主导的,他是在复杂的电话线路中使用真空电子管的先锋,他的老板是数学家麦克斯·纽曼(Max Newman),但是他们咨询了在布莱切利园饱受煎熬的密码破解天才艾伦·图灵(Alan Turing),图灵已经在 8 号小屋建造了一个叫图灵炸弹的 200 台机电设备。战争结束后,受汤米·佛洛亚斯以及艾伦·图灵的影响,弗雷德里克·威廉姆斯(Frederic Williams)的"曼彻斯特宝贝"计算机开始于 1948 年 6 月在曼彻斯特大学开始运行。它有资格成为全球第一台存储程序的电子计算机——第一台冯·诺依曼(von Neumann)体系架构的,这进一步让情况变得复杂了。它的后代曼彻斯特马克一号(Manchester Mark 1)被开发成了第一台市面上有售的计算机——费伦蒂马克一号(Ferranti Mark 1)。

不过,说到图灵倒是提醒了我们,我们应该为之庆祝的可能是通用目的的计算机这种创意,而非一台实际的机器。1937 年,图灵发表了引人注目的数学论文《论可计算数及其在判定问题上的应用》(*On Computable Numbers*),这是从逻辑上论证了可能存在着能够完成任何逻辑任务的通用计算机的第一篇论文。如今我们把这种东西称为"图灵机"。1937年,图灵实际上在普林斯顿建造了一台机器,利用电动继电器开关把字母转变成二进制数字进行编码。也许那应该值得被视为灵光乍现的时刻,即便它既不完备,也不是一台计算机。

然而,图灵的创意是超凡脱俗的,是数学意义上的。更切合实际的是,在贝尔实验室(Bell Labs)工作的麻省理工学院学生克劳德·香农(Claude Shannon)于1937年夏季发表的"少年老成"的硕士论文。香农指出,由数学家乔治·布尔(George Boole)在近一个世纪以前开发的布尔代数可以在电路中实例化。"并"(and)这个词可以是串联的两个开关,"或"(or)可以是并联的两个开关,等等。香农总结到,"借助于继电器电路,有可能进行复杂的数学运算"。香农的论文后来被《科学美国人》(*Scientific American*)称为"信息时代的大宪章"。

当讨论计算机背后的理论时,不能忽略的一个人就是那个超级聪慧又善于交际的匈牙利人——约翰·冯·诺依曼(Johnny von Neumann),他的名字永远地与现代计算机的体系结构关联在了一起,他是图灵在普林斯顿的导师。1945年6月,冯·诺依曼对计算机的结构写下了最有影响力的指南,相当晦涩地称之为《EDVAC报告书的第一份草案》(*First Draft of a Report on the EDVAC*),他首次在这份草案中陈述了除数据之外,通用计算机应该在其"存储器"中存储程序这一理念。作为有影响力的文献,该草案是关键性的,虽然它并未完成,而且主要是在火车上手写的。(于1949年完成的离散变量自动电子计算机(Electronic Discrete

Variable Automatic Computer，简称 EDVAC）是埃尼阿克的继任者。）

但是且慢，冯·诺依曼是从何处得到他"第一草案"中的创意的？很大程度上，这是他在哈佛期间从对马克一号进行的研究之中得到的，这台机器是由一个团队建造的，团队的领袖是一个名叫霍华德·艾肯（Howard Aiken）的教授（后任海军官员）。马克一号不是电子的，所以它本身不能获得这一荣誉，但它是可编程的，埃尼阿克更是如此。它比埃尼阿克早两年，并且是用打孔带进行编程的，这本身就是一项关键创新。1944 年 8 月，赫尔曼·哥尔斯廷在马里兰州阿伯丁（Aberdeen）的一个火车站月台上偶然遇到了冯·诺依曼，并且跟他说了有关埃尼阿克的事情。冯·诺依曼安排了时间去看这台机器，并且迅速地意识到他看到的是在运算方面要比马克一号快很多的东西，但是它在重新编程方面要慢很多，也麻烦得多。所以他的建议是，把埃尼阿克设计成将程序与数据一起存储在其内部的机器。因而冯·诺依曼成了交流各种创意的重要的"异花传粉者"，因为他有着独一无二的优势（以及他对机密的接触），能够在两个团队之间自由地流动。

然而，IBM 对艾肯设计了马克一号的主张提出了异议，认为它的工程师受艾肯的委托，开发一系列小型但至关重要的发明来改进并完善马克一号，而艾肯没有参与这个事情。这提醒着人们，IBM 不仅已经存在了，而且在为人类"计算机"生产计算工具上主导了一个巨大的产业。通过合并各种其他公司，IBM 成立于 1924 年，其中一个公司是为了协助 1890 年的美国人口普查制作表格而成立的。因而，计算机的一个支流就来自这个行业，那些喜欢看到创新是从教授而非商业人士开始的人常常遗忘这一点。

此外，冯·诺依曼有关"第一草案"的文章大量地吸收了，也许甚至是剽窃了艾肯的副手、具有强大天赋的格蕾丝·赫柏（Grace Hopper）的思想和作品。鉴于赫柏在子程序以及编译器的创意上是值得赞誉的，所以可以认为她是软件行业之母，这当然是与计算机的硬件一样重要的一种创新。后来，她发明了自然语言编程，这是另外一个有重大意义的突破。也许计算机更重要的起源存在于这个软件的故事中，而非硬件的故事中。然而赫柏必须与埃尼阿克的程序设计师共享这种荣誉的一部分，她也是一个女性，是编写程序的先锋，因为埃尼阿克本来是期望被用于为不同大气条件下的炮弹射击轨迹制作射表，但是在1945年之后，这项任务就不再那么紧迫了。作为埃尼阿克的先锋人物之一，珍·詹宁斯（Jean Jennings）敏锐地觉察到，她们只能自己去寻找机会，因为负责埃尼阿克的男性认为对计算机进行重新配置是一项无意义的任务，"如果埃尼阿克的行政管理人员知道编程对于电子计算机发挥功能有多么重要，以及它将被证明有多么复杂，那么在把这样一项重要的任务交给女性方面，他们可能会更加迟疑"。

但是为把赫柏和詹宁斯从男性主导的硬件的故事中拯救出来，有必要回顾更远的过去，认识一下她们的前辈。在一个世纪以前的19世纪40年代，在一个男性的硬件先锋与一个女性的软件先锋之间就涌现出了与艾肯-赫柏式关系存在共鸣的几乎一模一样的关系。远远地领先于他所处的时代，一个名叫查尔斯·巴贝奇（Charles Babbage）的发明家开始建造两台机械计算器，其中一台是解微分方程的，名叫差分机（Difference Engine），它得到了英国政府共计1.7万英镑的支持，这是一笔不小的数目。第二台机器是分析机（Analytical Engine），它在本质上是要开发为一台通用计算机,但是巴贝奇一直没有完成这项工作。不过,这个概念就足以激发阿达·拜伦,洛夫莱斯伯爵夫人(Ada Byron, Countess of Lovelace)产生巨大的灵感并写下一系列笔记了,她在其中预示了现代计算机的很多概念,包括软件和子程序。她意识到计算机可以解决任何问题。不仅仅是数字,她认为数据可以用数字形式表征,她还发表了事实上的第一个计算机程序。如果说在这个故事中,有一个远远超前于她所在的时代的天才,那么这个人可能就是她。

然而,巴贝奇和阿达·洛夫莱斯也必须被置于具体的语境之中。他(她)们知道已经在纺织行业使用的查卡提花机(Jacquard loom)就是某种程序,即自动地按正确顺序提起织物以在布料上产生特定图案的一组卡片。正是因为这是属于熟练工的产业工人而非绅士或哲学家的职责本分,所以这个例子就不应该被排除出故事之外。请注意,给予查卡提花机应有的赞许并对它大加颂扬的正是阿达·洛夫莱斯,她发现自己在如今人们耳熟能详的一场辩论(亲技术和反技术的争论)中占到了自己父亲的对立面。她的父亲——诗人拜伦勋爵(Lord Byron)在上议院发表了一番充满激情的讲话,来为卢德分子辩护,这些人砸烂了这类提花机,理由是自动化会减少工作岗位。拜伦的女儿则完全支持创新。

总之,与其说埃尼阿克是被发明的,倒不如说它是通过对前人的理念和机器的组合与调整而演化出来的。它只是计算机逐步演化之中的一个步骤。如果在计算机上有一个奇迹年——这些互相启发的创意和设备产生了最丰盛的成果,沃尔特·艾萨克森认为,那就一定会是1937年。正是在那一年,图灵发表了《论数字计算在决断难题中的应用》,克劳德·香农解释了开关电路如何能够表现布尔代数,乔治·斯蒂比兹(George

Stibitz）在贝尔实验室提出了电子计算器的设想，霍华德·艾肯委托了马克一号的设计任务，约翰·文森特·阿塔那索夫构想出了电子计算机的关键特征。同样是在 1937 年，康拉德·楚泽（Konrad Zuse）在柏林建立了一台计算器的原型机，它可以从穿孔带上读取程序。他的 Z3 机器于 1941 年 5 月在柏林建造完成，这可以称得上是比其他任何计算机都早的一种通用的、可编程的数字计算机。

当然，他的国家在那个时候正处于战争之中。人们总是认为，战争时期经费的支持加速了计算机的发展，但是我们很难辨别的是，如果战争没有爆发（1939 年的英国和德国，1941 年的美国），与既有事实相反的情况会是什么样的。毫无疑问的是，如果没有战争，到 1945 年会出现电子的、数字的、可编程的且通用的设备。实际上，在不需要保密的情况下，它们可能演化得更快，因为独立的团队在分享创意上会更快，并且会把他们的设备用于其他目的而非计算炮弹的轨迹或破解敌方的秘密信息。如果楚泽、图灵、冯·诺依曼、莫奇利、赫柏和艾肯都在和平年代的一次会议上碰面，谁又知道到底会发生什么，以及这又会发生得有多快？

日益缩小的晶体管

创新者往往是不讲道理的人，他们不安分、好争吵、不容易满足且雄心勃勃。通常，他们都是移民，尤其是移居到美国西海岸的移民。但情况并非总是如此。有时候，他们是那种居家型的人——安静、不爱出风头、谦逊且明智。在职业生涯和思想上最完美地捕获到了 1950～2000 年计算机非凡演变的那个人，就属于后者。戈登·摩尔（Gordon Moore）在这期间自始至终处于这个行业的中心，并且他比绝大多数人都更能理解和解释这是一场演化，而非一场革命。除了在加州理工学院研究生院读书以及在美国东部不开心地过了几年之外，他几乎没离开过湾区（Bay Area），更不用说加利福尼亚了。对于一个加利福尼亚人来说，不寻常的是，他生于斯长于斯。他在太平洋沿岸的小镇佩斯卡德罗（Pescadero）长大，山的那一边就是现在的硅谷，他在圣何塞州立学院完成了大学本科学业，并在那里认识了同学贝蒂·惠特克（Betty Whitaker），最后与之结了婚。

在孩提时代，摩尔一直沉默寡言，以致他的老师们对此都很担心。终其一生，他把为自己奋斗的角色留给了他的同事安迪·葛洛夫（Andy Grove）这样的伙伴，或他的妻子贝蒂。"要么从本质上来说他做不到，要么就是他根本不愿意做一个经理必须要做的事。"葛洛夫这样说。在纳粹治下的祖国匈牙利的经历磨炼了他自己的韧性。摩尔的主要娱乐活动是钓鱼，这是一种要求耐心高于一切的消遣。几乎每一个认识他的人都认为，和一些企业家不同，摩尔一直非常善良——他现在90多岁了，依然如此。计算机的创新在过去和现在都并不是一个英雄般的发明家突然取得突破的故事，而是一种渐进的、不可阻挡的必然进展，由凯文·凯利（Kevin Kelly）所说的"技术元素"（technium）本身的需求所推动，摩尔谦逊的天性在某种程度上来说恰好使他捕捉到了这一点。这种说法更为可靠一些，而实际情况并不像史蒂夫·乔布斯（Steve Jobs）那样，作为一个光彩夺目的人物，乔布斯在一场与个性实际并不相关的革命中成功地制造了个人崇拜。

1965年，一本名为《电子学》（*Electronics*）的行业杂志请摩尔写一篇关于未来的文章。当时，他在仙童半导体公司（Fairchild

Semiconductor）工作，是"叛逆八人帮"之一。6年前，他们离开了独裁而易怒的威廉·肖克利（William Shockley）经营的公司，并成立了自己的公司，他们发明了印在硅片上的微型晶体管集成电路。摩尔和罗伯特·诺伊斯（Robert Noyce）后来在1968年再次出走，成立英特尔公司（Intel）。在1965年的文章中，摩尔预测说电子器件的微型化将继续，总有一天它将带来"如家庭计算机……汽车的自动控制器以及个人便携式通信设备这样的奇迹"。但是，这篇文章在历史上会有一席之地的原因并不是因为他这个有先见之明的评论。正是下面这一段话让戈登·摩尔像波义耳（Boyle）、胡克（Hooke）和欧姆（Ohm）一样有了他自己的科学定律：

最低成本部件的芯片复杂度以每年大约两倍的速度增长。当然，短期内，如果不增加的话，这一速度也有望会持续。从长期来看，增长的速度有点不太确定，尽管没有理由相信它至少在10年内几乎不会保持不变。

摩尔有效地预测了通过更便宜的电路带来新的用途这种良性循环，微型化和成本削减会有稳步却快速的进展——每年翻一番，这将导致更多的投资，而更多的投资将产生具有相同输出功率的更便宜的微型芯片。该技术的独特之处在于，更小的晶体管不仅功耗更低，产生的热量更少，而且在打开和关闭之间的切换更快，因此效果更好，更可靠。芯片的速度越快，成本越便宜，它们的用途就越多。摩尔的同事罗伯特·诺伊斯故意降低微型芯片的价格，以便更多的人在更多的应用中使用它们，从而扩大市场。

到1975年，芯片上的元件数量已经超过65 000个，正如摩尔预测的那样，随着每个晶体管尺寸越来越缩小，芯片上的元件数量也在不断增长，尽管摩尔在那一年将他对变化速度的预测修正为"芯片上晶体管数量每两年翻一番"。当时，摩尔是英特尔的首席执行官，带领公司实现了业务的爆炸式增长以及向微处理器而非内存芯片的过渡，微处理器本质上是一种单硅芯片上的可编程计算机。摩尔的朋友和摩尔的捍卫者卡弗·米德（Carver Mead）的计算表明，在微型化达到极限之前，还有很长的路要走。

令所有人感到惊讶的是，摩尔定律不仅持续了 10 年，而且持续了 50 年。然而，它现在可能终于耗尽了动力，原子的极限就在眼前。晶体管已经缩小到了不到 100 个原子大小了，每个芯片上有数十亿个晶体管。由于现在有数万亿个芯片存在，这意味着地球上有 10^{21} 数量级的晶体管。它们现在的量级可能相当于地球上沙粒的数量。像大多数微型芯片一样，大多数沙粒在很大程度上是由硅构成的，尽管是以氧化的形式存在着。不过沙粒具有随机的结构——因而也是或然的，但硅片具有高度非随机的、因而也是奇异的结构。

回顾摩尔首次注意到这个定律以来的半个世纪，令人瞩目的是，这种进展是多么稳定。没有加速、没有下降和停顿，没有世界其他地方正在发生的事情与之呼应，没有由突破性发明造成的飞跃。战争和衰退、繁荣和发现似乎对摩尔定律都没有影响。此外，正如雷·库兹韦尔（Ray Kurzweil）后来指出的那样，摩尔在硅芯片方面的定律被证明是源自前几年的真空管和机械继电器的一种进展，而非一种飞跃：一台计算机在给定成本下所容纳的电路数量不断上升，因而在发明晶体管或集成电路时，没有显示出突然取得突破的迹象。最令人惊讶的是，发现摩尔定律并没有对摩尔定律本身产生什么影响。知道给定数量的处理能力的成本将在两年内减半肯定是有价值的信息,让一个有进取心的创新者能够向前跃进,并且在现在就达到这个目标。然而,它从来没有发生过。为什么没有?主要是因为每个增量阶段的工作就是在找出如何进入下一个阶段。

英特尔著名的"滴答"("Tick-Tock")企业战略对此进行了概括:"Tick"是每隔1年发布一个新芯片,"Tock"是在间隔的这一年里对设计进行微调,为下一次发布做准备。但是,关于摩尔定律也有一定程度上的自我实现的预言。它成为这个行业正在发生的事情的一个施策,而非一种描述。戈登·摩尔在1976年的讲话中这样说道:

这是半导体行业所研发的降低成本的设备的核心。我们把一种具有给定复杂性的产品投入生产;我们努力改进工艺,消除缺陷。我们逐渐将产量提升到更高水平。然后,我们利用所有的改进来设计一个更复杂的产品,并投入生产。我们的产品的复杂性随着时间的推移呈指数级增长。

单靠硅芯片无法带来一场计算机革命。为此,需要有新的计算机设计、新的软件和新的用途。在整个20世纪60年代和70年代,正如摩尔预见到的,硬件和软件之间有着共生的关系,就像汽车和石油之间一样。每个行业都为对方提供创新的需求和创新的供应。然而,尽管这项技术全球化了,但是越来越多的数字产业因历史偶然的缘故开始集中在硅谷,硅谷是于1971年被杜撰出来的一个名称,斯坦福大学对国防研究资金的积极追求导致它催生了许多电子设备初创公司,这些初创公司又催生了其他公司,其他公司又催生了其他公司。然而,学术界在这个故事中的作用却出人意料地小。虽然它培养了很多物理或电气工程中数字化迅猛发展的先锋，虽然基础物理当然是许多技术的基础，但硬件和软件都没有遵循从纯科学到应用科学的简单途径。

公司以及人们都涌向了旧金山湾区（San Francisco Bay）的西侧，去获取机遇，吸纳人才，偷师行业领导者（的观点和看法）。正如生物学家、白金汉大学前副校长特伦斯·基莱（Terence Kealey）所言，创新就像一个俱乐部，你支付会费，并有机会使用其设施。湾区发展起来的企业文化是平等和开放的，在大多数公司，从英特尔开始，高管们没有预留停车位、大型办公室或等级，他们鼓励自由交流思想，有时达到混乱的程度。知识产权在数字产业中几乎无关紧要，在下一次进展超过专利之前，通常没有时间去获得或捍卫专利。竞争是冷酷无情又持续不断的，可合作和相互交流也是如此。

芯片、数字生产线上的创新滚滚而来：1971 年的微处理器，1972 年的第一款视频游戏，1973 年使互联网成为可能的 TCP/IP，1974 年具有图形用户界面的施乐帕洛阿尔托（PARC Alto）电脑，1975 年史蒂夫·乔布斯和史蒂夫·沃兹尼亚克（Steve Wozniak）的苹果 1（苹果第一代电脑），1976 年超级计算机克雷一号（Cray-1），1977 年的雅达利（Atari）电子游戏机，1978 年的激光光盘，1979 年第一个计算机病毒的祖先的"蠕虫"，1980 年辛克莱的业余玩家计算机 ZX80，1981 年的 IBM 个人电脑，1982 年的莲花 123 软件，1983 的 CD-ROM，1984 年出现了"网络空间"这个词，1985 年斯图尔特·布兰德（Stewart Brand）的全球电子链接（Whole Earth' Lectronic Link，简称 Well），1986 年的 Connexion 机器，1987 年移动电话的 GSM 标准，1988 年斯蒂芬·沃尔弗拉姆（Stephen Wolfram）的数学语言，1989 年任天堂（Nintendo）的游戏男孩（Game Boy）和东芝（Toshiba）的 Dynabook，1990 年的万维网（World Wide Web），1991 年林纳斯·托瓦兹（Linus Torvalds）的 Linux 系统，1992 年的电影《终结者 2》（Terminator 2），1993 年英特尔的奔腾处理器（Pentium processor），1994 年的压缩磁盘，1995 年的 Windows 95，1996 年的掌上电脑（Palm Pilot），1997 年 IBM 的深蓝（Deep Blue）击败世界国际象棋冠军加里·卡斯帕罗夫（Garry Kasparov），1998 年苹果的彩色 iMac，1999 年英伟达（Nvidia）的消费者图形处理单元 GeForce256，2000 年的《模拟人生》（Sims），等等。

每隔几个月就会有一次彻底的创新，这成了惯例和平常之事，这是人类历史上前所未有的状况。几乎任何人都可以成为创新者，因为由于戈登·摩尔和他的朋友们所引发的和发现的不可动摇的逻辑，新的东西几乎总是自然地要比旧的更便宜、更快。所以发明也意味着创新。

并不是每个想法都奏效了，一路上有很多死胡同。互动电视、第五代计算、并行处理、虚拟现实、人工智能。在不同时候，这些短语都受到了政府和媒体的欢迎，而且每一项都吸引了大量资金，但都被证明是不成熟的或夸大其词的。在硬件、软件和消费品方面，通过大规模和广泛的反复试验，计算技术和文化正在得到发展。回首往事，历史给那些犯错最少的尝试者赋予了天才的绰号，但在大多数情况下，他们很幸运，在正确的时间尝试了正确的东西。就像盖茨（Gates）、乔布斯（Jobs）、布林（Brin）、佩奇（Page）、贝佐斯（Bezos）、扎克伯格（Zuckerberg）都是"技术元素"进步的代表一样，他们也是"技术元素"进步的产品。在这个最平等的行业，随着共享经济的发明，出现了数量惊人的亿万富翁。一次又一次，计算和通信成本下降的速度让人们陷入了困境，给未来的评论员留下了丰富又令人尴尬的名人名言。往往是那些最接近即将濒临倒闭或者崩溃的行业的人，反而最不可能看到这种情况的发生或到来。IBM 负责人托马斯·沃森（Thomas Watson）在 1943 年表示，"全球市场可能只需要 5 台电脑"。联邦通信委员会专员突尼斯·克雷文（Tunis Craven）在 1961 年表示："在美国境内，利用空间通信卫星提供更好的电话、电报、电视或无线电服务几乎没有任何机会。"马蒂·库珀（Marty Cooper）可以像其他人一样声称自己发明了手机，他于 1981 年担任摩托罗拉公司（Motorola）研究主管时表示："手机绝对不能取代本地有线系统。即使你把它投射到我们的有生之年之外，它也不会足够便宜。"蒂姆·哈福德（Tim Harford）指出，在 1982 年制作的未来派电影《银翼杀手》（*Blade Runner*）中，机器人如此栩栩如生，以至于一个警察与其中一个机器人坠入了爱河，但是在约她出来时，他用付费电话而不是手机给她打电话。

搜索引擎和社交媒体的惊喜

我每天都使用搜索引擎，我无法想象没有搜索引擎的生活。我们究竟是如何找到我们需要的信息的？我用搜索引擎来寻找新闻、事实、人、产品、娱乐、列车时刻表、天气、想法和实用建议。它们无疑像蒸汽机一样改变了世界。在无法使用它们的情况下，比如在我家实体的书架上找到一本纸质图书，我发现自己极其渴望搜索引擎。它们可能不是最复杂的或最困难的软件工具，但它们肯定是最能赚钱的。搜索业务可能每年价值近万亿美元，并吞噬了许多媒体的收入，也促成了在线零售的增长。我斗胆地揣测，搜索引擎（以及社交媒体）是互联网为现实生活中的人们所提供的东西中重要的组成部分。

我也每天都使用社交媒体，与朋友和家人保持联系以及和他们谈论新闻、聊天。这几乎不是一件有利而无弊的事情，但没有了它，我们将很难记录生活的点滴。我们到底是如何偶遇的、如何保持联系的或如何知道发生了什么？在 21 世纪的第二个十年里，社交媒体突然演变成了互联网提供的最大应用以及第二大最有利可图的应用，并正在改变政治进程和社会的发展方向。

然而，这里有一个悖论。搜索引擎和社交媒体具有必然性。如果拉里·佩奇（Larry Page）从来没有见过谢尔盖·布林（Sergei Brin），如果马克·扎克伯格（Mark Zuckerberg）没有进入哈佛大学，那么我们仍然会拥有搜索引擎和社交媒体。在他们成立谷歌和脸书（Facebook）的时候，搜索引擎和社交媒体就已经存在了。然而，在搜索引擎或社交媒体产生之前，我不觉得有人会在任何细节方面预测到它们的存在，更别说预测它们会增长得如此之大了。有些事情回想起来是不可避免的，而在展望时是完全神秘的。这种创新的不对称性令人吃惊。

搜索引擎和社交媒体的发展遵循了创新的寻常路径，增量式的、渐进的、机缘巧合的且不可阻挡的，很少有灵光乍现的时刻或突然的突破。你可以选择直接地返回到在战后时期承包了国防合同的那一伙麻省理工学院的学者身上，如范内瓦尔·布什（Vannevar Bush）和 J. C. R. 利克莱德（J. C. R. Licklider），他们描述了即将来临的计算机网络，并暗示了索引和网络新形式的想法。布什在 1945 年这样说道，"人类经验的总和正以令人吃惊的速度急速扩张，而我们用来穿过接下来的重重迷雾以到达暂时的重要节点的方法，和我们用在横帆帆船上的方法如出一辙"。1964 年利克莱德写了一篇具有重要影响的论文,《未来的图书馆》(*Libraries of the Future*),该文设想了这样一种未来,即计算机利用一个周末就对一个详细的问题给出了答案,"这个周末,它检索了 10 000 多份文件,扫描了所有富含相关材料的部分,在高阶谓词演算中将这些富含相关材料的部分分析成语句,并在回答问题子系统的数据库中输入语句"。但坦率地说,这种事物发展的初期的记录只是告诉了你,它们对数百万计的信息来源的即时搜索的预见是多么贫瘠。计算机软件领域的一系列发展使得互联网成为可能,而这又使得搜索引擎的出现不可避免:时间共享、数据包交换、万维网等。然后在 1990 年,第一个可识别的搜索引擎出现了,虽然不可避免的是,在搜索引擎这个称谓上存在着一些竞争对手。它的名字是阿尔奇(Archie,互联网上一种用来查找其标题满足特定条件的所有文档的自动搜索服务工具),这是位于蒙特利尔的麦吉尔大学的学生艾伦·艾姆塔格(Alan Emtage)和他的两位同事的心血结晶。这件事发生于万维网在公开场合使用以及阿尔奇使用 FTP 协议之前。到 1993 年,阿尔奇进行了商业化,并且发展迅速。它的速度是可变的:"虽然它周六晚上在几秒钟内就会作出响应,但在工作日的下午,为回答简单的查询,它可能需要五分钟到几个小时的时间。"艾姆塔格从未对它申请专利,也从未赚一分钱。

到 1994 年,网络爬虫(Webcrawler)和莱科思(Lycos)正在调节它们新的文本抓取机器人的节奏,采集链接和关键词以编入索引并存储到数据库中。紧随其后的是阿尔塔维斯塔(Altavista)、ARCHITEXT 公司的 Excite 搜索和雅虎(Yahoo!)。搜索引擎进入泛滥的阶段,用户有许多不同的选择。然而,仍然没有人看到接下来会发生什么。那些最接近前沿的人仍然期望人们漫无目的地接入互联网,偶然发现一些事情,而不是头脑中有特定的目标。雅虎第一任主编斯里尼佳·斯里尼瓦桑（Srinija Srinivasan）表示："从浏览和发现到今天基于意图的搜索的转变是不可思议的。"

然后拉里遇见了谢尔盖。在进入到当时热衷于分拆科技公司的斯坦福大学研究生院之前，拉里·佩奇参加了一个新生训练营，拉里·佩奇发现指导自己的是一个名叫谢尔盖·布林的年轻学生。"我们都觉得对方令人讨厌。"布林后来说。二人都是第二代技术学者，佩奇的父母是密歇根州的学院派计算机科学家；布林的父母则分别是莫斯科的数学家和工程师，后来去了马里兰州。两个年轻人从小就沉浸于计算机会话而且都是计算机业余玩家。

佩奇开始研究网页之间的链接，以期按受欢迎程度对它们进行排名，据说他在夜里从梦中醒来后，想到了将指数级扩展的网页上的每一个链接进行编目。他创建了一个从链接到链接的网络爬虫程序，并很快有了一个数据库，这个数据库消耗了斯坦福互联网一半的带宽。但其目的是注释网络，而不是搜索它。"令人惊讶的是，我并没想过要建立一个搜索引擎。这个想法甚至没有出现在我的视线内。"佩奇说。这种不对称性又来了。

到现在为止，布林已经把他的数学专长和充满活力的个性用到了佩奇名为反向追踪（BackRub）的项目中，然后是页面排名（Page Rank），最后成了谷歌。谷歌这个词源于对一个很大的数字的拼写错误（俗语 googol 的谐音，意思是 10^{100}），它也可以作为动词使用。当他们开始用它进行搜索时，他们意识到了自己有了一个比市场上任何东西都智能得多的引擎，因为它使得那些全世界都认为足够重要到要去建立链接的网站的排名高于那些碰巧包含关键词的网站的排名。佩奇发现，在四大搜索引擎中，有三个甚至无法在网上搜索到它们自己。正如沃尔特·艾萨克森所说：

> 它们的方法实际上是机器和人类智慧的融合。当它们从自己的网站创建链接时，它们的算法依赖于人们所做出的数以十亿计的判断。这是一种利用人类智慧的自动化方法——换句话说，是人类与计算机共生的更高形式。

他们一点一点地调整程序，直到他们得到更好的结果。佩奇和布林都想开始一项真正的生意，而不仅仅是发明别人会从中获利的东西，但是斯坦福坚持要他们把研究结果发表出来，所以在1998年，他们完成了他们著名的论文《大规模超文本网络搜索引擎剖析》（The Anatomy of a Large-Scale Hypertextual Web Search Engine），文章开头写道："在本文中，我们提出谷歌……"在风险资本家的热切支持下，他们在车库里建立了公司，并开始发展业务。直到后来，他们才被风险投资家安迪·贝托尔斯海姆（Andy Bechtolsheim）说服，让广告成为收入的核心来源。

与搜索引擎一样，社交媒体也震惊了全世界。我想起来在20世纪90年代评述过两本书，它们悲观地预测说互联网会让人们反社会。我们将倒退回我们的卧室之中以及开始沉迷于玩游戏，从而开启了世纪末日性质的社会退化的螺旋。实际上，在10年的时间里，互联网被大规模地用于日益泛滥的社会交往活动之中。如今，老师和家长们担忧的是，无休无止的在线社交干扰会妨碍孩子们学习，更不必说网络霸凌和同侪压力的风险了。

2004年2月，作为哈佛大学一个社交站点的脸书正式推出。在头一年的11月，马克·扎克伯格的两个同学卡梅隆·文克莱沃斯（Cameron Winklevoss）和泰勒·文克莱沃斯（Tyler Winklevoss）雇用了他，为一个名叫哈佛连线（Harvard Connection）的社交网络站点编写程序，但是他当时开发出了自己的版本，称为"脸书"，并且得到了爱德华多·萨维林（Eduardo Saverin）的资金支持，随后在肖恩·帕克（Sean Parker）和彼得·蒂尔（Peter Thiel）的支持下把这种创意商业化了。在起诉扎克伯克的时候，文克莱沃斯是有一定的道理的，但是在数字创新的蛮荒时代，就是得票多者当选。

社交媒体还以另外一种方式让世界大吃一惊。远非开创了一个乌托邦式的民主启蒙时代（在其中世界是平的），每个人都在共享并且我们都能看到彼此的观点，它让我们深陷于回音壁和过滤器泡泡的迷宫之中，我们把时间用在了证实我们的偏见以及谴责其他人的观点上。它让我们变得两极分化、恼羞成怒、意志消沉、不能自拔、尖酸刻薄。

阿扎·拉斯金（Aza Raskin）是"无限滚动加载"的发明者之一，借此我们可以让我们的社交媒体信息永远地滚动下去，他如今后悔当时做这个事情了。他认为这是旨在"不是帮助你而是控制你"的技术的首要特征之一。他如今努力尝试着让这个技术行业重新导向更多裨益及更少沉迷的结果。毫无疑问的是，任何信息技术在不成熟的时候都会有强大且无益的影响，但同样毫无疑问的是，它通常会被驯服。印刷术、廉价的报纸和广播莫不如此。

在2011年一本叫《过滤器泡泡》（*The Filter Bubble*）的书中，伊莱·帕里泽（Eli Pariser）及时地定位了这种回音壁效果流行起来的两个关键时刻。一个是2009年12月4日，谷歌宣布基于用户的习惯和偏好对其搜索结果进行个性化。不同的人会（并且确实）在搜索同一个术语时得到了不同的结果。帕里泽引用了两个朋友的例子，她们都是位于东海岸的左派的女性，在墨西哥湾（Gulf of Mexico）石油泄漏这个新闻达到顶峰时，她们搜索了 BP 这个术语。一个人得到的是环保新闻，另一人则得到了投资建议。

第二个事件发生在四个月之后，脸书推出了"脸书无处不在"（Facebook Everywhere），这使得用户们可以"点赞"他们在网络上看到的任何东西，所以新闻、广告、信息等任何东西都是个性化的。个性化革命也是亚马逊（Amazon）崛起的关键。从一开始，当它还只是一个在线书店时，亚马逊就用一种叫协同过滤的技术对其搜索结果进行定制化，虽然起初显得有些笨拙。

收割个人数据和偏好以对此进行个性化在当时仍然似乎是无辜的，巴拉克·奥巴马（Barack Obama）因在 2012 年的选举中精准使用社交媒体而受到赞扬，但是在之后的几年里，网络氛围发生了变化。毫无疑问，过滤器泡泡和有线电视要对全球的政治极化负责，左派的人更左，右派的人更右——在有些地方出现了助长这种倾向的危险的、有政府背景的力量。在近期的一项研究中，一群社会科学家对每周至少登录推特（Twitter）三次的民主党人士和共和党人士进行了大样本调查，他们在一个月的时间里仿效成一个机器人，传递来自与两党对立的政治意识形态的信息。他们发现，共和党人在跟踪一个左派的推特机器人后甚至变得更保守了，而民主党人士在跟踪一个保守的推特机器人后变得稍微自由了一点。

帕里泽预测说，"任其自行其是，个性化过滤器会推出一种不可见的自动宣传，给我们强行灌输我们自己的想法，放大我们对熟悉的事物的欲望，并且让我们无视潜伏在未知的黑暗领域之中的危险。"创新常常会把世界带向一个令人惊讶的方向。

我们以前就出现过这种情况。印刷术的发明给西方社会带来了政治和社会动荡——出现了社会两极分化，让很多人死于非命，这主要是出现在战争期间，这些战争是就耶稣基督的身体是切实地还是象征意义地出现在圣餐（Eucharist）上以及教皇是否永无过失而战的。它还以前所未有的广度和深度开启了知识和理性的启蒙。印刷术、纸张和活字印刷术的结合——约翰·古腾堡（Johann Gutenberg）于1450年左右将它们结合在一起——是一项带来了巨大社会变革的信息创新，几乎没有人们预测到这种情况，当然并不是所有的都是好的。正如史蒂芬·约翰逊（Steven Johnson）所言，古登堡的报刊是"一种经典的组合创新，更多的是拼凑而非突破"，它的每一种元素已经由其他人发明出来了，包括操作葡萄酒压榨机的那些人。但就算你说古腾堡是发明家，马丁·路德（Martin Luther）是真正的创新者，他还是把印刷术的使用从仅仅限于教会精英的一种鲜为人知的业务转变成了面向普通人的大众化的市场行为。他用德语而非拉丁语生产简短且易读的小册子。到1519年，他已经出版了45部作品，将近300个版次，并且成为欧洲发表作品最多的作者。和亚马逊的杰夫·贝佐斯以及脸书的马克·扎克伯格一样，他大规模地发掘出一项新技术的潜能。

学习的机器

今天，人工智能是信息领域最流行的前沿。它也是计算机应用中最古老的思想之一，其历史极其漫长，且在兑现这一想法上不断地遭遇到失败。1956 年——也就是说，大约 60 多年前，在达特茅斯学院，约翰·麦卡锡（John McCarthy）和马文·明斯基（Marvin Minsky）组织了一次有关人工智能的会议，并首次向后来被证明是容易轻信的世界提出了"人工智能"这个概念。麦卡锡认为，"如果精心挑选的一组科学家一个夏天都在一起研究它"，那么他们可能在会思考的电脑方面取得重大进展，虽然 20 年后才出现了在计算机中模拟或复刻人类智能所需的突破。他的设想并未实现，出资者丧失了耐心，对更聪明的计算机这个领域的研究进入了"人工智能寒冬"。20 世纪 80 年代再次发生了类似的事情。沃尔特·艾萨克森冷淡地评论道："10 年又 10 年，新一波专家们声称人工智能出现在地平线上了，也许只有 20 年之遥了。然而，它仍然是一个海市蜃楼，总是大约有 20 年之遥。"

在某种程度上，问题在于当计算机学会了更聪明的技巧时，我们往往会立即将这种任务重新归类为非智能的，进而意识到了它在没有理解的情况下完成了这项任务。你期望智能手机在日常生活中提供的东西是人工智能的，但是我们不这么想，因为它提供的只是一种不假思索的算法。当 IBM 的计算机深蓝在 1997 年的国际象棋比赛中以微弱的优势战胜加里·卡斯帕罗夫时——这是计算机有了聪明才智的一个里程碑，这种成就被蔑视为蛮力的胜利。深蓝能在一秒钟内计算 3.3 亿个不同棋局的走势，但是它能思考、想象或感觉吗？

20 年后，也就是 2016 年，一个伦敦的创业公司 Deep Mind 让世界为之一惊，它的阿尔法狗（AlphaGo）程序在全亚洲直播的一次围棋锦标赛上击败了世界冠军李世石（Lee Sedol）。这个事件标志着人工智能故事的一个转折点，它带来了新一轮的兴奋，尤其是在中国。

对于改善深蓝的蛮力技术来说，围棋是一个太复杂的游戏了，阿尔法狗的关键要素在于它学习的能力。（开发人员）没有教授它围棋的规则，而是让它利用神经网络（这个程序的最新版本根本就没有参考人类的游戏）从比赛的例子中对这些规则进行直观的判断。因而对阿尔法狗进行编程的人们根本不知道为何它会选择它走的那些步骤。一个专家把阿尔法狗在第二局的第 37 步描述为"创造性的"和"罕见的"，因为它打破了所有的常规准则，并且似乎是愚蠢的。李世石花了很长的时间才做出回应，虽然他的那一步棋也同样绝顶聪明，在阿尔法狗于 151 步、157 步和 159 步走出了一系列同样绝妙的棋子之后，李世石最终输掉了比赛。因而，人工智能的焦点发生了转向，从聪明人努力把他们的知识传授给计算机的"专家系统"方法转向了程序自己找到解决问题方式的学习方法。现代计算机世界的三个特征使得这种转向成为可能——新的软件、新的硬件，以及新的数据。新的软件至少在一定程度上是杰弗里·辛顿（Geoffrey Hinton）的脑力劳动成果，他是一个有英国血统的多伦多科学家。翻开辛顿的家谱，我们会看到他们的家族满是数学家、昆虫学家和经济学家，在 20 世纪 90 年代早期形成神经网络的"反向传播"理念之前，他把自己训练成了一个心理学家。这在本质上是一种反馈方法，它使得这种网络可以通过"非监督式学习"来对世界进行内在表征。在过去 10 年里铺天盖地的数据呈现出了指数级的增长之前，这种程序的能力十分有限，但它如今非常善于从浩如烟海的数据中归纳出普遍性和见解，并不需要人们条分缕析地指导它如何实现这个目标。因而，举例来说，通过理解大量前列腺肿瘤扫描的案例，计算机现在能够学会如何识别和勾画要经过靶向放射治疗的肿瘤，如果由高薪的放射科医师依靠手工来完成这一任务，那他就需要用很长的时间。然而，新的硬件对于这种变化来说也是至关重要的，它有着一种令人惊讶的来源，也就是计算机游戏产业。计算机的核心特征是中央处理器——CPU。它包括一个或者几个"核"以及许多缓存，这些"核"负责执行运算任务。对于绝大多数任务来说，这还可以从容应对，但是游戏行业发现在制作具有现实性的三维图像时，它需要一个不同类型的芯片，一个可以同时处理数以百计的软件线程的有数百个"核"的芯片。这种"图形处理器"（GPU）不会取代 CPU，但是它会对 CPU 进行扩充，并且已经证明了这对于通过反向传播以让深度学习变得可能来说是非常有价值的。在 1999 年发布 GeForce 256 显卡时，显卡制造商英伟达杜撰了 GPU 这个术语，当时 GPU 仍然完全是针对游戏而设计的。该公司是由黄仁勋（Jensen Huang）和两个同事在 1993 年成立的，黄仁勋出生在中国台湾，孩提时代随家人移民到了美国的俄勒冈州。他们不是并行芯片的发明者，而是改善者。直到 2007 年第一个通用的 GPU 才上市。到 2018 年，英伟达推出了通过观察人类就可以学会做简单任务的机器人。

所以，近年来人工智能的突破是新工具以及新数据和新创意带来的结果。在机器学习能够在日常生活中得到普通人的信任之前，还有一些重要的暂时性问题需要解决。华盛顿大学西雅图分校的一组科学家对一种神经网络进行了训练，让它区分哈士奇和狼的图片，并且只给它提供了 20 张示例图。不过，他们刻意地只选择了雪白色背景的狼的图片以及满是草色背景的狗的照片。果然不出所料，结果表明这种算法把注意力更多地放在了背景而非动物上。当问人们是否信任这种神经网络能做出明智的决策时，如果跟他们解释了这种事实（更多地关注背景而非动物）之后，他们对此就不太可能给出肯定的回答。因而，这种可解释性（就一种算法的推理过程质询算法的机会）是让人工智能值得信赖的一个关键要素。在另一种情况下，亚马逊发现，旨在协助招聘的神经网络开始歧视女性。然而，人类大脑也是一个黑箱，它的推理过程有时候令人费解，所以我们可能会让机器有比人更高的标准。

就目前来说，最安全的选择是人工智能会增强而非取代人类，就像自动化已经做了几个世纪那样。即便在象棋比赛的例子中，如今最成功的团队仍是"半人马"，也就是说，把算法和人结合起来。对驾驶来说，无疑也是如此。我已经依靠我自己的汽车来提醒我，何时一辆汽车会从外侧车道超过我，或者在我倒车入库时是否有一辆汽车正在靠近。在未来，更多的这种"智能"把戏将由我自己支配，但在我看来，要出现我坐进汽车，告诉它我要去哪里，然后在车里呼呼大睡的那一天仍任重道远。

第 7 章

史 前 创 新

从火焰到飞行,没有一样伟大的
发明不被认为是对某些神明的侮辱。

J.B.S.霍尔丹

第一批农民

在过去的两个世纪之前,创新很罕见。一个人终其一生可能都没有体验过一项新技术,在你出生的时候,推车、耕犁、斧头、蜡烛、教义和玉米什么样,在你过世的时候它们还是什么样。创新不是没有出现,而是出现得太零星、太缓慢了。再往前回溯,变化的速度甚至更慢了。随着时间机器的指针退回到距今 1 万年前,你可能会来到一个变化缓慢到别说一辈子甚至十辈子都难以被察觉的世界。不过你也可能会降落到最重要的创新之一发生的期间,那就是对耕种的采纳和接受。

耕种改变了人类,让人类从人口稀疏的狩猎者和采集者变成了改变环境的、人口密度高的生态系统改变者。像尼罗河、印度河、幼发拉底河、恒河和长江这样的流域变成了某种程度上的人造生态系统,这个系统中有一些特种禾本植物让人类照料和种植,同时亚洲的大草原和丘陵则被人们保护和照料着的牛、羊和马所主宰着。游牧民族定居下来了,人口密度出现了跃升,只有新疾病或饥荒的爆发才能抑制住这种状况。很快,奇怪的新的文化创新——国王、神明和战争，开始左右事态的发展。耕种这项创新的影响与蒸汽机或者计算机的影响一样巨大。和工业革命一样，农业革命也都是有关能量的：用更集中的形式产生更多的能量，并且通过以牺牲其他物种为代价养育更多的人类来把能量引向熵的逆转。有关创新如何发挥作用的任何图书都必须面对这项古老的创新。

呜呼哀哉，我不能用传记作品来讲述这个传说，虽然一个合理的推测是，耕种"革命"有它自己史前的诺尔曼·布洛格㊀。但是从其他角度来说，农业的发明会产生一些熟悉的模式。首先，存在着同步发明的现象。就像白炽灯大约在19世纪70年代的同一时间在世界很多不同的地方独立地出现一样，农业也是如此。诚然，在这种情况下，"同一时间"的跨度可能是1000年或者2000年，但是关键在于，与我们人类这个物种用了500万年或者更长的时间狩猎和采集相比，几千年只不过是弹指一挥间。当时，人类至少在六个彼此完全独立的不同地方从事着耕种，它们是中东地区、中国、非洲、南美洲、北美洲和中美洲，以及新几内亚（New Guinea）。没有证据表明在这些人中有人从其他人那里得到了耕种的想法，而且在每种情况下作物和栽培的详情都各不相同。美索不达米亚平原（Mesopotamia）上种植小麦的农夫并未影响在中国种植谷子的人，更不要说在安第斯山脉种植土豆的人或者在新几内亚种植甘薯的人了。

这种巧合意味着要么人类的大脑是平行演化的，拥有了产生有关耕种的想法的能力，这似乎是不太可能的，要么就是当时的环境出现了一些让耕种更有可能的新变化。确实发生了一些特别的情况，那就是气候。在1.2万年以前，世界深陷于冰川期。这意味着天气更冷，欧洲和北美洲的

㊀ 一个和饥饿顽强搏斗的农学家，1970年诺贝尔和平奖获得者。——译者注

大部分以及更南部的多山区域被巨大的冰原所覆盖着。但这意味着世界更加干燥，因为更冷的海洋蒸发的水汽更少，所以降雨更稀少。

非洲饱受长期干旱的困扰，沙漠环境持续了数十年；维多利亚湖在1.6万年前完全干涸了，并且卡拉哈里（Kalahari）沙漠的面积变大了，而且更加干燥。亚马逊热带雨林缩成了点缀在草原上的一小片孤立的森林。地球上空笼罩着巨大的尘埃云，因而给南极洲的冰原留下了污渍。随着冰盖中锁住大量水汽，海平面要比如今低数百英尺。因为海洋变冷和分层明显，二氧化碳溶解到了水里，以至于在最后一次冰川期时它在大气中的浓度仅为百万分之一百九十，或者说不足 0.02%。这使得作物即便能生长的话，也非常难以快速生长，尤其是在干旱区，因为作物在打开气孔吸收二氧化碳的时候会失去水分。实验表明，即便水分和养分供给充分，在二氧化碳浓度为百万分之一百九十时，像小麦和水稻这样的作物的产量也只能到达如今的 1/3 左右。

来自南极洲冰芯之中的尘埃记录和非常低的二氧化碳水平之间的相关性很强，这意味着作物从很多多山的和干旱的区域撤退了，留下了布满尘埃的、不稳定的土壤，降雨也很稀少。根据南极洲的冰芯判断，大约 2 万年前，沙尘暴一定非常可怕，几乎世界各地都出现了数周内遮天蔽日的情形。当时，沉积在南极洲的尘埃数量大约是 1 万年后相对温暖的间冰期的 100 倍。这对于任何大陆上靠摄取植物为食的脑容量很大、肠道很小、能量消耗很大的类人猿来说都不是一个好过的时期。最好让分散的食草动物——马、野牛、羚羊和鹿，把它们能采集到的热量浓缩到一块块的肉里，然后类人猿以这些肉类为食。在某些地方，可能可以挖出一些块茎——这是人类的专长，或者收获一些坚果，但出于气候极端不稳定这个原因，把它们驯化并不是一件很容易的事情。

直到最近几年，当可以得到优质的冰芯时——尤其是来自南极洲和格陵兰岛的，我们才知道了这些情况。各种记录表明，最后一次冰川期时极地地区和热带地区的气温要比如今更加多变。全球气温从这一个十年到下一个十年的变化程度是如今的 4 倍。比如，地中海地区的花粉记录表明，与近一千年相比，冰河时期出现的波动非常大。这使得耕种根本不可能。干旱或长期的寒潮迫使农民们迁徙，把任何枯萎的农作物抛诸身后。激励的天平偏好于游牧式的狩猎 – 采集。

2001 年，研究文化演进的两个先锋人物——彼得·里克森（Pete Richerson）和罗伯·博伊德（Rob Boyd）发表了一篇开创性的论文，第一次指出农业"在更新世（Pleistocene）冰川期是不可能存在的，但是在全新世（Holocene），即当前的间冰期是必然"。几乎在气候刚刚变得更暖，变得更湿润，情况变得更稳定，以及二氧化碳浓度变得更高时，人类就开始转向了更富于素食的饮食，并且使得生态系统能更集约地生产人类食物。他们写道，"在全新世，几乎所有维持生计的集约化的轨迹都是渐进的，并且农业最终成为除了边缘环境之外的所有环境中的主导战略"。从那个角度说，种植是强制性的，无法避免的，那也是它出现在如此多的不同地方的原因。

考古记录显示，当一个定居点被另一个种植谷物的定居点取代时，耕种看起来很突然，但是更近距离地观察加利利海（Galilee）保存的考古遗址则揭示出了一种更为渐进的模式，这个遗址显示，狩猎 – 采集者数千年来以鱼类和瞪羚为生，同时在非常缓慢地增加他们对秋季从周围土地上剪下来的草籽的季节性依赖。一开始的干预看起来好像是园艺。人们有时候必须保存种子，并在春季将它播撒在潮湿的土地上，以促进它们更多地生长，同时为保护它们还要驱散鸟类、除掉杂草和赶走食草动物。也许他们是在河中的淤泥质岛屿上做这些事情的，那里比较富饶又没有杂草的草籽。从一种二粒小麦和单粒小麦——小麦的两种早期祖先偶然杂交的植物中采集一些特别重的种子的人可能不是有意为之。这种杂交的产物——普通小麦是一种六倍体的基因"怪物"，它有不能被风吹散的沉重的种子，以及不需要人为干预就能生存下来。渐渐地，这些种子通过自然选择做出了回应，在留作种子的颗粒中，那些更重的、自由脱落的颗粒以及更容易收割的作物会有更大的代表性。一种良性循环由此产生了。在某种程度上，植物采取了主动。

这与后来的创新的爆发还存在着另外一个相似性，它在很多的时间里发生在不同的地方。就像创新在和平与相对繁荣的时候（今天的加利福尼亚州，史蒂芬逊时代的纽卡斯尔，斐波那契时代的文艺复兴时期的意大利）盛行于富饶、发展良好且社会关系稳固的地方一样，耕种开始于幼发拉底河、长江和密西西比河那些温暖、水源充足的流域，或者新几内亚和安第斯山那些富饶且受到阳光炙烤的土壤之上。同计算机的发明一样，向耕种的转变并不是一种绝望的迹象。实话实说，对最穷的人来说，从事农业的生活通常被证明是做一种单调乏味的苦差事并造成营养不良，但这是因为最贫困的人在农业生活中并没有死亡，而在狩猎-采集社会中，那些位于社会边缘的或者因为受伤和疾病而导致身体状况很差的人都死了。耕种使人们可以活得足够长久，能够抚养后代，即便他们很穷。在这个方面，它与现代创新也有相似之处。计算机使得那些可能在维多利亚时代的重工业中苦苦挣扎的人们拥有了好的工作。

通过从事耕种，人类不仅改变了小麦这种作物和奶牛的基因，他们也改变了自己的基因。一项更大程度上的创新非常清晰地表明了基因和文化是如何共同演进的。那就是乳品业，它大约在 8000 年前被首次创造出来。如今人类已经驯化了奶牛并且从它们身上挤奶。他们遇到了一个问题，虽然牛奶对于婴儿来说是极好的食物，但是像成年的哺乳动物一样，成人不能消化乳糖，也就是牛奶中最重要的糖分。当人类不再需要乳糖基因的时候，它在断奶的时候就关闭了。对成人来说，牛奶仍然是一种美味的营养饮品，它富含蛋白质和脂肪，但是乳糖无法分解，所以人们发现生乳是一种会让人感到不适又会引发胀气的食品，就像今天很多来自非乳制品文化的后裔所表现的那样。最好是用它们来制作奶酪，乳糖首先就会被细菌所消化掉。

但是，有一天，一个变异的人来到了世间，它的乳糖基因在断奶时并未被关掉。他（她）从喝牛奶中获得了更多的好处，长得非常强壮和健康，养育的孩子也比其他人多。他（她）的基因开始主宰了整个人群。在世界几个不同的地方——欧亚大陆和非洲盛行起来的这些"乳糖耐受"的变异总是与乳品业的诞生具有密切的对应关系。但是，很显然的是乳品业导致了对遗传变化的选择，而非相反的情况。人类基因的创新是文化创新的一种必然结果。

狗的"发明"

早在耕种被发明之前，人类做出了一项改变他们命运的重要创新，那就是狗的"发明"。它是第一种被驯化的动物，也成了全球人类的一个生态伙伴。人类带着它们一起狩猎对双方来说都是有利可图的，它们后来被挑选出来去承担五花八门的特殊角色。是谁做出了这项创新，如何做出的以及在哪里做出的？狗的驯化发生在欧亚大陆。我们之所以知道这一点，是因为狗与欧亚大陆的狼有着密切的联系，并且在人类进入到美洲之前，狗就已经被驯化了。狗跟着一群先人——也许并不是第一批一起进入了澳大利亚，并且再次野化为澳洲野狗。

多亏有了遗传学，近来对狗被驯化的时间进行了更仔细的分析，它比任何人所料想的日期都要久远。纽约石溪大学的遗传学家克里希纳·维拉马赫（Krishna Veeramah）对三具距今 4700 年到 7000 年前的古代犬遗骸的 DNA 进行了分析，并且将分析结果与 5649 只现代狗和狼的 DNA 序列进行了对比。他的团队在 2017 年发表的结果表明，狗的演化大约在 4 万年前就与狼分道扬镳了，随后于大约 2 万年前在狗的家族树上分裂成了两个（东方和西方）分支。在此日期之后，中国的家狗在基因上与欧洲狗的品种就截然不同了。这表明狗的驯化只发生过一次，并且这发生在距今 2 万年到 4 万年前。同时还表明这可能发生在西欧，或者东南亚，又或者是这两个区域之间的某个地方。

一只在 3.5 万年前死于西伯利亚北部的狼身上的 DNA 已经暗示着，当时狼和狗就已经分道扬镳了。因而早在最后一次冰川期之前很久的时候，居住在欧亚大陆的人们不知为什么和野狼成了朋友，并且把它们变成了有用的工具。

又或者说正好相反呢？人类反过来对狗也一样有用，在我为了能够赚到稿费来给我的狗买食物以及买它可以睡觉的床而奋笔疾书时，我有时候也会像狗一样打瞌睡。非常有可能的是，狗的驯化开始于狼试探性地徘徊在人类的居所附近，试图以人类吃剩下的动物尸体为食之时。胆子较大的一批会冒着被人类抓到的风险，但是能得到更多的食物；渐渐地，当着人类的面展现出大胆的行为在一群狼中变得更为普遍，直到人类看到了让半驯服的狼在附近徘徊可以带来一些好处，也许是因为它们可以就某种袭击给人类提供早期的预警系统，又或者是因为它们可以帮助人类追赶受伤的猎物。

自20世纪60年代以来在西伯利亚进行的有趣而长期的实验表明了这一过程，并且在狗与人二者间的驯服演化上揭示出了一些让人吃惊的结论。这个实验与狐狸有关，但是它的观点更有普遍意义。1937年，著名遗传学家尼古拉·别利亚耶夫（Nikolai Belyaev）因为对西方的遗传科学展现出了"不健康"的兴趣而被捕，并且未经审判就被处决了。他的弟弟德米特里（Dmitri）时年刚好20岁，虽然他谨小慎微地对大行其道的李森科（Lysenko）的环境决定论教条唱着高调，但是他依然成了一名遗传学家。他在一个研究毛皮动物的实验室工作，1958年，他搬到了新西伯利亚（Novosibirsk），加入了苏联科学院（现俄罗斯科学院）西伯利亚分院细胞与遗传研究所。在那里他决定研究银狐。

银狐是红狐的一个亚种，它起源于加拿大，但是为了获取它的毛皮，它们被养殖在西伯利亚。但是养殖也许是一个错误的说法，因为这些动物是关在笼子里的野生动物。它们没有对人类的监禁和驯养展现出任何适应的迹象。根据当时由尼基塔·赫鲁晓夫（Nikita Khrushchev）大力倡导的李森科教条，监禁本身就应该使被监禁者驯服，但显然这并未发生。相反，德米特里·别利亚耶夫决定尝试选择性育种。他通过非常简单的技巧做到了这一点，他对每一代银狐中一点也不害怕的那些进行选育，也就是那些在人靠近它们的笼子时几乎不发出咆哮的银狐。然后他对银狐的幼崽也做了同样的事情，选择最友好的、胆子最小的和最没有侵略性的幼崽。

在每年哺育的一千只幼崽中，有200只被选择出来繁衍下一代。这项工作持续了半个世纪。

研究人员几乎立刻就发现了不同。在繁育到第四代时，有些幼崽会自发地靠近人，摇着它们的尾巴——这是野狐不会做的事情。在几代之内，德米特里·别利亚耶夫就繁育出了温顺的狐狸，它们会满腔热情地冲过来舔舐它们的人类朋友。不过，更让人感到惊讶的是，狐狸的外貌也发生了变化。它们长出了卷曲的尾巴、松软下垂的耳朵、稍微更为雌性化的头部以及前额上出现了白色斑纹，这些都是在家养的牛、马和其他宠物身上常见的特征。它们产下的小狐狸也更大，并且开始在年龄更小时以及非产仔旺季就开始产仔。德米特里·别利亚耶夫在水貂和老鼠身上重复了这个实验，也得到了类似的结果。

结果表明，在对顺从性进行选择时，德米特里·别利亚耶夫也选择了随着其他性状而出现的遗传变异，也就是驯化综合征。尤其是，他稀里糊涂地推动了这种动物处于发育过程的"神经嵴"细胞的迁移的延迟。这些细胞遍布于胚胎之中，并且促进某些器官中特定组织的发育，比如皮肤和大脑。产生黑色素的绝大多数细胞都来自神经嵴，正是这种细胞在头部的缺乏使得家养动物在脸上出现了白斑。在德米特里·别利亚耶夫哺育的狐狸中，让皮毛变黑的成黑素细胞的迁移活动被延迟了，结果就是皮毛中出现了白斑。迁移被延迟的神经嵴细胞也是导致松软下垂的耳朵和更小的颌骨的原因。

哈佛大学的人类学家理查德·兰厄姆（Richard Wrangham）提出的假说认为，神经嵴细胞对于调节压力、恐惧和攻击性的那部分大脑也是至关重要的。结果就是让个体动物不太可能沉浸于应激性攻击。兰厄姆指出，这是人类及其宠物的一种特质。与其他动物不同，比如黑猩猩，我们可以重新调整人满为患的公交车上的乘客的位置而不会造成自相踩踏，黑猩猩会发现这是不可能做到的事情。我们不是更加擅长，也至少是同样擅长于有计划的侵略行为，而非应激性攻击行为。狗也一样。狼或者黑猩猩是危险的宠物，因为虽然它们可能在多年来都一直比较友好，但如果用错误的方式与它们接触，那么它们会突然地用致命的暴力做出回应。兰厄姆陈述了某个人的经历，他试图像对待狗那样去拍打一只被囚禁的狼，结果几乎丢掉了一只手臂。

　　人类很少会这样。从一出生开始，我们就对其他人令人惊讶地宽容。好像我们也是被驯化的物种一样，是被一群德米特里·别利亚耶夫博士们彼此选择的对陌生人不太具有应激性攻击的特性、能更好地在城市中或人口密集的狩猎 – 采集者定居点幸存下来的物种。在人类史前史的某个时期，我们必须清除那些具有快速迁移的神经嵴细胞和一触即发的反应的人。为实现这一目的，我们所采取的方式或者是通过一代又一代地处决他们，或者排挤他们，或者是派他们去参战，又或者是这三者的结合，在最近的历史中，我们的这些行为还一直持续存在着，并且甚至是今天，刑罚制度依然在如此行事。

　　与我们的猿人祖先相比，我们让自己染上了严重的驯化综合征，更多的女性特征，更小的颌骨，因而产生了更拥挤的牙齿，性别方面的差异较少，更多的是持续的性活动上的差异，有时候甚至是前额上一片白发。同时还有较小的大脑，古代人类骨骼表明人类大脑在过去的 2 万年里缩小了大约 20%，这一事实经常会让生物学家感到费解。包括狗在内的其他物种在驯化期间也会出现大脑萎缩的情况。兰厄姆写道，"现代人与我们更远古的祖先的差异有一个明确的模式。他们之间的差异看起来就好像与狗和狼之间的差异一样"。现在甚至有证据表明，为了实现这一结果哪种基因被改变了。比如，在猫、马和人身上出现的BRAF基因显示出了强烈的近期进化选择，并且这与神经嵴细胞的迁移有关。

也许把驯化遗传学称为一种创新有些夸张，然而狗本身显然是一种伟大的发明。但是它真的与工业革命迥然有别吗？狗的驯化没有非常刻意，并且它的影响在当时也没有被注意到。创新要比我们倾向于认为的那样更缺乏方向性和计划性。绝大多数创新是由对设计过程中的变异的非随机性的保留所组成的。

一大飞跃（石器时代）

如果说，从创新的发展这个角度来看的话，农业和狗的发明似乎有些让人难以置信地古老且缓慢，那么在石器时代的后半程——至少是10万年前，复杂工具被发明（被称为人类革命）的时代距离我们就更加遥远了。不过，那也是创新爆发的时代，而且驱动这种创新的力量与今天给我们提供集装箱和移动电话的力量是一样的。

在人类革命之前，猿人确实也有工具。200万年前，我们的人类远祖有与他们大大的脑袋相伴而生的技术。他们敲击燧石，把它们变成锋利的"斧子"，并用它们来切割肉类或加工原料。但在非常漫长的时期内，他们并没有创新，至少不是我们所认知的层面上的创新。人工制品在上万年的时间里都"亘古不变"，保持原样，制作它们的方式也是如此。而且在相距数千英里的不同大洲之间，它们看起来也都是一样的，也许甚至在不同种类的猿人中也是如此,很难把直立猿人(Homo erectus)的工具与其他猿人的工具区分开。这依然是一种令人困惑的现象,科学家们也难以做出解释。技术的存在没有显示出一丝的文化多样性,更不要说创新的模式了。

也许与鸟类的巢穴进行比较是有所帮助的。这些巢穴都类似人工制品,甚至可以说有一定技术含量,都是由长着大脑的能够学习的脊椎动物所建造的。然而,每一个物种的巢穴结构和用来建造巢穴的材料都带有自己的特色,并且在数千英里之外的地方都是大同小异的,或在数十年间都没有发生什么变化。燕子衔泥筑巢,鹪鹩把苔藓做成球形,鸽子用枝条搭建平台。巢穴的建设是一项天生的本能,这就是为何它们之间的差异如此之小的原因。也许制作工具就是直立猿人一项天生的本能。

以色列特拉维夫大学的梅尔·芬克尔(Meir Finkel)和兰·巴卡尔(Ran Barkal)认为,这种保守性可能仅限于石制工具,而非其他人科动物的技术和习惯。尤其是与其他工具相较而言,阿舍利手斧在文化整合中变得更加固定。直立猿人正是利用这种泪滴形的锋利石制工具分割了大型哺乳动物的尸体。有时候我们会发现这些石制工具被丢弃在马骨或者犀牛骨的旁边。他们写道,"我们的看法是,手斧在阿舍利人的适应性中发挥着关键作用,它可能是通过对大多数模仿的心理偏好而在人类社会之中固定下来,这随后又成为一种社会规范或传统"。

但渐渐地,创新开始蠢蠢欲动。在 16 万年前的非洲,新的工具包开始出现了。复杂的蒸煮法浮现出来,比如利用对食物进行热处理的石制工具。很明显,在 4.5 万年前的中东地区,新工具呈爆发式出现,并且这种加速趋势本身在接下来的 1000 年里也开始加速,从而导致了飞镖、弓箭的出现。正如同工业革命那样,人类革命也被证明是一种幻象。欧洲在大约 4.5 万年前经历了一股新石器的技术浪潮，但我们如今知道那仅仅是因为它正在经历"追赶式发展"，就像韩国在"二战"后快速的工业化一样。就欧洲来说，它正在追赶非洲，在非洲新技术的出现更加缓慢，但是更早。这一点是由两个人类学家莎莉·麦克布雷蒂（Sally McBrearty）和艾利森·布鲁克斯（Alison Brooks）在 2000 年首次提出的，他们对人类在欧洲的进化意味着人类大脑工作机制的改变这一理论提出了严厉的批评。"对这种事件的看法源于一种深刻的欧洲中心偏见，以及未能了解非洲考古记录的深度和广度。"人类进化的很多因素早在几万年前的非洲就已经出现了，包括较小的石制工具和石刃，骨器和长距离运输（物品）的工具，这也许是通过贸易的方式来实现的。

没错，但是为什么会是非洲，为什么会在那个时候出现？对这种缓慢的石器时代创新起源的搜寻把我们带回了非洲南部，尤其是一组洞穴之中。

尖峰地区（Pinnacle Point）是南非东南海岸的一个地方，冰河时期最糟糕的沙漠环境对这里没有任何影响，即便在卡拉哈里沙漠的范围不断扩大并且变得极度干旱时，这个海滨地区仍然相当茂盛。当时，随着海平面变得更低，这些洞穴高出海面很多，但是非常靠近海岸，足以被遗留下海产食物和工具遗物的早期人类作为庇护所之用。因此，人类学家柯蒂斯·马雷恩（Curtis Marean）在多年以前就特别留意这些洞穴。他发现了可以追溯到至少 16 万年前的人类在此居住过的证据，这在时间上甚至超越了当前这次间冰期之前的末次间冰期。并且他发现了比预期还要早数万年的复杂人类行为的证据，各种各样的专用石制工具，使用着色材料，用火来让工具变得坚硬，这类东西只是到了很久之后才出现在其他地方。

他还发现了人类以海产品为食的大量证据。

一个例子就是对"细小石器"的使用。这些"工具"是从大块岩石上裁下来的小片石头，然后用火对它们进行塑型并让它变得坚硬，以把它们变成有尖头的致命的投射武器。马雷恩在尖峰地区7.1万年前的洞穴沉积物中发现了它们。他不能排除它们被用来制作箭头或者投矛器的可能性，前者意味着弓的发明要比此前所认为的早数千年，而后者也被认为是一种后来才出现的发明。马雷恩总结说："南非的早期现代人有了高仿真地设计并传播这些复杂技术的认知能力。"细小石器使人们可以猎取更远处的动物，受伤风险也更小，并且在敌人到达徒手投掷矛状物能够触及的射程之前就把它们消灭掉。当这项技术到达欧洲时，被消灭的物种可能也包括了尼安德特人。但是为何这些南方的非洲人如此具有创新性？

马雷恩认为尖峰地区的情况是这样的。在非洲的其他地方，食物的获取时时、处处都是无法预知的或者分布得过于零散。长出水果或坚果的树木，或者雨后迁徙过境的畜群可以被视作突然而来的丰厚的食物，但是这并不长久。相反，出现在附近的东西，比如块茎类和小羚羊，它们的分布总是非常稀疏。因而，狩猎-采集者的生活一定是移动式的、游牧式的以及形单影只的，群体会很小，群体之间的距离也会很大。在这种情况下，协同合作的大脑很小——留给专业化或劳动分工的余地非常小。狩猎-采集者在这种栖息地中保留着非常简单的工具、文化和习性。

然而，在非洲大陆的少数几个地方，资源比较丰富，具有可预测性以及持续性。如果你知道怎么抓鱼、捕杀鳄鱼以及河马或者击落鸟类的话，那么有些湖泊可能是符合这种情况的。海边也不错，但并非哪里都可以。热带的沙滩和布满岩石的海岸相对来说产量就比较低下。例如有小潮汐和弱流的地中海沿海地区。但是非洲南部的海岸所能提供的食物丰富性可能非常可靠，那里凉爽、营养丰富的海水带来了大量的鱼类、海豹和贝类。马雷恩认为，通过让人类社会变得人口稠密、定栖和具有领地性，这使得人类社会进入了创新之中。进入沿海的觅食"生态定位"使得人类以较大的规模聚居下来，以捍卫他们位于海岸上的特定区域。居住在具有丰富的食物、昂贵的物质文明以及后代聚集的"村落"使得人类成为对手突袭的目标，从而刺激了投矛器和弓箭的发明。在蚁群中，随着劳动的分工而出现的高度社会化的行为也与固定巢穴的发明相一致。实际上，脱离开时代而言，第一个弓箭制作者可能有时间去开展实验，因为他的朋友抓到了足够的鱼类，以"支付"他从事研究，并把这作为"国防预算"的一部分。

我们在这里再一次看到了创新与富饶之间的关联。就像今天创新在富有的硅谷蓬勃发展，在文艺复兴时期在富裕的意大利城邦、在古代在希腊或中国的城邦繁荣兴盛，又像耕种在众多肥沃的河谷被发明一样，石器时代的创新与丰富的海产品是一起出现的。

伦敦大学学院的马克·托马斯（Mark Thomas）及其同事在2009年写了一篇论文，认为旧石器时代晚期的创新都与人口结构有关。高密度的人口必然会刺激人类技术的变化，因为它们创造了人类可以专门从事（某些工作）的条件。关于这种观点的最明显的证据来自塔斯马尼亚（Tasmania），而且它所牵涉的是"去创新化"而非创新。当海平面在冰河时代末期上升，从而切断了该岛与澳大利亚大陆的连接后，塔斯马尼亚人在1万年前被孤立了。在西方的探索者到达之前，他们事实上与外界是完全隔绝的。在被孤立的这数千年里，这个岛上的人口规模很小，大约只有4000人，他们不仅没有显示出任何技术创新的迹象，而且实际上已经放弃了一开始出现在那里的某些技术。到最后，塔斯马尼亚人没有任何骨质工具，没有防寒服，没有带柄的工具，没有渔网，也没有带刺的长矛、鱼叉、投矛器或飞镖。在2004年发表的一篇关键文献中，通过参考隔离中"有效种群大小"的突然减少，人类学家乔·亨里奇（Joe Henrich）对此做出了解释。塔斯马尼亚人从庞大人口的一小部分变成了一小群人口的全部。那意味着他们不再吸收借鉴很多人的想法和发现了。鉴于对技能进行学习的需要，技术萎缩到了一小群人口内有限的专业化就可以支持的程度。

此处令人震惊的想法（就像我在《理性乐观派》（*The Rational Optimist*）中认为的那样）是，人类在15万年前的某段时间变得依赖于集体的、社会性的大脑，而这是通过专业化和交流促成的。如果你切断了人们之间的交流，你就降低了他们创新的可能性。这种观念得到了其他证据的支持。太平洋岛民如果居住在更大的岛屿上，并且至关重要的是，如果这些岛屿和其他岛屿有良好的贸易往来，那么他们就会有更复杂的捕鱼技术。与尼安德特人截然相反的是，抵达欧洲的现代人类（狩猎－采集者）能够通过贸易从很远的地方获得某些物品，而前者只会利用当地的材料，显然不会与陌生人进行交易。如果他们能从很远的地方获得物品，那他们一定也会从很远的地方得到想法。直到今天，小规模的、被隔离的人口依旧显示出了简化的技术和创新速度上的缓慢性，安达曼群岛（Andaman Islands）就是狩猎－采集者的一个例子，而朝鲜则是现代工业的一个例子。

更近的历史给我们上了同样的一课。创新在与其他能自由地开展贸易的城市里会繁荣兴旺，在印度、中国、希腊、阿拉伯半岛、意大利、荷兰、英国等地均是如此，在这些地方，想法会彼此碰撞、交流，并产生新的想法。创新是发生在大脑之间而非大脑之内的一种集体现象。这为现代世界提供了一种经验。

火让盛宴得以成为可能

像蒸汽和社交媒体这样的创新改变了文化。火则是更进一步的一种创新，并且它改变了人类的构造。尚未有人清楚地知道火是在何时或在何处被发明的。根据考古学证据所提供的线索，火的使用可能是在50万年前或200万年前，并且可能发生过一次或多次。但是解剖学证据则更加有力地表明，人类不能完全依靠生的食物生存，他们的身体适应了熟食，并且可能在近200万年以来一直如此。那表明了人类已经能控制火了。

有些人如今尝试靠生食生存，不论他们用多少坚果和水果填满自己的肚子，其结果都是会出现体重减轻，并且遭受不孕不育和长期慢性能量缺乏症的困扰。针对德国500多名生食追随者（他们中绝大多数都吃生的食物）的一项研究表明，"严格的生食饮食不能保证充足的能量供应。"在那些食用驯化的且容易消化吸收的水果和蔬菜而非野生食物的人当中都会出现这种情况，更不要说艰难地跋涉于森林之中精神饱满地寻找食物了，与他们相对应的能依靠这种饮食茁壮成长的黑猩猩则可以这样做。绝大多数生食主义者必须要在自己的饮食中加入一些熟食。人类肠道只是无法适应从生的蔬菜、生肉、生的坚果或水果中摄取足够的能量。只要你细心想一下，你会发现这很奇怪，因为任何其他物种都不是这样的，包括家养的物种，比如狗。

从因纽特人（Inuit）到森提奈人（Sentinelese）再到火地人（Fuegians），每一个人类社会都会接触到蒸煮食物，不论他们的生态系统以及他们对特定物种的依赖有多么简单。每一个狩猎－采集者社会都围绕在蒸煮用火的周围。他们可能在白天吃生的食物，但是会回到篝火旁蒸煮晚餐。理查德·兰厄姆讲述了道格尔·罗伯逊（Dougal Robertson）一家的情况，他们的救生筏在海上漂了 31 天，他们靠海龟和鱼类充饥，并最终活了下来。他们是活了下来，但体重却减轻了很多，并且沉迷于对蒸煮食物的幻想之中。和其他类人猿相比，人们也更容易受到腐肉引发的胃肠不适的影响，以及野生植物中苦涩且有毒的化合物的影响。我们真的适应了蒸煮食物。

蒸煮让食物变得容易消化。蒸煮会把淀粉变成胶状，这几乎让它提供的可消化的能量翻了一番。它让蛋白质变性，从而使得从一个鸡蛋或一块牛排中获得的可用能量增加了 40% 左右。这就好像是在体外有一个额外的胃。因而蒸煮解释了为何我们的牙齿很小，胃很小以及相较于我们的体重来说，肠道只有其他类人猿的一半多一点。小的肠道减少了我们机体的运转成本——让我们的消化道维持生命所需的能耗要比其他类人猿少 10%。所以蒸煮所用的火不仅给我们提供了能量，还帮我们节省了能量。莱斯利·艾洛（Leslie Aiello）认为，这在人类大脑的扩张方面是至关重要的一步。除脖子上方那个耗能高的器官的尺寸之外，早期的人种不能牺牲肝脏或肌肉，但是他们可以节省、也确实节省了胃和肠道。因而蒸煮为更大的大脑提供了可能性。

向更大的大脑和更小的肠道的转变似乎发生在稍晚于距今 200 万年前的某一时刻，当时在非洲和世界其他地方的能人（Homo habilis）被直立猿人所取代，虽然对长时间范围内渐进的和零碎的变化以及稀疏的化石记录来说，给这两个人种贴上精确的标签可能是具有误导性的。直到最近，向吃肉的转变才对这种变化做出了解释。但是理查德·兰厄姆在他的著作《生火》(*Catching Fire*)中认为，这讲不通，因为与其他动物相比，比如狗，人类的肠道难以应付消化生肉，并且严重地依赖于脂肪（在寒冷的天气中）或者碳水化合物（在温暖的天气中）来平衡我们所食用的肉类。因而，他认为，正是蒸煮解释了这种变化，直立猿人有更小的牙齿，更狭窄的骨盆和不那么呈喇叭形的胸腔，所有这些都意味着更小的肠道。同时还要加上大脑容量的大大增加。

并不是所有的人都相信这个说法。尤其是有证据表明大脑尺寸的变化并不突然，它是随着时间的推移而出现的渐进式增加。这有点像 20 世纪的摩尔定律，当时出现了技术上的变化，但是对于给定的价格来说，算力的增加仍然是渐进的，所以古人类的化石记录显示，大脑的尺寸看起来有一种渐进的、稳步增加的趋势，尽管是在一系列不连续的人种之中。

直立猿人怎么会发明蒸煮呢？当然，火并不是未知的。实际上，在特定的季节，看到雷电引发草原大火一定是屡见不鲜的。黑猩猩对这种自然现象泰然处之。是否直立猿人也许养成了一种习惯，徘徊在这种大火周围，捕捉从大火中匆忙逃离的小型动物，或者寻找被围困的大火烧焦的生物的尸体——蜥蜴、老鼠、鸟蛋、坚果，进而发现它们的味道还不错，并且将其作为一道令人满意的餐食？其他掠食者就会从事这种在火中觅食的行为，特别是老鹰。把余烬带到一个新的地点而有意地让大火在草原上蔓延也许成了一种习惯，其目的是促进新草的生长以吸引成群的猎物。又或者也许他们会借助燃烧的木棍在夜晚取暖，并且直到那时才开始蒸煮东西。火作为一种额外的选择并被偶尔采用，或者在一群人中使用而其他人不用的情况，一定持续了一段非常长的时期。这个群体中有一个研发小分队测试不同的蒸煮方法是不大可能的，但是有可能的是，对火的控制性使用在整个栖息地达到了司空见惯的程度。

直立猿人发现了至今对哺乳动物来说仍然难以利用的一种能源形式，它被束缚在木材之中，并且通过燃烧得以释放出来。人类因而窃取了迄今仍是白蚁、真菌和细菌的领地的能源来源。这实际上是一种能源转换，其影响相当于几千年之后对化石能源的采用。

终极创新：生命本身

地球上生命的开端是第一个创新：第一次把原子和字节重新排列成了为某种目的而驾驭能量的难以置信的形式，这也是对一辆汽车或一次会议的很好的描述。这件事发生在 40 亿年前，当时地球上并没有活的生物，更不要说智能生物了，我们对它发生在何处以及是如何发生的并不太了解，但这并不妨碍我们把这种状况看作是一种创新。我们确实知道的是，这都是关于能量和不太可能发生的事情的，二者对于今天的创新来说都是至关重要的。没有人策划了生命的起源这一事实也是一个重要的经验。

所有活的生物都有一种别具一格的方式，来捕捉能量以让它变得有用。它们的细胞泵送质子穿过脂质膜，以产生能量变化，这会成为蛋白质的合成所需的燃料，而蛋白质在合成的过程中会做功。就像蒸汽机和计算机所做的工作一样，它们用能量来做功。在生命的每一秒，人体会泵送数十万亿亿个质子穿过存在于身体细胞内部的几千万亿个线粒体中的膜。死亡的界定就是这些质子梯度的失效。氰化物是一种毒药，因为它会抑制质子泵。无论从哪一点来看，刚刚过世的人的尸体与活人是一样的，只是看不见的地方，让质子正确地保留在膜的一侧的能力突然终止了。

伦敦大学学院的尼克·莱恩（Nick Lane）是第一个意识到这有多么不寻常的人。制造并储存能量以抵抗局部的熵似乎是一种专制的方式。他猜测，这可能为生命首先出现在何处以及如何出现提供了一条线索，这是一种化石签名。2000年，在大西洋中部的海床上发现了一种新型的碱性的温水口，这完全不同于其他地方发现的酸性的黑烟囱。人们根据它巨大的碳酸盐柱状烟囱而将它命名为"迷失之城"（Lost City），并且发现它含有某种结构。在这种结构中，质子可以从由镍、铁和硫而组成的薄且半导电的墙穿过并进入到极小的孔隙之中。这个偶然的能量梯度允许或者说引发了有机分子的合成，它们会累积起来并且产生互动。莱恩认为生命于40亿年前开始于这样的孔隙之中。天然的质子梯度偶然驱动了分子复杂性的生成。那种能量的起源存在于岩石和液体中化学物质之间的反应里。

生命的起源只发生过一次——或者说如果这发生过多次，那么与当前的生命存在竞争的形式肯定已经灭绝了，这一事实得到了同样偶然、随意形成的遗传密码的证实，而这种密码在所有的生命形式中都能够发现。因而，在生命诞生之前，存在着由偶然发生的重组所引发的创新，结果就是通过对能量的驾驭而使得熵降低了。这也粗略地描述了文明和技术，有一个明显的感觉就是，人类的创新只是开始于40亿年前的一种进程的延续。这里不涉及精神上的不连续性，物质变得越来越复杂，起初全部位于有机体之内，而后愈发地位于有机体之外了。有些人，比如詹姆斯·洛夫洛克（James Lovelock）在他近期的著作《新星世》（*Novacene*）中认为，因为机器人的接管以及我们会把自己的思维上传到他们的电脑之中，这个轨迹已濒临完全摒弃有机组成部分的延续的边缘了。

第 8 章

创新的本质

自由是科学和美德之母；一个国家的伟大与自由成正比。

托马斯·杰斐逊（Thomas Jefferson）

创新是渐进式的

在我前述的故事中,不同领域的创新史揭示出的模式惊人一致,即无论它发生在昨天还是两个世纪前,无论它是高科技还是低科技,无论它是一个大设备还是一个小设备,无论它是真实的还是虚拟的,无论它的影响是破坏性的还是有益的,成功的创新通常遵循大致相同的路径。

首先,创新几乎总是渐进的,而不是突然发生的。所谓的"尤里卡时刻"是罕见的,甚至可能是不存在的。要么是事后诸葛亮,要么是经历漫长且迂回曲折的征途之后的欢庆一刻。几乎可以肯定的是,阿基米德并没有喊着"尤里卡"从浴缸里跳出来。这个故事可能是他后来为娱乐人们而编造的。

你可以用很多方式来讲述电脑的故事。从提花织机开始,或者从真空管开始;从理论讲起,或从实践讲起。但你观察得越深,你就越不太可能看到一个突变的时刻,反而只有一系列的小步前进。你不可能说,具体哪一天是在它之前计算机不存在过后却存在的日子。正如,你不可以说,某个类人猿是猿但她的女儿是一个人一样。

这就是我们为什么可以将无意识的"自然"创新的故事也作为现代技术创新的一部分，诸如火、石器和生命本身的起源。它们在本质上是相同的现象：进化。以汽车为例，其早期版本就像前期技术的老版本，如马车、蒸汽机和自行车。这提醒我们，人造技术几乎无一例外地是从更早的人造技术进化而来的，而非从零开始发明。这是进化系统的一个关键特征：移动到"临近可能"的步骤。

也许我在夸大其词。毕竟存在1903年12月17日莱特兄弟的飞机在空中飞行的那一刻。当然，这是一个突破性时刻。对吗？不，当然不对。如果你了解这个故事，就会明白没有什么比它更渐进的了。那天的飞行只持续了几秒钟，仅是一跳而已。如果那天没有强劲的逆风，就不可能发生，并且在此之前是一次失败的尝试。这源于几年的艰苦努力、实验和学习，逐步将动力飞行所需的所有能力汇集在一起。

澳大利亚早期的航空实验家劳伦斯·哈格里夫斯（Lawrence Hargreaves）在1893年写道，他的爱好者同行们必须根除这样一种观点，即"把他们的劳动成果留给自己，他们将得到一笔财富"。莱特兄弟的天才恰恰是他们意识到自己处于一个渐进的、迭代的过程中，没有指望首次尝试就建造一架飞行器。在基蒂霍克高光时刻到来之前，是好几年的艰苦努力以及不断摸索和反思，直到莱特兄弟搞清楚如何让一架飞机在空中飞行几个小时，如何在没有逆风的情况下起飞，以及如何转弯和降落。越是深入审视飞机的发展历史，越会发现这一过程是渐进的。事实上，起飞这一刻本身也是随着机轮重量的逐渐下降而渐进实现的。

到目前为止，你从本书中看到的每一项发明和创新都是如此，还有很多我没有提到的案例。双螺旋结构也是如此。1953年2月28日，詹姆斯·沃森（Jim Watson）突然发现两对碱基具有相同的形状，弗朗西斯·克里克（Francis Crick）意识到这解释了DNA的两条子链方向相反。他们都看到了线性数字代码必须位于生命的核心。这一发现看起来似乎是一个清晰的"尤里卡时刻"。但是，正如加雷思·威廉姆斯（Gareth Williams）在他的著作《解开双螺旋》（*The Unravelling of the Double Helix*）中对此前工作解释的那样，"这只是一个漫长的、牢骚满腹的发明故事中的一段插曲"。

另一项例证是口服补液疗法，这是一项在近几十年里拯救了很多生命的医学创新。在20世纪70年代的某个时候，孟加拉国的一些医生开始使用糖和盐的溶液来阻止儿童死于腹泻引起的脱水。从表面上看，这似乎是一个突然的创新。但是，你越仔细地研究历史，你就会发现更早的类似实验与想法出现在20世纪60年代的菲律宾，而菲律宾的这种尝试是基于50年代的大鼠实验，以及对40年代的静脉补液疗法的逐渐改进。

没错儿，那是1967年，在东巴基斯坦的达卡（即现在的孟加拉国的达卡），大卫·纳林（David Nalin）博士领导的霍乱研究实验室的科学家们在一次突破性的实验后意识到，在含盐的混合物中添加葡萄糖可以改善钠的存留。但他们无疑只是重新发现了前期研究中的线索，并对其进行了一定规模的测试。同期加尔各答的类似结果也证实了这一发现。即使在那时，达卡实验室也迟迟不能将这个想法推广到医生和援助人员身上。一些专家认为，口服补液疗法或许有些帮助，但并不能替代静脉补液疗法，传统的观点是，口服补液必须空腹。1968年，当一项在东巴基斯坦农村地区尝试口服补液疗法的计划（在那里静脉注射是不现实的）被提出时，它遭到了首次发现葡萄糖效应的菲律宾科学家罗伯特·菲利普斯（Robert Philips）的强烈反对。到20世纪70年代早期，特别是在孟加拉国独立战争期间，口服补液疗法的价值得到证明，被认为是迄今为止治疗霍乱和其他腹泻的最佳方法。可以说，创新已经到来。

如果创新是一个渐进式的演变过程，为什么它经常被描述为革命性的、卓绝的突破或顿悟？两个答案：人性与知识产权制度。正如我在本书中反复说明的那样，任何取得突破的人都太容易也太爱放大他的重要性，而忘记了竞争对手和前人，忽略了那些将突破变成现实的后继者。

将真正的"发明家"这样的桂冠戴在头上是难以抗拒的诱惑。不过，喜欢将创新描绘成"突然改变世界的东西"的人不仅仅是发明家。记者和传记作家也常如此。事实上，很少有人，甚至连刚刚未能击败发明者的极度愤怒而失望的竞争对手，也没有理由去争论发明和创新是渐进式的。正如我在《自下而上》（*The Evolution of Everything*）一书中所述：这就是"伟人"历史理论的一个翻版，即历史的发生是特定的首领、牧师或小偷使然。一般来说，这当然不是真实的历史，更不是关于创新的历史。大多数人想对生活有更多的控制，而不是基于客观情况：认为人类的力量是果断和不连续的想法，这既是奉承又是安慰剂。

民族主义加剧了这一问题。通常，引进一个新想法与发明一个新想法会混淆在一起。"零"并不是斐波纳契发明的，也不是阿尔·花拉子密或其他阿拉伯人发明的（斐波纳契从他们那里引进了"零"），而是印度人发明的。玛丽·沃特利·蒙塔古夫人没有发明疫苗接种，或许奥斯曼的医生也不是发明人（她从后者那里学到了接种）。

不过，正是专利制度的存在让"英雄的发明家"这个问题变得更糟。

在本书中，我一次又一次地记录了为建立或捍卫创新专利而斗争的创新者是如何在身体和精神上遭受沉重打击的。

萨缪尔·摩尔斯、伽利尔摩·马可尼等人多年来在法庭奔波，试图反驳对他们的优先权的挑战。在某些情况下，专利的确立过于广泛，从而阻碍了进一步创新。萨弗里船长关于使用火来取水的专利就推动了纽科门蒸汽机，而瓦特在高压蒸汽上的专利则在几十年中减缓了技术改进。我将在第9章中聚焦这一点，即知识产权已成为现代创新的障碍而不是助力。

创新不同于发明

因发明激光而在1964年获得诺贝尔物理学奖的查尔斯·汤斯（Charles Townes）喜欢引用一幅老漫画。它描绘了一只海狸和一只兔子在看胡佛水坝。海狸说："对，这不是我造的，但它是基于我的想法而建成的。"大多数时候，发现者和发明者总觉得他们从一个好主意中得到的实惠或利润太少，而忘记或忽略了这样一个事实，即要把某个想法或发明转化为一种可行的、负担得起的、能切实为人们带来利益的创新，需要付出相当多的努力。

经济学家蒂姆·哈福德（Tim Harford）认为，最具影响力的新技术往往微不足道且价格低廉。可承受性往往比具有诱人复杂性的有机"机器人"更有价值。他将那些我们理所当然认为简单但至关重要的技术称为"厕纸定律"。

弗里茨·哈伯利用压力和催化剂发现了如何从空气中固氮，这是一项伟大的发明。但更是因为卡尔·博施多年的艰难尝试，解决了一个又一个问题，并借用了其他行业的新想法，才最终使氨以社会可承受的成本进行大规模生产。你可以说类似的例子还有曼哈顿项目或纽科门蒸汽机，但这条规则并非仅适用于大规模工业创新。在创新的历史上，正是那些一次又一次地找到降低成本和简化产品方法的人，最终实现了产品的重大改变。20世纪90年代，几乎无人能预见移动电话会出人意料的成功。这并非由于任何物理或技术上的突破，而是由于其价格的突然下跌。正如约瑟夫·熊彼特在1942年说的那样：

  对于那些有钱买足够多的蜡烛和足以雇用仆人照顾他们的人来说，电灯并无太大好处。廉价的布料、棉布和人造丝以及靴子、汽车等，是工业化生产的典型成就，而不是一项对富人来说意义重大的改进。伊丽莎白女王拥有很多长筒丝袜。但是，工业化生产的成就不在于让女王拥有了更多长筒丝袜，而在于让工厂女工凭借日渐降低的劳动量也能拥有长筒丝袜。

创新往往是偶然的

  霍勒斯·沃波尔（Horace Walpole）在1754年杜撰了机缘（serendipity）一词，用来解释他是如何追踪一幅丢失的画的。他从波斯童话故事"锡兰三王子"中得到了灵感，正如沃波尔在一封信中所说，聪明的王子"总是出于意外和睿智，发现他们原来未曾追求的东西"。这是创新的一个众所周知的属性：偶然发现。

  雅虎的创始人和谷歌的创始人最初都不是为了开发搜索引擎。Instagram的创始人原本试图制作一个手机游戏App。推特的创始人试图发明一种让人们找到播客的方法。1938年，杜邦公司的罗伊·普朗克特发明了特氟龙也纯属偶然。在试图开发更好的液体冷冻剂时，他将大约100磅[①]的四氟乙烯气体以干冰的温度储存在钢瓶中，试图将其氯化。当他打开一个钢瓶时，这些四氟乙烯并没有全部气化出来：一些化学物质已经聚合为固体，即白色的粉末状聚四氟乙烯（PTFE）。显然这无法作为制冷剂，但普朗克特决定研究一下它究竟是什么。这种物质被证明具有耐热、惰性的特点，且异常光滑不粘。PTFE在20世纪40年代的曼哈顿工程中继续被用作氟气的容器；在50年代被用作不粘锅的涂层；60年代被用作戈尔特斯防水透气布料，并服务于阿波罗登月任务。

20年后，也是在杜邦公司，斯蒂芬妮·克沃勒克（Stephanie Kwolek）偶然间开发出了凯夫拉（Kevlar）纤维。克沃勒克在1946年以聚合物专家的身份加入杜邦，她意外地发现了一种新型的芳香聚酰胺，这种聚酰胺可以制成纤维。她说服一位不情愿的同事将这种纤维纺成织品，发现它比钢强度高，比玻璃纤维轻且耐热。此后不久，它被逐步用于防弹衣。克沃勒克说："一些发明是意外事件的结果，也有赖于识别这些发明并有效利用它们的能力。"

在明尼阿波利斯3M公司，斯宾塞·西尔弗（Spencer Silver）苦苦寻找一种超强黏合剂，却意外发现了一种效果微弱而短暂的黏合剂。那是在1968年，没人想到它有什么用。直到5年后，一位叫作阿特·弗莱伊（Art Fry）的同事在唱诗班唱诵时，因书里夹带的标记小纸条滑落而苦恼。于是他找到了西尔弗请求他将这种黏合剂用于小纸片便签。便签采用亮黄色，便利贴从此诞生。

[①] 1磅=0.454千克。

再以基因指纹鉴别法的发明为例,这一技术在对罪犯的定罪中具有重要价值,但在对无辜者的无罪开释中更具重大价值,也在亲子关系和移民争端中得到了相当广泛的应用。可以肯定地说,在20世纪90年代,DNA在医学界外的影响力更甚于医学界内。

莱斯特大学的科学家亚历克·杰弗里斯(Alec Jeffreys)发现了应用DNA鉴定人及其亲属关系的方法。他从1977年开始研究DNA的变异性,希望找到一种直接检测基因突变的方法。1978年,他首次检测出人类的DNA变异,认为可以将其用于诊断疾病,他也在考虑医疗方面的应用。但在1984年9月10日上午,他意识到自己发现了一些不同的东西——来自不同的人的样本,包括实验室的技术人员及其父母的样本是不一样的,每一个都是独一无二的。

在几个月内,这项技术就被用来对移民当局的决定提出质疑并确定亲子关系。1986年,莱斯特郡警方逮捕了一名年轻的有学习障碍的学生理查德·巴克兰(Richard Buckland)。一名15岁女孩在纳伯勒村附近的一个林区遭到殴打并被奸杀抛尸。住在当地的巴克兰似乎知道犯罪的细节,并在审讯中很快供认了犯罪事实。似乎,案件已结。

警方想知道巴克兰是否也是3年前附近发生的一桩类似奸杀案的凶手,受害者也是一名15岁的女孩,但巴克兰否认了这一点。于是,警方询问当地大学并求助于杰弗里斯,看他的新DNA指纹技术是否可以提供帮助,毕竟这两具尸体上都发现了精液。杰弗里斯进行了检测,结果清楚表明:的确是同一个人犯下了这两项罪行,但凶手并不是巴克兰。警方很不情愿地接受了基于这种新技术的结论,根据杰弗里斯的证据,他们最终承认无法对巴克兰定罪。他被释放了。巴克兰成为因DNA检测而被无罪开释的第一人。

随后，警察要求当地特定年龄段的男性都要抽取血样。8 个月后，他们获得了 5511 份样本，但没有一份样本与罪犯的 DNA 匹配。调查陷入僵局。1987 年 8 月，一名男子在小酒馆喝啤酒时承认自己在取样中作假，有告密者将此事告知了警方。柯林·皮奇福克（Colin Pitchfork），27 岁，一家面包店的蛋糕师，以曾和警察发生过冲突为托词，请他的一位朋友顶替他参加了抽样检测。警方逮捕了皮奇福克，皮奇福克很快招供。并且，他的 DNA 与两起案件发生现场找到的 DNA 相符。

这是首次使用 DNA 鉴定免除一名无辜男子的罪责，并判定另一人有罪，从而可能挽救更多女孩的生命。在 20 世纪 90 年代，杰弗里斯偶然将 DNA 推向了一条用于刑事侦查的道路，从而产生比医学应用更大的影响力。

创新是重组

每项技术都是其他技术的组合，每个想法都融合了其他想法。正如经济学家埃里克·布莱恩约弗森 (Erik Brynjolfsson) 与安德鲁·麦卡菲（Andrew McAfee）所说的："谷歌的自动驾驶汽车、Waze[⊖]、Web、脸书、Instagram 都是现有技术的简单组合。"的确，这一观点非常普遍。布莱恩·阿瑟（Brian Arthur）在他 2009 年出版的《技术的本质：技术是什么，它是如何进化的》(*The Nature of Technology: What It Is and How It Evolves*) 一书中最早坚持了这一观点。他认为，"新技术是通过将现有

[⊖] 一个基于社区、提供交通信息与导航服务的有趣软件。——译者注

技术组合起来产生的，因此，现有技术将催生更多的技术"。如果读者在自己的口袋或书包里发现一种技术产品（非自然物质），我无法想象它不是多个技术或想法的组合。看看我写作用的桌子，上面有马克杯、铅笔、纸张、电话等。马克杯或许是最简单的物体，但即便如此，它的釉面陶瓷上印着标识，包含了焙烧黏土、上釉、印刷等工艺，并添加手柄以便于手持喝茶或咖啡。

重组是自然选择在生物演化创新中产生变异的主要方式。性是大多数重组发生的手段。男性和女性将各自一半的基因贡献给胚胎，这就是一种重组。但接下来会发生什么就更为重要。说起精子和卵细胞，在名为染色体互换的过程中，胚胎交换父体基因组的一部分与母体的基因组的一部分。它让基因重新洗牌，创造新的组合并传递给下一代。性使进化累积起来，让生物得以分享更好的想法或信息。

这与人类创新的相似之处再清楚不过了。正如我10年前所说：当想法发生时创新才会发生。创新发生在人们见面并交换商品、服务以及思想的地方。这解释了为什么创新发生在贸易和交流频繁的地方，而不是在孤立或人口稀少的地方：在加州而不在朝鲜，在文艺复兴时期的意大利而不是在火地岛；这也解释了为什么中国在明朝时期会因放弃海外贸易而失去创新优势。这还解释了为什么在17世纪的阿姆斯特丹或3000年前的腓尼基，创新与贸易增长同时爆发。

事实上，在有更多贸易往来的太平洋岛屿的捕鱼作业更加多样化，而居住在澳大利亚东南部的塔斯马尼亚人因海平面上升被隔离从而失去了创新方向。这两点事实表明，贸易与创新发展之间有着密切的必然联系。首先，这解释了创新为什么会发生。10多万年前，在非洲南部开发丰饶的海洋生态系统的密集人群中，技术的爆发始于这样的事实——无论出于什么原因，他们开始以直立人甚至尼安德特人从未使用过的方式进行交流并形成了专门化的分工。这是一个非常简单的想法，也是人类学家缓慢掌握的一个想法。

达尔文主义者开始意识到，重组与突变不一样，这对人类创新的意义重大。DNA 序列会因转录错误或紫外线等引起的突变而变化。这些小错误，或点突变，是进化的"燃料"。但是，正如瑞士生物学家安德烈亚斯·瓦格纳（Andreas Wagner）所言，这样的小步骤不能帮助生物体跨越劣势"山谷"并找到新的优势"高峰"。他们不擅长攀登那些必须在通往山顶的路上偶尔走一些下坡路的斜坡。也就是说，每个点突变必须改善生物体，否则会产生反面影响。瓦格纳认为，通过交换或通过所谓的可移动遗传元件来突然转移整段 DNA，对生物体跨越这些"山谷"而言是必需的。极端情况即"杂交"。仅在英国，就有七种或更多的新物种是近几十年来通过杂交而来的。另外，北美的忍冬蝇也是蓝莓蝇和雪莓蝇杂交后产生的一个新物种。

瓦格纳引用了大量研究以支持这样的结论：重组比随机突变更有可能保护生命，其可能性甚至高达千倍。这是因为整个或部分工作基因可以得到新的任务，逐步的变化只会导致更糟糕的结果。细菌可以"穿越巨大的遗传图谱，将自己复制到数百英里乃至数千英里之外，这一切都要归功于基因转移"。

同样，一种技术的创新也会从其他技术中借用完整的工作部件，而不是从零开始设计它们。汽车的发明者不必发明车轮、弹簧或钢。如果他们这样做，就不太可能制造出生产设备。现代计算机的发明者借鉴了埃尼阿克真空管的设计思想和马克一号存储程序的设计思想。

创新包含试错

大多数发明家发现他们需要保持"去试试"的心理。因此，对错误的容忍至关重要。值得注意的是，在新技术（例如铁路或互联网）出现的早期，破产的企业家远远多于发财的。英国化学家汉弗里·戴维（Humphry Davy）曾经说过："我最重要的发现是由我的失败启发的。"托马斯·爱迪生完善灯泡靠的不是灵感，而是汗水：他和团队测试了6000种不同的灯丝材料。"我没有失败，"他曾经说，"我只是刚刚找到第10 000种行不通的方法。"亨利·布斯帮助乔治·史蒂芬逊利用试错改进了"火箭号"机车；克里斯托弗·利兰德帮助查尔斯·帕森斯利用试错完善了汽轮机的设计；基思·坦特林格通过试错帮助马尔科姆·麦克莱恩设计出了与货船匹配的集装箱；马可尼在无线电实验中不断试错；莱特兄弟通过坠机试验发现机翼侧面轮廓的高宽比小一些更好㊀。水力压裂的先驱们意外发现了正确的配方，然后通过无数次的实验逐渐改进。

玩耍的因素可能也有帮助。喜欢到处玩的创新者更有可能发现一些意想不到的事情。亚历山大·弗莱明说："我喜欢玩微生物。"双螺旋的共同发现者詹姆斯·沃森将他的模型描述为"游戏"。石墨烯的发明者安德烈·海姆（Andrew Geim）说："玩耍的态度是我一贯的研究风格。"

一个基于试错的创新小例子是这样的：来自初创公司"成长部落"的里根·柯克（Regan Kirk）讲了著名大胃王小林尊（Takeru Kobayashi）

㊀ 见 P85 页，指对李林塔尔机翼翼型的改进。——译者注

的一个故事，小林尊在 2001 年的康尼岛吃热狗大赛中创造了一个惊人的新纪录：在 10 分钟内吃掉了 50 个热狗。小林尊又瘦又小，看起来很不像一个吃热狗冠军。但他的秘密是，通过系统实验，他发现如果把香肠从面包中拿出来，他可以更快地吃掉香肠，然后他把面包在水中浸一下就可以迅速吃掉。这并不违反规则。

迪克·福斯贝里（Dick Fosbury）的故事也许不是那么微不足道。他是俄勒冈州立大学的年轻运动员，发明了"福斯贝里背越式跳高"。凭借此招，他在 1968 年奥运会上赢得跳高金牌，令更受青睐的竞争对手和兴奋的观众感到意外。他用背部翻越了杆，头先通过，颈部着地。福斯贝里后来描述了他几个月来如何通过试错获得这项正确的技能。"它不是基于科学，或分析，或思想，或设计。这些东西都没有……我从未想过如何改变它，我确信我的教练会发疯，因为它在不断变化。"

艾奥瓦大学的爱德华·瓦瑟曼（Edward Wasserman）也使用了类似例子来说明人类的大多数创新都是通过一个看起来非常像自然选择的过程进化而成的，而并非由智能设计产生。瓦瑟曼展示了小提琴的设计是如何随着时间的推移而逐渐变化的，不是由于突然的改进，而是由于一些有用的微小偏差被传承下来。如果偏差无效果，则不能被传承。如小提琴中心的孔开始是圆形的，然后变成半圆形，然后拉长，最后以这种渐进的方法形成 f 形。瓦瑟曼认为这种创新观与生物学中的自然选择一样，也面临同样的心理阻力：

根据这一观点，我们做的许多事情——比如小提琴，都是由一个符合效果定律的变化和选择过程产生的。与流行的观点相反，这一过程既没有神秘感，也没有浪漫感；它与自然选择法则一样具有根本性和普遍性。与生物进化中的自然选择法则一样，在人类发明的进化中，对效果定律存在着顽固的抵制。

如果说错误是创新的关键部分，那么美国最大的优势之一就是它对商业失败采取相对温和的态度。美国大多数州的破产法允许创新者像硅谷早期的口号那样"快速失败，频频失败"。在一些州，依据破产法第7章中的"宅基地豁免"政策，基本上允许企业家在生意失败后保留他的家。那些拥有宅基地豁免政策的州比那些没有此政策的州表现出更多的创新活力。

创新是一项团体运动

关于孤独的发明家和形单影只的天才的神话难以撼动。创新总是需要协作和分享，例如，即使是最简单的物体或过程也超出了一般人的理解能力。伦纳德·里德（Leonard Reed）在他的一篇名为《铅笔的故事》（*I, pencil*）的文章中指出：一支简单的铅笔是由许多不同的人制造的——一些人伐木，一些人开采石墨，一些人在铅笔厂工作，或营销、或管理，而另一些人则种植咖啡供伐木工人和管理者饮用。在这个庞大的合作团队中，没有一个人知道如何制作铅笔。知识存储在人与人的头脑之间，而不是在个人头脑之中。

创新也是如此。它常表现为合作。（甚至澳大利亚的喜鹊，如果处在更大的群体中，也能更快地解决问题。）某个人可能会取得技术突破，另一个人会研究如何制造它，第三个人会研究如何使它变得便宜而且畅销。

这些都是创新过程的一部分,没有一个人知道如何实现整体创新。偶尔会有既具科学天赋,又擅长商业的发明家——比如马可尼,但即使是他,也是一开始站在别人的肩膀上,后来便依赖于别人。

调查的案例越多,就越能发现它们的相近之处,也越来越能看清楚创新是一项团体运动这一事实。诺曼·博洛格以惊人的勤奋、决心和干劲推动了著名的农业绿色革命,但是单就其工作本身而言却是一种嘲弄。他从波顿·贝勒斯那里得到了矮秆小麦品种的想法,但贝勒斯是从奥威尔·沃格尔那里得到的帮助,而沃格尔的想法源于塞西尔·萨蒙,萨蒙的想法则来自稻冢权次郎。最后,博洛格与曼佐尔·巴杰瓦和斯瓦米纳森等人一起在亚洲进行了艰苦的种植推广工作。

特伦斯·基莱和马丁·里克茨(Martin Ricketts)在最近的一篇关于工业革命的论文中,提供了一份名单,上面列示了一长串通过集体研究与许多参与者之间的自由分享而得到发展的创新型企业。如荷兰东印度公司的福禄特货船、荷兰的风车、里昂的丝绸工业、英国的丝织业、英格兰北部兰开夏的棉花纺织、美国的蒸汽船发动机、维也纳的家具业、马萨诸塞州的造纸厂以及缝纫机制造商的专利池。这种模式是普遍规则而非例外,正是社团、俱乐部和机械研究机构的繁荣使英国在工业革命中处于领先地位。

创新是必然的

大部分新发明的出现都会导致竞争者在优先权上的纠纷。这些竞争者似乎总是在同一时期产生相同的想法。凯文·凯利(Kevin Kelly)在他的作品《科技想要什么》(*What Technology Wants*)中探讨了这一现象。他发现 6 个不同的人都不约而同地发明了温度计，5 个人发明了电报，4 个人发明了小数，3 个人发明了皮下注射，而自然选择的规律也是被两个人分别发现的。1922 年，哥伦比亚大学的威廉·奥格本（William Ogburn）和多萝西·托马斯（Dorothy Thomas）列出了一份包含 148 个案例的清单。这些案例都是关于不同的人在同一时期做出的类似发明，其中包括照相技术、望远镜和打字机。帕克·本杰明 (Park Benjamin) 在 1886 年写道："这是一个奇怪的事实，可能任何一项电气发明都并不重要，但是很多人都声称自己才是它的发明者。"追溯到很久以前，我们发现一些令人震惊的事情：回旋镖、吹管和金字塔都是在不同大陆中被独立发明的——农业也是如此。

我在本书中也提到了关于这一现象的许多惊人事例。不过，确实有一部分发明中的竞争是串通好的或是故意为之的。但这不能证明这种现象不存在，同一种发明不约而同地出现，更多的是一种必然现象，而非偶然。很多科技上的想法就恰好在某个时期成熟了，就像果子从树上落到地上一样。其中最令人惊奇的例子就是电灯泡，一共有 21 个人独立地将电灯泡发明了出来！这 21 个人中，可能有些人窥探了其他人的工作，有几个人在发明过程中展开了合作，但证据显示，在大部分情况下，这些人都不知道彼此正在做发明电灯泡的工作。还有一些类似的例子，比如 20 世纪 90 年代，市场上出现了几十种不同的搜索引擎。其实，搜索引擎在此期间被发明出来是必然发生的，而电灯泡在 19 世纪 70 年代被发明出来也是必然的，这些发明的出现是不可改变的。不管到底谁是发明者，这些发明之所以能孕育而生都是因为它们所依赖的科技水平已经达到了一定高度。

这一经验为我们引出两个悖论。第一，与常识不同，没有哪个人对发明的产生来说是必要条件。就算史旺或者爱迪生，以及佩奇和布林在幼年遭遇不测，世界上还是会出现电灯泡和搜索引擎。可能这些发明会需要更长时间才能问世，它们的名字和样式会变得不太一样，但是创新依旧会发生。这似乎有些令人难以接受，但是对于每一位科学家以及发明家都是不可否认的事实。即使没有纽科门，蒸汽机还是会在1730年前后出现；没有达尔文，则会由华莱士（Wallace）在19世纪50年代发现进化论；没有爱因斯坦，亨德里克·洛伦兹（Hendrik Lorenz）也会在几年内提出相对论；没有西拉德，链式反应和原子弹也会在20世纪的某个时间点问世；以及就算没有沃森和克里克，莫里斯·威尔金斯（Maurice Wilkins）和雷蒙·高斯林（Ray Gosling）也会在几个月内发现DNA的双螺旋结构，更别说威廉·阿斯特伯里（William Astbury）和埃尔文·贝顿（Elwyn Beighton）早在一年前就发现了DNA的结构，只不过当时他们没有辨认出来。

这一悖论就在于恰恰是这种同时性显示出这些发明成就的非凡：在一场发明的竞争中，一些人摘得了桂冠。个人在长期的发展中并不重要，但是在短期内，这些成就会让个人变得无与伦比，荣耀加身。尽管很多人都有达到这些成就的潜力，但还是有一部分人在数十亿竞争对手中脱颖而出，首先做出了某项发明或者发现。因此，我在上文中对必然性和可替代性的嘲讽不是针对某个人的侮辱，而是一种赞美。一个人能在数十亿人中第一个发现某个新设备、新机制，或者新想法的可能性是一件多么不可思议的事情！我们甚至可以说，这比做出一些其他人永远无法达到的成就还要神奇，比如创作《蒙娜丽莎的微笑》以及歌曲《嘿，朱迪》(Hey Jude)。

第二个悖论在于一项发明出现的必然性使得创新看起来是可以预测

的，但是这实际上是行不通的。当我们回顾过去，显而易见，搜索引擎是互联网带来的最大也是最盈利的成果。但是有任何人预见到它的诞生吗？答案是没有。

也许当你回顾过去，总觉得科技可以预见，但是看向未来，你就会发现它是不可预测的。正因为如此，最近人们对科学变革的一些预测才看起来那么愚蠢。这些预测要么是过分夸大的，要么是被过分低估的。美国数字设备公司（Digital Equipment Corporation）的创始人兼董事长肯·奥尔森（Ken Olsen）是"小型机"领域里做得非常成功的先驱。回顾历史，我们可以发现一件颇为有趣的事：在20世纪70年代，"小型机"这个名字指的是一系列有大型办公桌大小的机器。在当时，这些机器取代了像大房间那么大的计算机。你也许会认为，奥尔森先生会在把电脑缩小这条路上一直走下去，并且以制造出经济实惠的家用电脑为目标。但是，就在私人电脑出现的几年以前，奥尔森先生在1977年于波士顿举办的世界未来协会会议中这么说道："人们没有理由想在家里安装一台电脑。"

同样，微软的首席执行官史蒂夫·鲍尔默（Steve Ballmer）在2007年发表了这样的言论："iPhone根本不可能拿到大量的市场份额。它完全没机会。"这样看来，就像瑞典作家雅尔玛·瑟德尔贝里（Hjalmar Söderberg）所说，有时候，你需要成为一名专家才能对一些事情不理解。

1998年，诺贝尔经济学奖得主保罗·克鲁格曼（Paul Krugman）在杂志《红鲱鱼》（*Red Herring*）中发表了一篇名为《为什么大部分经济学家的预测都错了》的文章，回应了当时高速发展的互联网以及激增的网络宣传。其后，保罗本人也以做出非常不着边际的预测的方式，颇为戏剧化地证明了自己的观点。预测如下：

梅特卡夫（Metcalfe）定律提到，互联网中的潜在连接数与参与者人数的平方成正比。当梅特卡夫定律的缺陷变得越来越明显的时候，互联网的扩张会骤然变缓，因为大部分人会缺少和别人交流的话题而不知道该交流些什么！到 2005 年左右，很明显，互联网对经济的影响也就会和传真机差不多。

但事实上，人们找到了很多能和周围人交流的话题。毕竟创新者通常都善于预测人们的需求所在，而学术界人士似乎在这方面就欠缺一些了。

不过，世界上也不乏很多高估了或者低估了互联网进程的预测。在20 世纪 50 年代，艾萨克·阿西莫夫（Isaac Asimov）曾预测人类会在 2000 年殖民月球，罗伯特·海因莱因（Robert Heinlein）则说星际旅行将出现在常规生活里。还有人预测会出现可以带着我们环游世界的超音速火箭，家用人形机器人，以及人手一架旋翼飞机。

创新的炒作周期

在我看来，以斯坦福大学计算机科学家及未来研究所长期负责人罗伊·阿玛拉（Roy Amara）命名的那条"定律"是有史以来最具有远见的关于创新的预测。阿玛拉定律是这么说的：人们总是高估一项新科技所带来的短期效益，却又低估它的长期影响。我们不清楚罗伊·阿玛拉是什么时候第一次有了这样的想法。不过他的前同事告诉我，阿玛拉在 1965 年前后就相信这个观点了。就像大部分创新一样，这条定律不是只由罗伊·阿玛拉一个人提出的。早在 20 世纪初，我们就发现了类似言论。它经常被认为是亚瑟·C. 克拉克（Arthur C. Clarke）的功劳，但毫无疑问，阿玛拉在这件事上是最值得称赞的。

我们有大量支撑阿玛拉观点的事例。20 世纪 90 年代时掀起的对互联网的狂热追捧，似乎在 2000 年互联网泡沫破裂时以让人失望告终。这不禁令人发问，当时人们预测的线上购物、线上新闻，以及所有线上产品的增长都去哪里了？在 10 年之后，这些预测都实现了。这些线上产品对零售业、新闻媒体、音乐以及电影业的诸多商业模式都产生了毁灭性打击，互联网产业的繁荣程度超出了任何人的预期。同样，在 2000 年第一个人类基因组测序完成时，人们普遍认为终结癌症以及推出精准医疗的时候到了。也是 10 年之后，基因组学领域的进展遭到了意料之中的强烈抵制：人们看到基因组相关的知识似乎对药物的发展没有太大的影响，因此以《基因组医学到底怎么了？》为标题的文章开始涌现。在这之后又过了10 年，该领域有了起色，一切都向最初的预测看齐。

从麻省理工学院教授转型成企业家的罗德尼·布鲁克斯（Rodney Brooks）将 GPS（全球定位系统）列举为阿玛拉炒作周期的经典案例。从 1978 年开始，为了让士兵能在战场上准确定位到补给点，向天上发射了 24 颗卫星。而到了 20 世纪 80 年代，这个计划没有如期执行，有好几次都差点被取消。GPS 计划貌似是搁浅了，但军方最终还是决定相信并依赖这个系统。GPS 的使用很快延伸到了大众生活中。到今天，它是如此无处不在。对于徒步旅行者、地图阅读器、农用车、轮船、运货卡车、飞机以及几乎所有人来说，GPS 都是不可或缺的。

阿玛拉炒作周期可以用来解释很多现象，同时也意味着我们在初期对科技的高估和在后期对它的低估之间，一定有一个时间点，预测是接近真相的。我个人认为这个时间点是在一项科技出现之后的第 15 年。在头 10

年，我们对一项科技抱有了过高的期待，而以 20 年为时间点，我们的期望值又过低了。所以最正确的应该是对 15 年之后的预测。当然，这种解释更适用于直到很多年后才转化成实际可靠且价格合理，但还是没有达到预期作用的产品。

在当下，适合用阿玛拉炒作周期解释的科技创新应该就是长期没有达到人们预期的人工智能。多亏了图形芯片、新算法和大数据，人工智能的研发大概不会有始无终。这次也不会再出现打消人们对机器智能的兴趣的"人工智能冬天"。

和人工智能形成对比的是，我认为区块链正处于阿玛拉炒作周期的早期高峰中：我们高估了它的短期价值。区块链被普遍认为可以带来剔除中间商的、有高信任度以及低交易成本的智能合约。但是，在环境复杂的服务业经济中，区块链不可能一夜之间就达到这般效果。在 10 年之内，人们对于区块链取得的成就，以及区块链企业倒闭数量的负面情绪将会爆发。不过话说回来，也许有一天，区块链的规模会变得很大。像脸书发布的数字货币 Libra 虽然不算是真正意义上的区块链，但可以算是一种前兆。消费者有什么理由不转向一种不受制于通胀和政客们制定的高昂税收的影响，并且可以与世界上 1/3 的人口做交易的货币呢？

自动驾驶汽车是另外一个非常恰当的例子。我一直在与这样一群人交流，这些人认为在短短几年内，卡车、出租车或豪华轿车的司机会大量失业，而我们现在就需要采取行动来解决这个问题。现在考虑这些为时过早。自动驾驶的实现是可能的，但会在相当受限的情况下，而在现实世界中，它所带来的变化可能不会像人们想象的那样快。现在到未来肯定会出现一大批电子驾驶助手，为了让车辆可以探测障碍，在高速路上巡航，自动泊车，以及避免堵车。但是在我们可以放心地把一切驾驶操作交给汽车之前，我们还需要让智能行车助手学会在交通规则和驾驶礼仪的制约下，以及恶劣天气的影响下，自主解决在拥堵的街道以及偏远的乡间小道间遇到的一系列的问题。完全自动驾驶的汽车面对的问题可比自动驾驶飞机遇见的要多得多。如果全都变成自动驾驶，我们还需要重新建设所有的道路基础设施以及培育保险市场，这些事情都需要时间来完成。

我并不是说自动驾驶汽车不会出现，只是在孕育它的路上我们会经历更长时间以及更多困难。我敢打赌，10年后，媒体上会有很多关于20世纪20年代无人驾驶汽车预测失败的报道；到那时，人们还会说这个星球上的职业司机将比今天更多，而不是更少。等到2040年以后，它就会进入快速发展的阶段。希望我能活到看到这条预言结果的那一天，不管它是对是错！

创新倾向于分散管理

历史上，中央集权的帝国都不擅于创新。尽管他们拥有富有和受过教育的精英，但这些帝国政权往往会导致创造性逐渐衰退，使得政权最终灭亡。埃及、波斯、罗马、拜占庭、汉朝、阿兹特克、印加、哈布斯堡、明朝、奥斯曼、俄国和大英帝国都证明了这一点。随着时间的推移和权力集中造成的僵化，技术发展趋于停滞，精英阶层对新奇事物开始有抵制倾向，于是他们的资金消耗在奢侈品、战争或腐败上，企业则得不到资助。帝国实际上是一个巨大的"单一市场"，而创意只得在其内部传播。意大利最富创造力的时期是文艺复兴时期，当时由商人经营的像热那亚、佛罗伦萨、威尼斯、卢卡、锡耶纳和米兰这样的小城邦推动了创新。分散管理的政体比统一的政体对创新更为友好。古希腊也告诉我们同样的道理。

在 1400 年以后，欧洲相当迅速地采用了起源于中国的印刷术，彻底改变了西欧的经济、政治和宗教。当时欧洲在政治上的分裂为印刷术的流行创造了条件。譬如，约翰·古腾堡本人不得不离开他的家乡美因茨，搬到斯特拉斯堡，寻找一个可以允许他工作的政权；马丁·路德成了一个非常成功的印刷业企业家且没有被迫害，只因为选帝侯智者弗里德里希在瓦特堡给予的保护；威廉·廷代尔（William Tyndale）躲藏在低地国家㊀中出版了他极具颠覆性、充满美感的《圣经》英译本。以上的每一项工作都不可能在中央集权帝国里实现。

相比之下，印刷术在奥斯曼帝国和莫卧儿王朝被禁止了长达三个世纪之久。伊斯坦布尔作为一个位于欧洲边缘的文化大都市以及一个由基督徒和穆斯林组成的大国，也在抵制印刷术，只因为它是帝国的首都。1485 年，苏丹贝耶兹二世（Bayezid II）下令禁止印刷术的使用。1515 年，苏丹塞利姆一世（Selim I）颁布法令：穆斯林使用印刷术将被处以死刑。这些后果都是由一个联盟带来的：当时的书法家与牧师联手捍卫他们的商业垄断，成功地游说帝国当局停止印刷。在奥斯曼帝国，外国人最终被允许在国内印制外文书籍，但直到 1726 年，一位匈牙利的皈依伊斯兰教的名叫易卜拉欣·穆特费里卡（Ibrahim Muteferrika）的人才设法说服帝国允许用阿拉伯语印刷世俗书籍（非宗教书籍）。如果当时由苏丹们统治的土地分散成不同的领地，那印刷术很有可能会更早也更快速地传播出去。

㊀ 低地国家（Low Countries）：包括荷兰、比利时和卢森堡，尤用于旧时。——译者注

美国看似是一个例外，但它其实也证明了这一规律。它的联邦结构为各种创新实验提供了良好的环境。在 19 世纪和 20 世纪的大部分时间里，美国不算是单一的帝国体系，而是一个由不同的规则、税制、政策和习惯组成的实验室。在这里，企业家们可以自由地迁移到最适合他们项目发展的联邦州。现如今，联邦政府的权力日益增强。与此同时，许多美国人都在想，为什么美国在创新方面不如以前那么敏捷了？

对创新来说最有利的状态就是当一个政权分散成城邦的时候。在孵化创新方面最好的地方是由一个城市主导政府的地方。至少 1000 年来，创新不均匀地散布在城市中，尤其是自治城市。圣塔菲研究所的物理学家杰弗里·韦斯特（Geoffrey West）有一个关于城市的惊人的发现。他发现，城市规模是根据一个叫作幂律的预测性数学公式来衡量的。也就是说，光从一个城市的人口来看，他就能以惊人的准确度告诉你城市里有多少座加油站、多少英里长的电缆、以及多少英里的道路，甚至还能告诉你这里有多少家餐馆和大学，以及该地的工资水平。

而真正有趣的是，随着城市规模的扩大，人均对加油站和电缆或道路长度的需求越来越少，而对教育机构、专利数量和工资却不成比例地增加。也就是说，基础设施以次线性速度增长，而城市的社会经济产物以超线性速度增长。杰弗里·韦斯特和他的同事认为这种规律在世界的每一个地方都是适用的。但是对于企业来说却不然。当企业规模扩张到某一个程度之后，它就会变得效率低下、难以管理、创新性减少、资源消耗增大，以及风险承受能力低下。韦斯特表示，这就是为什么企业总是会倒闭，但城市不会消失。即使是底特律和迦太基这样的城市都还依然存在。锡巴里斯（Sybaris）是最后一个完全消失的城市，不过那已经是公元前 445 年的事情了。

创新更意味着资源节约

城市越大,其生产力和效率就越高,用资源实现原本不可能的目标则更容易,这点就像动物的身体一样:按照比例,鲸鱼消耗的能量比鼩鼱少,因此寿命更长,大脑更大,行为更复杂。同样按比例来说,伦敦比布里斯托尔消耗的能量更少,集体智慧更强,运作方式也更复杂。在经济中也是如此。因此,那些认为在资源有限的世界中不可能实现无限增长或者持续增长的人是错误的,原因很简单:通过用更少的资源做更多的事情,增长就实现了。

许多所谓的"增长"其实意在有效地利用更少的资源。在很大程度上未被注意到的是,如今有一种新兴的趋势,即经济增长的主要动力不在于使用更多的资源,而是在创新的帮助下用更少的资源做更多的事情,比如用更少的水资源和土地种植更多的作物;消耗少量燃油续航更多公里数;消耗少量电能提供更多通信服务;以更少的钢铁建造更多建筑;用更少的硅制造更多晶体管;用更少的纸张来通信;少花钱得到更多袜子;工作的时间更短,而参加的聚会更多。

几年前,洛克菲勒大学的环境学家杰西·奥苏贝尔(Jesse Ausubel)有一项出人意料的发现:美国经济已经开始"物质减量化"——不仅单位产出使用的资源变少了,消耗的资源总和也在减少(研究环境的作家克里斯·古德(Chris Goodall)早就发现英国也是如此)。到 2015 年,尽管人口、商品和服务产出都在增加,但比起金属用量最高的时期,美国对钢铁的使用减少15%，铝用量减少32%，铜用量减少40%。得益于更有效的肥料和灌溉技术，农场中施肥量减少了25%，用水量减少了22%。而能源系统产出每千瓦时能量的废气（二氧化碳，二氧化硫和氮氧化物）排放也呈下降趋势。整体上看，从2008年开始的10年间，美国经济增长了15%，能源消耗却下降了2%。

实际上，美国生产的产品数量不降反增。但这并不是靠回收利用，而是靠着创新带来的市场和效益实现的。就拿铝罐饮料来举例。根据瓦科拉夫·斯米尔（Vaclav Smil）教授的说法，罐装饮料在1959年首次推出的时候，每一个铝罐达到了85克重；而在今天，每一个铝罐只有13克。虽然是反直觉的，但这证明那些认为要想实现增长就必须使用更多资源的人是完全错误的。我们的生活水平可以通过减少用于生产一定产品的所需资源使用量来进一步提高。因此，增长是无限"可持续"的。

19世纪的经济学家威廉·斯坦利·杰文斯（William Stanley Jevons）提出过一个悖论：节省能源只会导致更多能源的使用。这一悖论后来以他的名字命名为"杰文斯悖论"。这是因为我们总会忍不住大量地使用廉价资源。如果电过于便宜，我们就会失去节约用电的意识。但安德鲁·麦卡菲（Andrew McAfee）在他的作品《从小到大》(*More from Less*)中指出，许多行业正在耗尽杰文斯悖论的效力，并且开始留存资源的节余。相同的光照量下，LED灯的耗电量不到白炽灯的25%。在这个条件下，要是想达到杰文斯悖论描述的状态，我们需要让LED灯开10倍以上的时间才能以消耗掉更多能量。而这种情况不太可能发生。

21世纪初，很多人预测石油、天然气、煤炭、铜、金、铅、汞、钼、天然气、石油、银、锡、钨、锌和许多其他不可再生资源将会在1970年以后呈现短缺状态。而麦卡菲认为，正是物质减量化证明了以上预测错得多么离谱。他说："把我们的地球想象成一艘在宇宙中航行的补给稀少的飞船是看似可信但实际上很有误导性的。事实是，地球为我们的旅程提供了充足的资源。尤其是在我们正尝试用各种方式达到物质减量化目标的情况下。"

第 9 章

创新经济学

创意如野兔。养育一二,手法得当,不日之后,不胜枚举。

——约翰·斯坦贝克(John Steinbeck)

报酬递增之谜

经济学的核心理论存在着一个非常奇怪的漏洞，那就是未谈及"创新"。戴维·沃尔什（David Walsh）在其描述经济学史的著作《知识与国家财富》（*Knowledge and the Wealth of Nations*）中指出，亚当·斯密（Adam Smith）本人提出了一个自相矛盾的观点，且从未将之解决，这一观点至今仍以某种形式存在着。著名的"看不见的手"理论关注市场中逐渐形成的均衡现象。市场均衡的情况下，无论是生产者还是消费者，都无法对他们已达成的交易进行改进。这意味着报酬递减：如果人们定好了一件产品的合理价格，就很难再有利润空间。

相比之下，斯密的另一观点——劳动分工学说，则包含相反的意义：报酬递增。就拿斯密自己列举的例子来讲，在一家别针厂，如果工人们一同承担任务，分工更专门化，做工时更具创新性，那么他们共同提高了生产效率，成本就会一降再降。生产者和消费者都能以更低的花费获得更多。第一个例子是负面的反馈，而第二个是正面反馈，二者不可能都是对的。

追随斯密脚步的经济学家们大多忘记了报酬递增以及别针工厂的例子，他们只关注那双看不见的手。大卫·李嘉图（David Ricardo）、里昂·瓦尔拉斯（Léon Walras）、威廉·斯坦利·杰文斯、约翰·穆勒（John Stuart Mill）、阿尔弗雷德·马歇尔（Alfred Marshall）和梅纳德·凯恩斯（Maynard Keynes）大都明确倾向于报酬递减。虽然他们生活的时代，创新层出不穷、经济蒸蒸日上，但他们还是相信后一观点终有一天会湮灭。例如，虽然穆勒没有忽视技术的进步，但他也未付诸笔墨解释一二，因为他认为技术进步总有消失的一天。马歇尔曾尝试解决这一悖论。他提出了"溢出效应"或正外部性概念，但此概念不过是一种为了让数学计算准确无误的巧妙手段。

随后，1928 年，一位名叫阿林·杨格（Allyn Young）的经济学家讨论了斯密自相矛盾的说法。他指出，新工具、新机器、新材料和新设计的发明也涉及劳动分工。换句话说，创新本身就是专业化程度提高的产物，不能单独拎出来讲。不过，他并未深究这一说法。1942 年，约瑟夫·熊彼特辩称，创新是主要事物，报酬递增可能是无限的："最可靠的预言之一是，在可预见的将来，我们将生活在食物与原材料的令人困惑的过剩之中，让总产量尽量扩大吧，我们知道怎样使用它。"熊彼特的这一席话在当时显然不合时宜，放在今天也是如此，即便这么多年来已经证实他说的是正确的。例如，凯恩斯认为经济大萧条意味着会出现报酬递减的现象，需要更公平地分担更少的工作。但问题是熊彼特并不愿意用数学来推演，而经济学越来越沉溺于对方程式的狂热崇拜中，因此熊彼特在很大程度上被忽视了。

1957 年，罗伯特·索洛（Robert Solow）再次提出，创新是经济学理论中的一大缺失。索洛认为，到目前为止，仅有15%的经济增长可以解释为由于更多耕地被开垦、更多工人从事工作、更多资本用以投资而导致的。剩下85%的增长无法用这些生产要素来解释，很明显是创新导致的。

然而，即使在索洛的模型中，创新也只是刚刚提出的，如同从天而降的甘露（manna），仍处在模型的"外部"。索洛并没有相关理论来解释创新为何在特定时间出现在特定地方，而不是其他地方。这种天赐之物的来源后来通过政府资助的研究项目，被理查德·纳尔逊（Richard Nelson）和肯尼斯·阿罗（Kenneth Arrow）发现。他们称，这是任其发展的事物，私营产业不会创造它，因为创造科学对人们来说无利可图。他们的观点是，商人不难抄袭别人的想法和创意，且保护知识产权的手段——专利、版权和保密能力并不完善。所以国家必须提供知识促成创新。特伦斯·基莱教授评价道，这是一种忽略了现实世界中发生的事情的象牙塔式观点：

不过，纳尔逊和阿罗的论文的问题在于，他们（的分析）只是理论层面的。一两个较真的人，在看到两位经济学家高屋建瓴的观点后，提出在现实世界中，还存在着一些私人资助的研究——实际上这种研究相当多。

1990年，一位名叫保罗·罗默（Paul Romer）的年轻经济学家对报酬递增和知识增加问题颇感兴趣。罗默由此得出的答案使他摘得诺奖桂冠。他试图将创新这一经济增长源泉作为模型中的"内在"因素。换句话说，他将创新作为一种产品，既是经济活动的输出，又是经济活动的输入。他的核心论点是新知识具有非竞争性的特点，即人们在不耗尽它的情况下可以分享它；不过新知识也是部分排他的，这意味着谁最先拥有它，谁就可以先利用它赚钱，至少能赚一段时间。人们既可以对新知识进行保密（就像哈伯和博施发现氨的铁基催化剂时的做法一样），也可以为它申请专利（就像摩尔斯发明电报时的做法），或者凭借他们"秘而不宣"的知识先发制人（同大多数软件先驱所做的一样），这样做可以在足够长的一段时间内获取大量垄断利润。这是之前从未提及的（创新的）关键特质。知识既是一种公共产品，又是一种暂时的个人私有物。知识的生产成本很高，但有时可以收回成本。

创新是一种自下而上的现象

最近，尤其在英国，盛行讨论一种带点"神创论"色彩的创新观点。即创新是政府发挥才智而设计出的产物，因而政府应该对所指导的创新采取产业化政策。经济学家玛丽安娜·马祖卡托（Mariana Mazzucato）在其 2014 年出版的《创新型政府》（*The Entrepreneurial State*）一书中大力拥护这一观点。书中指出，创新的主要来源是政府对研发的支持，这些研发具有"使命导向性"。

我发现这一论点并无说服力，而对这一论点所进行的详细评论，特别是阿尔贝托·明加尔迪（Alberto Mingardi）和特伦斯·基莱的评论，颇具说服力。原因正如书中阐释，创新并非一个新现象。19 世纪以及更早时期，人类生活水平显著提高，创新功不可没。而这种"大富裕"背后的技术和创新想法却很少，或者说根本不是政府的功劳。整个 19 世纪，英国和欧洲各国研发出建造铁路、冶炼钢铁、发电、纺织以及其他新技术，政府却只是姗姗来迟的监管者、标准制定者和客户，并未扮演其他任何角色。马祖卡托特意提到铁路是公共创新的一个例子，但在 19 世纪 40 年代，英国和全球铁路呈现的蒸蒸日上之势，却完全是在私人部门出现的，有一点臭名昭著：财富创造出来，却在泡沫和崩溃中付之一炬。当时，英国几乎所有的国家预算都花在了国防和偿还战争债务上，实际没有预算资助创新，更谈不上采取使命导向的方式。但铁路改变了人们的生活。正如威廉·梅克比斯·萨克雷（William Makepeace Thackeray）写道：

保佑到处是铁路，

保佑世界的进步，

保佑每一条铁路穿梭在

意大利、爱尔兰、法国，

因为乞丐现在再无须绝望，每个恶棍都有了机会。

经济历史学家乔尔·莫基尔（Joel Mokyr）认为，"工业革命以前，包括工业革命发生时，英国任何旨在促进经济长期增长的政策都很难被记录在案"。若是说 19 世纪时，创新在没有国家指导的情况下可以发生，而 20 世纪时，创新只有受到国家指导才发生，那简直太奇怪了。

同理，美国在 20 世纪头几十年成为世界上最先进、最具创新能力的国家，可在 1940 年之前，美国政府并未公开向任何形式的研发活动提供大量的公共补贴。还有一些例外情况可以佐证这一规律：比如，政府曾斥重金资助塞缪尔·兰利制造动力飞机，但这一项目以失败告终，而政府完全忽视了莱特兄弟的瞩目成就，甚至在他们证明自己的成功时都置之不理。

类似的例子还有，几年后的1924年，英国新的工党政府决定，自己需要设计并建造能够越海飞行的飞艇，这是一项在当时被认为连传统的载客飞机都无法企及的壮举。专家要求政府将合同签给私营企业，但是政府拒绝了，并最终决定对两种不同的方法施行一项有控制的实验：一种是由威格士（Vickers）品牌私人出资建造的R100，另一种是由政府出资建造的R101。这确实是以使命为导向的创新。结果显而易见，R100机身更轻盈、行驶速度更快、建造周期更短。它飞向加拿大，并于1930年夏天返航，安然无恙。而R101问世时间较晚，造价高昂、过度设计、动力不足，受到燃油泄漏的困扰，为了加大其升力，飞艇在问世的最后一分钟还经历了草率的再度设计。1930年10月，R101开始它飞向印度的处女航，机上还载着航空部长。飞艇在法国南部坠毁，54位乘客中有48人丧生，其中包括航空部长。这48人的灵柩曾安放在威斯敏斯特大厅，一块牌匾记录下了这一天。R100项目的一位工程师内维尔·舒特（Neville Shute），后来成为一位小说家，他在自己的著作《滑行规则》(*The Slide Rule*) 中毫不留情地批评了这场国有化项目败局："R101灾难发生时我31岁，我平生第一次在工作中与高级公务员和政治家近距离接触是在飞艇领域，我看着他们制造灾难。"

在20世纪后半叶，英国确实成了大规模创新的赞助者，但这并不奇怪，因为几乎所有西方国家在投资上的花费从国民收入的10%，增加到国民收入的40%。正如明加尔迪（Mingardi）所言："在如此惊人的增长率下，某些时刻，公共支出不可能不落到产生创新的企业附近。"因此，政府是否带来某些创新并不重要。问题是它是否比其他参与者更擅长这样做，以及它是否以一种有针对性的方式这样做。我在本书中展示了许多国家在第二次世界大战期间推动的技术——计算机应用、抗生素、雷达，甚至核裂变技术，这些技术都源于和平时期，如果战争没有爆发的话，它们可能会发展得同样快，也许发展得更快，当然核裂变技术除外。

此外，马祖卡托关于政府资助创新的例子，大多是"溢出效应"的范例，而不是由于政府的指导。无人会说政府在资助美国国防高级研究计划局的计算机网络时，故意创建了一个计算机网络。事实上，互联网只有在它最终摆脱国防部的掌控、为大学的企业所接受时才腾飞。此外，虽然互联网的某些关键技术，包括分组交换技术，最开始是由政府机构研发的，但其他的技术均来自私人部门。TCP/IP 来自思科公司（Cisco），而光纤是由康宁公司（Corning）研发的。

马祖卡托指出，触摸屏对现代智能手机至关重要，而这一发明背后的技术，是在一所公立大学的博士项目中研发出来的，即由特拉华大学的韦恩·韦斯特曼（Wayne Westerman）研发。但这只是这一创意成为一项有用发明的研发过程中非常微小的一部分，剩余的工作均是在私人部门完成的，这与定向资助截然相反：定向资助即为美国国家科学基金会资助特定大学、特定学生对所选定的课题进行研究。我们必须警惕，不要轻视技术首次发明后的发展，它是创新的一个重要组成部分。否则，我们就会把胡佛大坝建成的功劳归功于一只海狸了。

马祖卡托还提到罗纳德·里根（Ronald Reagan）在任时期开始实行的小企业创新研究计划，她将其作为证明政府资助私人部门创新的例子。而明加尔迪却指出这个计划与指向型创新背道而驰。这一计划简单来说，就是要求凡年度研发预算超过 1 亿美元的联邦机构，其预算的 2.8% 要用于支持中小企业的项目。

日本政府不时被引述为创新型国家的范例。1950～1990年，在指向型创新的支持下，日本缔造了巨大的经济成功，这也成为一个传奇。据特伦斯·基莱（Terence Kealey）所言，直到1991年，日本政府"对本国研发所资助的资金不到20%，并且奇怪的是，很明显，政府对整个国家学术科学的资助不到一半——这在一般的经合组织成员国中是个极大特例，其他国家对其研发的资助比重约占50%，对其学术科学研究的资助比重约占85%。"日本缔造的奇迹，是私营公司在庞大的小企业生态系统的支持下作用的结果。

相比之下，苏联是一个非常典型的创新型国家，它集中资助了大量的研究，几乎不允许私营企业的出现，这导致的结果是交通、食品、健康医疗或任何消费领域都缺乏创新，但军事装备方面却有诸多突破。

2003年，经合组织发表了一篇关于创业型国家的论文，引起轩然大波。论文题为《经合组织成员国经济增长的来源》（*Sources of Economic Growth in OECD Countries*），文章系统地回顾了1971～1998年促进经济增长的因素，发现私人资助的研发数量确实影响了经济增长率，而公共资助的研发数量却未对经济产生影响。这是一个令人震惊的发现，可能最好要用"挤出"现象来解释：政府对研究的资助让研究人员将精力优先放在政府的项目上，而这与优先考虑产业或消费者的需求不相一致（在苏联的情况中尤其如此）。用美利坚大学沃尔特·帕克（Walter Park）的话来说："公共研究的直接影响虚弱且消极，它可能出现以下情况，如果公共研究的支出产生挤出效果，那将可能对私人产出增长产生不利影响。"马祖卡托认同这种挤出现象，她写道："顶级制药公司正在对研发投入越来越少的资金，与此同时，国家正在增加资金的投入。"

当然，在没有大量私人投资的情况下，政府能够瞄准、创造和完善一项意义非凡的创新并不是不可能的。核武器可能是一个例子，登月是另一个例子，尽管它们很难有任何消费价值，且二者实际上都使用了大量私人部门的承包商。只是这并不经常发生，并且更多时候，发明和发现是意外所得，是通过思想交流产生的，并被充当个体、公司、市场、有时还包括公务员的参与者推动、拉动、塑造、改造并赋予生命。试着假装政府是这一过程的主要参与者，更不用说有指向性意图的政府，从根本上说，这是以一种神创论的方法来对待本质上是进化的现象。毕竟，即使是核裂变的连锁反应也是建立在一个关键领悟之上的。据说在1933年9月12日，一位失业的难民利奥·西拉德在伦敦南安普顿街等待红绿灯时参透了这一奥妙。再看看手机的例子，这一例子我会在第11章进行深入解读，数十年来，美国政府设置法规阻止蜂窝电话的发展，欧洲明确采纳了2G网络的产业政策，这让欧洲大陆深陷泥潭，很快被美国赶超。

政府是创新的源泉这一论断还存在另一个问题。争论几乎总是把矛头指向据称是政府发明的东西，而这些东西后来转移到私人部门。但是，如果是这样的话，政府会不会首先在政府内部应用它们？没有什么比政府的做法和场所更缺乏创新了。加里·朗西曼（Garry Runciman）曾辩称，1727年笛福出版《大不列颠全岛游记》(*Tour Thro' the Whole Island of Great Britain*)，若三个世纪后笛福重生，当看到我们的汽车、飞机、摩天大楼、牛仔裤、厕所、智能手机和工作的妇女后，他会大为震惊。他唯一感到熟悉的东西大概是议会和君主政体。剩余的一切截然不同，令人眼花缭乱。议会是社会学中的一条腔棘鱼，是一个活化石，自政治古生代以来几乎没有发生变化。这并不完全是一件坏事——我们很难出于正当理由来破坏传统的立法方式，但它几乎没有提到一个从政府向外部孕育创新的社会。

我重申，所有这些观点都不应拿来暗示政府没有能力刺激创新，或者说对于它所做的每一件事，其他参与者都比它做得更好。广告业高管罗里·萨瑟兰（Rory Sutherland）引用视频会议的例子，英国政府可能会通过铺设高速宽带来有效推动视频会议技术，因为一个在其时区通信出现拥堵的讲英语的国家可以从中获得不成比例的好处，并且因为政府可以为这项工作谈判得到一个集体价格，从而释放出网络效应，在这一效应下只有当许多人使用它们时，这些东西才会变得真正有用：这是搭便车的机会，而不是搭便车的问题。这种机会无疑是存在的。但是，认为政府独树一帜，会刻意促成一项最新的创新的想法可谓无稽之谈。

创新既是科学之母，也是科学之女

政治家、记者和公众普遍认为，科学导致技术产生，而技术导致创新的出现。几乎所有的政策制定者都认同这种"线性模式"，且用这一模式来证明公共支出用在科学——创新的基础燃料上是合理的。尽管这一情况有时会发生，但同样经常发生的情况是创新是科学的源泉：行之有效的技术和工艺已经开发出来，但后来才对原理有所了解。蒸汽机使得人们对热力学有所了解，而非人们了解热力学后才发明蒸汽机；动力飞机几乎先于任何空气动力学出现；动植物育种先于遗传学的产生；对鸽子的思考为达尔文的自然选择奠定基础；金属加工促进了化学学科的诞生；没有一位疫苗接种先驱对疫苗如何以及为何起作用有模糊的认知；抗生素在投入实际应用很长一段时间之后，人们才理解其作用机制。

1776 年，亚当·斯密深知实践的首要地位。他认为创新源于"普通工人的小修小补"和"机器制造者的独创力"。这些要比学术研究重要得多，因为尽管"那些所谓的哲学家对机器进行了一些改进"，但哲学从工业中得到的东西要比工业从哲学上获得的多得多："现代社会中，哲学在几个不同方面做出的完善，大部分并不是在大学完成的。"

近几十年来，这种情况确实发生了变化。然而在 20 世纪 90 年代，为了确定公司创新的来源，埃德温·曼斯菲尔德（Edwin Mansfield）对多个公司进行调查，发现几乎所有创新都来自企业或产业内部。在新工艺（这和新产品一样重要）的例子中，只有 2% 的创新来自学术界。例如，大学对产业组织的创新贡献甚微。并且，如果创新确实催生了新的产业，通常会出现一个互惠效应：科学促进技术发展，而技术又反过来促进科学进步。最近的研究发现，约有 20% 的专利引用了学术科研成果，约 65% 的专利与科学研究有一定联系，而进行更多基础研究的科学领域最终收获了更多的药物和专利审批。但这仍未证明它们有一种线性联系，而非一种双向关系。

因此，1953 年发现 DNA 结构是纯科学后来有了大规模实践应用的很好案例。表面上它符合线性模式，但在很大程度上，它得益于 X 射线晶体学在生物分子结构方面的发展。这一成果是从纺织业开始的，并得到纺织业的部分资金支持，纺织业试图以此更进一步了解羊毛的特性。这也是威廉·阿斯特伯里（William Astbury）要去利兹大学的原因，加雷思·威廉姆斯（Gareth Williams）曾评价利兹大学化学系为"基本上是想从事纺织业的人的精修学校"。阿斯特伯里的职位是由纺织工人公司（Worshipful Company of Clothworkers）资助的。阿斯特伯里与弗洛伦斯·贝尔（Florence Bell）、埃尔文·贝顿（Elwyn Beighton）是首批开始利用 X 射线研究蛋白质和 DNA 结构的科学家。贝顿所做的研究实际上比雷蒙·高斯林（Raymond Gusling）和罗莎琳德·富兰克林（Rosalind Franklin）还早 1 年，他早就拍摄出揭示 DNA 结构的照片——要是他意识到这一成果就好了。他所拍摄的照片以及这张照片的重要性，被阿斯特伯里忽视了，这是有史以来最悲哀的擦肩而过。

同样，正如我在第 4 章中所述，在 21 世纪 CRISPR 基因编辑技术这一成果得以发明，在一定程度上是受酸奶加工厂试图解决实际问题而推动的。我的观点是，如果我们坚持认为科学总是在技术的上游，那么我们就错了。很多时候，科学上的认识源自试图解释和完善技术创新。

"线性模式"实际上有点像挡箭牌。尽管政客们对这一模式深信不疑，但经济学家以及科学家对此均不以为然。正如科技史学家大卫·埃哲顿（David Edgerton）所言，即使那些在大众看来发明了这一模式的人也不支持这一模式。例如，美国政府战时科学顾问范内瓦尔·布什于 1945 年撰写名为《科学：无尽的前沿》（*Science: The Endless Frontier*）的著作，该书被奉为线性模式的圣经。布什确实写道："必须有新的科学知识来推动私营企业和国有企业向前发展。"而且"今天，基础研究是科技进步的领跑者，这一点比以往任何时候更让人深信不疑"。但事实上，他主张国家支持基础科学本身，原因在于，不论是在政府中还是在产业中，这类研究的发展跟不上应用研究的发展。布什并未声称学术科学是创新的来源，也未提及它是新知识的主要来源。美国当时不同于欧洲大部分国家，联邦政府几乎不支持基础科学。英国也是同样，与法国和德国相比，英国为科学研究提供公共支持要晚得多。不过，正如基莱谈道："欧洲大陆认为市场在科学领域失灵,英国却不这么认为,所以工业革命发生在英国,而非法国或德国。"

英国战时首席科学顾问亨利·蒂泽德爵士（Sir Henry Tizard）在战后写道:"对于恢复一国工业健康而言,第一重要的不是普遍扩大该国的研究,当然也不是在远离日常生活中的工业问题的情况下扩大政府研究。真正重要的是运用已知的知识。"——这是英国人首次抱怨国家在当时无法将科研实力转化为富有竞争力的创新上取得成功,而这种抱怨甚多。1958年,经济学家约翰·朱克斯（John Jewkes）撰写了一本颇具影响力的书,名叫《发明的源泉》(*The Sources of Invention*),书中朱克斯反对科学是技术之源的观点,并警告各国若想要刺激经济的发展,就不要对纯科学进行投资。埃哲顿2004年的文章更是直言不讳:"我的观点是,'线性模式'甚至在最早的学术研究中都不复存在。"

然而,毫无疑问,近年来政客们越来越倾向于接受科学是发明之母的观点,并将其作为资助科学的主要理由。这在我看来似乎是种遗憾,不仅因为它错误解读了历史,还因为它贬低了科学的价值。拒绝线性模式绝不是抨击对科学研究的资助,更不是抨击科学。科学是人类成就中最丰硕的成果,无与伦比。在任何文明社会中,科学都值得给予丰富且热情的支持。但科学本身就是一个有价值的目标,而不仅仅是一种促进创新的方式。科学应该被视为一种果实,而非种子。1969年,物理学家罗伯特·威尔逊（Robert Wilson）就一项对粒子加速器的资助问题向美国参议院作证时,被问到粒子加速器是否有助于保卫国家。他的回答是,"这对保卫国家没有任何直接帮助,但它可以让我们的国家更加值得保卫"。近年来,有一种趋势是要求从事学术研究的科学家证明他们的研究能形成实用的衍生产品，从而证明他们从纳税人那里获得的财政支持是合理的。坦率地说，要求斯蒂芬·霍金（Stephen Hawking）证明其对黑洞的研究引导了工业活动，或以同样的理由要求弗朗西斯·克里克证明他在 DNA 方面研究的合理性，就和要求威廉·莎士比亚或汤姆·斯托帕德（Tom Stoppard）证明他们的戏剧对经济增长做出贡献一样。他们可能会这样做，但这不会成为他们的工作重点。

创新不可强加于不情愿的消费者身上

创新不一定是件好事。如果创造出有毒或危险的产品，创新就是有害的。弗里茨·哈伯不仅研发了合成肥料，还发明了侵袭战壕的毒气。创新对于普通人来说也可能毫无用处。到目前为止，载人航天飞行成为有益的探索和娱乐活动——以登月以及以阿波罗计划为雏形的电影为人类文化增添了浓墨重彩的一笔，但载人航天并未给经济带来非常显著的收益。当然，在探索如何研发具体技术的过程中，确实会衍生出某些其他技术（虽然，作为其中技术之一，不粘锅的问世成了一个传奇，反之，特氟龙对阿波罗计划而言一定至关重要），但若在其他企业上投入了类似的巨额预算，我们将难以确定这类衍生技术是否就不会被研发出来。例如，喷气推进实验室曾声称，若没有航空飞行，拍照手机、计算机辅助测试（CAT）扫描、发光二极管、运动跑鞋、保温毯、家庭隔热设备、无线耳机以及冻干食物等均不会问世。因为在研制它们的过程中，某些航空项目的研究员对它们的问世做出了一定贡献。这是一条不合理的推论，也是一个非常值得怀疑的说法。

再次重申，这不是对航天计划吹毛求疵：我仍然对尼尔·阿姆斯特朗（Neil Armstrong）和美国纳税人致以衷心的谢意，是他们慷慨地扩大了我的知识和想象力的版图，在我 11 岁那年为我带来激动人心的时刻。但是载人航天探索并未真正通过作为一项创新的测试，这一项目可能永远都不会有回报。从这个意义上来看，它更像是艺术活动。是在为人类福祉做贡献，因此在没有补贴的情况下开展起来。一项创新必须经得住两大考验：一是对个人有用，二是完成某些任务时必须节省时间、精力或金钱成本。那些比现有设备更昂贵，却无额外好处的东西，无论多么匠心独具，都不会兴盛起来。由于成本问题，面向太空的制造业可能永远无法通过这项测试。

创新让彼此更加依赖

创新为人们的生活带来了什么？我曾说过，人类历史上一大恢宏的主题，就是日益专业化的生产与日益多样化的消费需求相适应。我们所生产的东西——我们称之为一份工作越来越精细，这是为了让我们的消费越来越多样化。与自给自足的农民相比，大多数现代人的工作内容较单一，但生活却更加丰富多彩。这与其他动物只消耗自己所生产的东西形成了对比。纵观历史中的经济衰退——从罗马帝国的衰亡到经济大萧条，它们都体现出人们倒退回更像是自给自足的状态。相比之下，经济的腾飞——从农业的发明创造到移动互联网的出现，体现出腾飞伴随着人们越来越紧密的依赖和合作，这种依赖与合作体现在人们售卖一种专业的服务，并购买获得任何其他服务：人们为了彼此而工作。创新既让"工作"越来越精细化，又扩大了其他业务的范围。在此基础上，我们有理由预测，能让产品越来越专业化、或让消费越来越多样化的新事物将盛行起来，而那些让我们回到自给自足状态的事物将不会流行。

等等，我听到你说，互联网不是做了相反的事情吗？现在，你无须麻烦旅行社帮你预订机票，自己就可以完成预定。你也无须请打字员边听你讲话边做记录，自己敲键盘即可完成。好吧，你这样想的时候，你就带有社会上富裕阶层的观点了，他们能够聘请旅行社和秘书。通过网站的形式，互联网将旅行社带到你面前。通过装有拼写检查、格式调整和图形功能的文字处理程序，互联网将"秘书"带到你身边。

正如经济学家唐纳德·布德罗所指出，这就是今天与一个世纪之前不同之所在，今天很难从人群中认出富豪。下次你在餐厅吃饭时，观察一下坐在隔壁桌子的人。他或她会是亿万富翁吗？不太可能，但你如何识别？通过保镖、停在外面的豪华轿车、他夹克上的私人飞机标志？了不得：这些都是奢侈品。那生活必需品方面呢？他或她的牙齿长得更好吗？腿更长吗？腰围更大吗？他或她穿了更好的衣服吗？她裤子上的破洞更少吗？（今天情况更有可能是破洞更多！）所有这些放在两个世纪前定是确定无疑的。今天却不行。她使用着相似的智能手机，连接着同一个互联网，去一样的洗手间，走进同一家超市。对当今西方国家的大多数人来说，存在不平等的地方大部分是在（尽管不是全部）奢侈品上，而非生活必需品上；至少，情况相较过去更是如此，过去穷人经常食不果腹，饿殍遍野，连最简单的事物，比如照明都无法获得。这就是为什么富人会大肆谈论葡萄酒和财产等奢侈品，这两种奢侈品的区别大到无边无际，却避而不谈裤子和书籍，因为这两样事物人人都买得起。创新通过提高工作效率从而实现提高所有人的生活水平。

创新不会造成失业

对于创新会破坏就业的担忧由来已久,最早可追溯到 19 世纪初由卢德将军和斯温队长发起的运动。1812 年,卢德分子四处捣毁织袜机,以抗议纺织业引入新机器。这一运动的灵感和名字是从一个可能是杜撰的故事中获得的。相传,1779 年,一位叫内德·卢德(Ned Ludd)的工人可能发动过类似的抗议。1830 年,在一位名叫斯温队长的神秘领导人的带领下,人们在农业生产领域发动抗议,闹事的劳工们焚烧了干草秸秆,并捣毁了脱粒机,这也是一场反对机器影响工人谋生的运动。经济学家大卫·李嘉图开始"相信机器代替人类劳动会经常对劳动阶层的利益造成损害"。然而,机器的到来非但没有让农村大幅陷入困苦的处境中,反而让农民的工资普遍上涨。农村剩余劳动力迅速在城镇找到工作,为收入更高的人供应商品。

认为技术导致失业的观点并没有消亡。约翰·梅纳德·凯恩斯在 1930 年曾担心,"技术进步促使效率提高,并造成难以解决的劳动力过剩问题"。1960 年,美国经济衰退导致失业率攀升,《时代》杂志报道称:"许多劳动力专家往往把大部分责任归咎于机械自动化,"而且情况变得更糟,"让许多就业专家更担心的是,机械自动化可能会使得经济无法创造出足够多的新就业机会。"到 1964 年,林登·约翰逊(Lyndon Johnson)总统成立了国家技术、自动化和经济进步委员会,来调查创新是否会破坏就业。1966 年 2 月,委员会报告称,美国失业率已回落至仅 3.8%。尽管如此,委员会还是建议严格采取措施来公平分配剩余工作,内容包括保证最低收入和将政府作为最后的雇主,因为"机器系统的输出可能是无限的,且这些系统将很少需要人类参与进来"。

简言之，几乎世世代代都会出现创新会破坏就业的观点。到目前为止，这一观点被证明是错误的。过去两个世纪里，农业生产力显著提高，但是农民搬到了城市中，在制造业中找到工作。之后，制造业的生产力迅猛提升，释放了大量劳动力，这些人投入服务业中，但仍然没有出现大规模失业的迹象。蜡烛被电灯取代了，但灯芯修剪工找到了其他工作。数百万妇女从事有收入的工作，至少有一部分原因是因为洗衣机和真空吸尘器这类创新产品的出现，使得她们从诸多劳累家务中解脱出来，而就业率并没有下降，反而上升了。2011年，奥巴马总统以银行出纳员为例，阐述由于自动取款机的问世，这一职业由此消失。他说错了：今天雇佣的出纳员的数量要比取款机问世前多得多，且他们的工作内容要比仅仅数钱有趣得多。就在我写这篇文章的当天，英国符合工作年龄的从事有收入工作的人口比例刚刚创下历史新高，达到76.1%。

今天，人们认为正是人工智能领域的创新可能让许多人失业。许多人说这次情况不同，这一次是机器的认知技能与人类的大脑相竞争，而非其机械蛮力，这让工人无路可走。我有时会对提出这种问题的学者、政客回答道，你这样讲的意思是说像你们这样的知识分子——还有律师和医生现在受到了威胁，而不仅是农民、家庭主妇和工厂工人受到威胁。这是某种程度的诡辩。

卡尔·弗雷（Carl Frey）和迈克尔·奥斯本（Michael Osborne）在2013年发表了一项极具影响力的研究。他们得出的结论是，在"10年或20年"内，美国47%的工作岗位面临变为自动化的"高风险"。然而，经合组织重新研究了这一问题，使用了一个更合适的数据库，并得出结论，由于机械自动化，将有9%的工作岗位面临消失的危险，这个数值比让人不寒而栗的47%少得多。并且即便如此，其他岗位的就业人数也会随之增加。不过这种骇人听闻的结论经常受到政客和记者的青睐。正如经济学家J.R.沙克尔顿（J. R. Shackleton）说道："对技术的恐慌已经诱使政客们考虑未经检验的政策，这些政策由政治激进分子奋力推行，但推行原因与现有工作受到的威胁几乎没什么关系。"最近一项调查显示，美国82%的人认为，未来30年内，机器人和电脑将"很可能或一定会完成人类所做的大部分工作"，但只有37%的人认为它们可以胜任"自己所从事的工作"：这真的是巨大反差。

事实是，今天创新并未表现出异常快速、彻底或具有威胁性的方面，正如它并未这样影响工作一样。毕竟，亚当·斯密指出，生产的目的是消费；工作的目的是赚够钱来买到你想要的东西。生产力的提高意味着获取所需商品和服务的能力提高，因此对提供这些商品和服务的人的需求也会提高。只有现代工作者的生产力、购买力普遍保持高水平，才能让餐厅厨师、宠物兽医、软件专家、私人教练和顺势疗法医生持续经营下去。

创新还创造了全新的就业机会。对于维多利亚时代的人来说，今天人们从事的大多数工作听起来完全让人摸不着头脑。什么是软件，什么是呼叫中心，什么是空乘？创新让人们自由从事他们真正看重的事情。你不再为了免受饥饿而在你的菜园里开垦、除草，你可以选择出去工作，在一家商店里购买蔬菜。这是因为你的工作效率很高，你可以使这一情况变为现实。沃尔特·艾萨克森总结道："科学的进步一旦得到实际应用，就会创造更多就业机会、提高工资水平、缩短工作时间、生产出更丰富的粮食、让人们拥有更多的休闲娱乐和学习时间、也让人们学习如何生活，从而摆脱过去一直让普通人几近窒息的苦差事。"

此外,许多人并未注意到,机械自动化确实创造了额外的闲暇时间,我们没有强迫失业者享受这种闲暇时间,只是将它公平地分享出来。一个饶有趣味的事实是,1900年,美国人的平均寿命为47岁,人们从14岁起开始工作,每周工作60小时,没有退休的可能。一个普通人一生约有25%的时间在工作中度过,其余时间用于睡觉、待在家里和童年生活上。今天,这个数字大约是10%,因为人们的平均寿命约为80岁,人们大约将一半的时间花在教育和退休生活上,每天只花费1/3的时间(8/24)工作,只工作一周时间的5/7。50%乘以1/3、再乘以5/7,数值略小于12%。去掉几个星期的假期、一些病假和圣诞节这样的常规假期,你就只剩下10%了。这还是把午餐时间算在工作中。所以,总的来说,整个社会已经通过创新大力提高生产力,给每个人更多的休闲时间。当约翰·梅纳德·凯恩斯预测道,由于自动化,西方人每周只需工作15小时,或者赫尔曼·卡恩(Herman Kahn)预测到,我们将会减少到每周工作4天,有13周的假期时,他们并不像你所想的是在胡言乱语。

正如蒂姆·沃斯托尔(Tim Worstall)所言:"你或你们中,有没有谁完全拥有自己梦寐以求的一切,而这些都需要通过他人工作才能递到你跟前?你们中没有吗?还需要别人帮你搓背,剥葡萄皮吗?那么现在人们还有一两个工作可以做。"想象一下,如果机器人真的可以做你能想象到的所有事情(包括搓背和剥葡萄皮),并且它们的劳动力很廉价,那么就不再需要你出去工作挣钱。问题到底在哪里?你可以以零成本获得你想要的任何商品或服务。所以你无须谋生,因为生活是免费的。当然,这是不会发生的,尤其是因为总有一些你可以想到但机器人做不到的事情。(你真的想让机器人为你打网球吗？）并且即便是机器人只需要能量，它也不会在零成本的情况下运作。但这是一个有用的思维实验，工作本身并不是目的。

大公司不善于创新

创新往往来自外部。个人和组织皆是如此。约翰·哈里森（John Harrison）只是一名约克郡的钟表匠，在他通过在轮船上安装坚固的精密计时器解决了轮船定位经度的问题后，在一段相当长的时间内，当权者都没有正眼看待他，因为他并不是科学界的显要人物，他的解决方法也未涉及先进的天文学知识。从托马斯·纽科门到史蒂夫·乔布斯，这些伟大的创新者往往籍籍无名，他们来自不受关注的地区，没有广博的人脉、显赫的教育背景。

在天平的另一端，大企业也常常被更具创新力的行业新秀淘汰。IBM让微软杀了个措手不及，而微软又遭到谷歌和苹果公司的回马枪。尽管柯达是胶片时代的霸主，但它并未发展数码摄影业务。反而，它眼睁睁地看着整个行业受到电子产业的入侵，自己的商业模式被打乱，走上消亡。2012年，柯达申请破产保护。事实上，这种说法并不完全正确。柯达的确研发了数码摄影技术，但为了自己巨大的既得利益，它希望数码摄影消失，而非深入探索这一技术。1975年，一位叫史蒂芬·赛尚（Steven Sasson）的年轻柯达研究员制造出一台体积庞大的相机，这台相机可以将模糊的电子图像记录在盒式磁带上，这样在电视屏幕上就可以显示出这些图像。赛尚尝试让公司高管们对他的发明提起兴趣，但高管们表示这项发明造价昂贵、不切实际、质量低劣，所以反对这一发明。赛尚透露给《纽约时报》："相片出现在我们生活中已经有 100 多年了，没有人抱怨相片的存在，它们非常便宜，所以怎么会有人想在电视机上看自己的照片呢？"

大公司不善于创新，因为它们的官僚作风太严重，有太大的既得利益促使它们维持现状，而不再关注自己客户的实际利益和潜在利益。因此，若要推动创新，则必须有经济体鼓励创新，或者说至少允许外来者、挑战者或者颠覆者能站稳脚跟。这意味着开放竞争，从历史上看，这对大多数社会来说是一种极为罕见的特征。纵观历史，无论是贸易公司、手工业协会，还是国有企业，当权者都热衷于让它们处于垄断地位。

让大公司创新的唯一活动就是竞争。近几十年来，以沃尔玛（Walmart）、乐购（Tesco）和奥乐齐（Aldi）等公司为首的超市为客户带来了源源不断的创新产品：条形码、扫描仪、卡车对接卡车的装卸系统、免洗的蔬菜、即食食品、自家品牌产品、会员卡，等等。毋庸置疑，如果这些公司是国家垄断企业，它们的创新就会非常缓慢，或者根本不存在。零售业的大部分创新来自行业之外：公司对它们可以利用的新技术很敏感。

一些大公司几年前就认识到，他们不能依靠内部研发来为自己带来竞争所需的创新。宝洁公司就是一个很好的例子。正如 2006 年，两位高管给出解释：

到 2000 年，我们清楚地认识到，由我们自己发明的模式无法让公司处于顶尖地位。新技术的迅猛发展给我们的创新预算带来了越来越大的压力。我们的研发生产力已经呈平缓状态，而我们的创新成功率，即新产品达到财务目标的百分比已经停在了35%左右的水平。

首席执行官A.G.雷富礼（A.G.Lafley）开始调整宝洁的文化，他从公司外部获得一半的创新。这一"开放式创新"战略取得了预期的效果，宝洁恢复了自己推出成功新产品的速度。

开放式创新的终极形态是开源软件。它曾经是这个行业一个古怪的、波希米亚式的分支，成员大多是那些希望世界没有疆界、没有私人财产的空想家。20世纪80年代，理查德·斯托曼（Richard Stallman）的自由软件基金会开始反对大公司的专利软件，并押注于用户可以为创新做出贡献的想法上。他开发了GNU系统（Gnu's Not Unix的缩写）来挑战Unix操作系统的地位。1991年，林纳斯·托瓦兹发明了开源的Linux操作系统，这一系统融合GNU的功能，并逐渐占据了计算世界的大部分领域，获得超级计算机市场的绝对主导地位，最近它还在进军谷歌的安卓设备，扩展移动市场版图。2018年，IBM宣布将斥资300亿美元收购红帽（Redhat）这家开源软件公司。亚马逊通过亚马逊网络服务获得云计算领域的主导地位，完全是基于开源软件。因此，软件世界日益成为一个开放、自由分享创新的地方，它是一片不设围栏的大草原。这里非但不阻止创新，反而似乎起到了鼓励创新的效果。Linux基金会现在拥有数千个开源项目，可以"利用开源研发的力量，以无与伦比的速度和规模推动创新"。

赋予创新以自由

最好的开源式创新是由消费者自己创造的。麻省理工学院的埃里克·冯·希佩尔（Eric Von Hippel）认为，消费者们的自由创新是经济中被忽视的一部分，并且创新是由生产者创造的这一假设具有误导性。他计算了一下，为了让产品能为自己所用，数千万的消费者每年要花数百万美元来开发或修改产品。大多数消费者会在他们的空闲时间做这项工作，并将之无偿分享给他人。他列举了夜鹰（Nightscout）的例子，夜鹰是一款可以通过网络监控糖尿病患者血糖水平的技术，是几位糖尿病患儿的父母的心血之作。一家名为德康医疗（DexCom）的公司研发出可以通过皮肤贴片记录血液中血糖水平的传感器，贴片的检测数据通过接收器展示给顾客。2013年，纽约州利沃尼亚（Livonia）地区的一名超市软件工程师约翰·克斯蒂克（John Costik），因为担心无法获知自己年幼的儿子在校期间的血糖水平，于是侵入这款设备，这样他可以从网络上看到儿子的数据，之后他在社交媒体上将源代码分享给他人。这些分享的人中有一位来自加州北部的工程师林恩·德斯伯勒（Lane Desborough），他也有一位患有糖尿病的儿子，他设计了一款家庭展示系统，并将之命名为夜鹰。这一系统又引起南加州的一位叫作杰森·亚当斯（Jason Adams）的分子生物学家的注意，他也有个患有糖尿病的儿子，他在脸书上创建群聊，让家长们借此使用夜鹰系统。只是因为考虑到法规和知识产权，这些家长没有更早发布开源代码，这些人不是为了追求利益。这一种趋势最近的进展是糖尿病患者开始自行设计并研发出配备有开源软件的人造胰腺。

随着设计工具计算机化、通信成本价格低廉，人们能够在家里完成曾经需要在公司实验室才能实现的工作，自由创新的机会大大增加。自由创新者不必顾忌创新是否有利可图，他们可以探索在公司不会涉足的想法。不过由于他们不追求盈利，他们不一定会努力向人们宣传他们的发明，所以创新的传播速度很慢。冯·希佩尔说道，公司不是不会注意到自由创新的发展趋势，相反，公司现在正"挖掘"自己消费者的创意。例如，冲浪板的制造商就将冲浪者做出的修改作为它们应该如何改进设计思路。

自由创新者很少申请专利或版权，这意味着他们愿意将创新自由分享出来。冯·希佩尔的同事安德鲁·托伦斯（Andrew Torrance）认为，根据普通法和美国宪法的规定，在言论自由的权利下，个人享有自由从事创新、使用个人创新、公开并讨论个人创新的基本法律权利。而这并未阻止政客们在他们创新的道路上设置障碍。托伦斯和冯·希佩尔认为，1998年的《数字千年版权法案》（*Digital Millennium Copyright Act*，DCMA）旨在打击免费复制或"盗版"行为，这些行为是由于黑客破解合法购买的软件造成的，它对自由创新者的创新能力造成了严重的附带性损害。《数字千年版权法》有力打击了除侵权之外的"正当使用"的生存空间。托伦斯认为，起草该法案的人显然不知道自由创新的存在，更不用说会知道立法可能对其造成的损害。

有趣的是，托伦斯和他的动物学家同事莉迪亚·赫柏（Lydia Hopper）指出，用户为了自己的利益而进行自由创新，是唯一一种非人类动物热衷的活动。也就是说，在非人类世界中，没有生产者和消费者一说。

第 10 章

造假、骗局、跟风和失败

> 我们若想前进,就需要承受巨大失败。如果我们不失败,我们就不会有所改变。你真的要努力做出改变,你会失败,但没关系。
>
> 杰夫·贝佐斯

造假的炸弹探测仪

创新缔造了无数奇迹,因而会吸引造假者、骗子、赶时髦的人还有失败者紧随创新而来就不足为奇了。这些推动特殊创新的人,要么知道这些创新行不通,要么天真地希望创新行得通,但不会成功。回想一下安然公司,这家能源公司曾尝试转型成线上能源交易平台,后来成为一家大宗商品贸易公司。1996～2001年,该公司连续六年被《财富》杂志评选为"美国最具创新精神公司"。可就在2001年底,随着公司做假账、在资产负债表中掩饰亏损的事实被揭露出来,该公司宣告破产,给股东造成了超过740亿美元的损失。安然的高管们一直向股东夸大对创新带来的股息的承诺,到公司破产时也在这样做。

初闻这个假创新骗局时,韦德·夸特鲍姆(Wade Quattlebaum)听起来像个非常不可信的名字,但事实上这是他的真名。20世纪90年代,这位美国汽车经销商、业余寻宝者开始售卖一款名为"夸德罗追踪正分子定位器"(Quadro Tracker Positive Molecular Locator)的创新产品。

这是一款比谷佛（Gopher）㊀程序更灵巧的装置，旨在帮助人们寻找丢失的高尔夫球。夸特鲍姆称，他的装置还可以定位毒品和炸药。该装置装有自由摆动的天线，作用和探测杆一样，天线装在枪把上，而枪把与系在腰带上的盒子相连。

易上当的人可能会说服自己，这个摆动的天线是受某种信号的影响而晃动的，并非由于手的动作。这和相信灵牌的自我欺骗（或者可以说是"意念反应"）一样。很难想象有人会对这一明显的骗局信以为真，但就因为这款设备声称可以检测高尔夫球，也可以检测炸药和毒品，所以确实有人对此深信不疑。夸特鲍姆与一些销售员签订合约，将这款设备卖给学校，用以检测毒品。后来，FBI介入调查，法官认定该装置为假货，禁止其出售。1997年，夸特鲍姆和三位合伙人因三项邮件诈骗罪名和一项合谋实施邮件诈骗罪名而被起诉。不过由于诉讼程序问题，他们被判处无罪。

这只是一段小插曲，而事情很快愈演愈烈。该公司的秘书马尔科姆·斯蒂格·罗伊（Malcolm Stig Roe）弃保潜逃至英国。在英国，他将这一设备"旧酒装新瓶"，并将新产品卖给了警察部队。一位叫吉姆·麦考密克（Jim McCormick）的退休英国警察签约成为经销商，他随后决定自己生产出尺寸更大、质量更高、标价也更昂贵的设备。2006年，麦考密克毫不费力地说服一家工厂生产自己的"ADE650"探测仪，并自称高级战略安全与通信有限公司（Advanced Tactical Security & Communications Ltd）。他以每台1万美元的价格向黎巴嫩军队出售了

㊀ 一种在互联网上快速查找资料的程序，拥有强大编目，可将互联网上的文件组织成某种索引，方便将用户从互联网的一处带到另一处。——译者注

5台设备,黎军方随后又订购了80台。很快,其他国家的政府也加入订购队伍中,金钱滚滚而来。

麦考密克的真正敛财契机出现在伊拉克2003年陷入宗教暴力事件之后。他的炸弹探测仪受到伊拉克当局热捧,伊拉克当局向他订购了5000台最新型号的"ADE651",在路障上使用它们来探测汽车中的爆炸物。但这些机器没有任何探测效果,它给人们的虚假保证导致无数人死亡。麦考密克攫取了巨大利润,在巴斯市(Bath)购买了一栋价值300万英镑的豪宅,在塞浦路斯购置一处住宅,还买了游艇和骏马。最终,经记者调查后,麦考密克被判处十年监禁,他仍然申诉这些设备是通过"核四极共振理论"工作的,管它这理论是什么。

伪造炸弹探测仪的故事让人不安,因为毫无疑问这是一场骗局。但它有点"创新"的样子,使得它足以可信,能够出售。人们想要相信凭借一个简单装置就有可能探测到炸弹,于是他们对这一假冒的创新信以为真。麦考密克很聪明,他给这一设备定了高价:价格便宜的话这场游戏就露馅了。

幻影游戏机

有一种行为看上去稍微少点欺骗性,那就是在开发完成前就开始为产品做宣传,即使你知道这一产品根本不会问世。2002年,一位叫蒂姆·罗伯茨(Tim Roberts)的创业者创办了一家名为无限实验室(Infinium Labs)的公司,这家公司后来贴切地改名为幻影娱乐(Phantom Entertainment)。该公司承诺将制作一个"颠覆性的新游戏平台",这一平台可以个性化定制在线视频游戏,而不再依赖盒式磁带或磁盘来加载游戏。这样，游戏机可以加载当前和将来的个人电脑游戏。热切的游戏玩家翘首以盼，期待着这款游戏机在2003年发布。

2003年8月，该公司宣布产品发布推迟到2004年初，售价为399美元。随后推迟到2004年11月，之后是2005年1月，然后是2005年3月，接着是2005年9月。2006年8月，公司干脆从官网上完全下架了有关该产品的所有内容。当时，美国证券交易监督委员会（SEC）已经指控幻影公司和罗伯茨通过公布有关幻影游戏机的信息来非法抬高股价。罗伯茨与SEC达成协议，协议的一部分是支付罚款，并同意不再担任公司董事。

这是一个典型的"雾件"⊖案例，即保持对一个软件的宣传，在某些情况下，这种宣传可能是为了诱导消费者不去购买竞争对手的产品而设计安排的。这个术语是由埃丝特·戴森（Esther Dyson）在1983年杜撰的。对于"雾件"来说，稍微温和的说法已存在很久，那就是你有信心解决某一问题，并且在你最终解决之前，你对外公布问题已经解决。这就是著名的"伪装一切，直到你成功"。人们在得到一条（无关的）心理暗示后，经常变得更加自信。托马斯·爱迪生并不反对公布他还未能造出的产品，包括那盏确实造出的白炽灯。并且坦率地说，假装你有所创新，直到你最终创造出来，这种做法多年来令数字产业的领军人物大受裨益。但它也产生了近年来最大的丑闻。

希拉洛斯的溃败

十几岁的伊丽莎白·霍姆斯（Elizabeth Holmes）并不是个古怪的

⊖ 已投放广告但未上市的计算机程序或产品。

孩子。中学时，她踌躇满志、勤奋刻苦、每天只睡几个小时，甚至在进入斯坦福大学学习之前，她就开始学习中文，并在各大生物医学实验室参与实验。伊丽莎白的家族人脉广博，虽然如此，她却从小下定决心在自己选择的医疗诊断领域开辟一条道路。2003 年，19 岁的她从斯坦福大学辍学，创办了一家名为希拉洛斯（Theranos）的公司，旨在通过检验一滴血以给人们带来无痛、低价的主动式医疗保健服务，检测过程同使用智能手机一样便捷，为人称道。霍姆斯凭借个人魅力，将她的教授钱宁·罗伯逊（Channing Robertson）以及教授的一名博士生纳入科研队伍，并获得硅谷几家巨头公司 600 万美元的风险投资。该公司计划简单高效地进行血液检测，公司前途无量的创业之路有一个坚实的开端。

霍姆斯的商业核心是一项获得专利的创新：一块用微型针将血液吸出的贴片，和一片分析血液并为每位用户创建疾病图谱的硅晶片。这块贴片至今未出现在当前的设备中，更别说投入使用了，硅晶片更是如此。但是以硅谷企业的发展趋势来看，这些设备似乎可以在不久的将来问世。霍姆斯实际上在用摩尔定律为自己下赌注：她假装自己研制出这些设备了，直到真正可以研制出它们为止。她的英雄是史蒂夫·乔布斯，一位要求完成显然不可能做到的事情、拒绝听到"不"，却在苹果公司缔造技术奇迹的男人。伊丽莎白将自己的产品比作"医疗保健领域的 iPod"。她总穿着黑色高领衫，喝着甘蓝奶昔，时时表达自己对史蒂夫·乔布斯的钦佩。她会引用《星球大战》中尤达（Yoda）的台词："要么去做，要么放手，没有尝试一说。"

但是通过微流体技术将产品小型化，并非像半导体中的产品小型化那般容易。晶体管的尺寸越小，设备可能会越可靠，但对于血液诊断测试的仪器而言，事情并非如此。伊丽莎白很快放弃了贴片的想法，转而提出了一个稍微更切合实际的构想，那就是从指间抽取少量血液，将其导入获得专利的"纳米容器"中，之后将血液分成几个小份，与各种特定的试剂进行反应，检测出来的结果传送到实验室。伊丽莎白研发了一台基于实验室的机器人，名为爱迪生。后来她推出了尺寸更小的迷你实验室，内部装有分光光度计、细胞仪和恒温放大器。伊丽莎白的目标是，对主导血液检测行业的两家获利丰厚的公司⊖发起挑战，并打破其垄断地位。

但事实是，这些设备无一能正常运作，希拉洛斯对此一直保密，对员工也不予透露。一大批员工离开了公司，他们要么对公司大失所望，要么是被公司解雇。公司还对竞争对手和专利侵权者提起诉讼，其中包括伊丽莎白父母的朋友理查德·富兹（Richard Fuisz），一位前中情局特工，兼任医疗器械创新公司负责人，这起案件最终导致希拉洛斯的首席科学家伊恩·吉本斯（Ian Gibbons）自杀。伊恩·吉本斯曾负责公司多项发明，同霍姆斯一起在发明专利上署名。因为曾对公司技术表示担忧，吉本斯被公司降职。在富兹专利侵权案开庭的前夜，作为出庭证人的他服用过量药物而自杀。

尽管这些创新未能问世，也未与霍姆斯所追求的设备匹配，但希拉洛斯还是成了硅谷的宠儿。希拉洛斯的董事会可谓荟萃了老一代政界名流，最终成员包括前国务卿乔治·舒尔茨（George Shultz）、前国防部长威廉·佩里（William Perry）、前国务卿亨利·基辛格（Henry

---

⊖ 在美国，诊断性实验室检测工作主要由两家公司垄断，分别是奎斯特诊断公司（Quest Diagnostics）和美国实验室控股公司（Laboratory Corporation of America）。这项业务领域每年的产值大约为750亿美元。——译者注

Kissinger)、前参议员萨姆·纳恩（Sam Nunn）、比尔·弗里斯特（Bill Frist），以及前海军陆战队将军詹姆斯·马蒂斯（Jim Mattis）。这些大名鼎鼎的人物均对微流体一无所知，但他们的存在却给潜在客户留下了深刻的印象。2011年，希拉洛斯同沃尔格林㊀达成一笔交易，在沃尔格林门店内安放检测设备，使用化学发光免疫分析技术，对顾客血液进行192项即时检测。由于担心错过这项创新技术，沃尔格林的高管们无视他们聘请来核验希拉洛斯声称的技术的专家的忧虑。同样，连锁超市西夫韦（Safeway）也与希拉洛斯达成伙伴关系，对其员工进行血液检测，为它将来对顾客推出健康中心服务做准备。西夫韦的经理们曾一度怀疑检测结果缓慢且不可靠，但公司高管对他们的担忧不予理会，这些高管早已被霍姆斯的魅力所折服。

与此同时，霍姆斯说服马蒂斯将军，两人签署了一份在战场上使用希拉洛斯血液检测设备的军事合同。这使得五角大楼的专家就希拉洛斯设备的监管情况对合同提出质疑。霍姆斯就此向马蒂斯抱怨，后者斥责了审核官员。但由于希拉洛斯未能交付其设备，这一项目最终搁浅。尽管如此，希拉洛斯仍然吹嘘其设备已在中东战场上投入使用。它还声称，约翰斯·霍普金斯医学院已对希拉洛斯的技术进行了尽职调查，并证实它"新颖且可靠"。而事实上，该公司甚至从未向约翰斯·霍普斯金医学院交付任何设备。那些要求参观希拉洛斯实验室的人，一次次地被各种借口搪塞，或者只被领到实验室参观其他公司生产的传统血液分析仪。

然而，资金和名人代言仍然源源不断地涌入。投资超过1亿美元的

㊀ 美国最大连锁药店运营商，创办于1901年，在美国运营近1万家药店，主要提供各类药品的销售和健康咨询服务。——译者注

人包括沃尔顿家族、鲁伯特·默多克（Rupert Murdoch）和下一任美国教育部长贝齐·德沃斯（Betsy DeVos）。2014年，希拉洛斯的估值达到了惊人的90亿美元，赶超优步，而伊丽莎白·霍姆斯当时也成为亿万富翁，登上了多本商业杂志的封面，并接受了《纽约客》杂志的专访。美国总统巴拉克·奥巴马任命霍姆斯为全球创业大使；比尔·克林顿（Bill Clinton）在克林顿基金会会议的舞台上对她进行采访；她为希拉里·克林顿（Hillary Clinton）主持了一次募捐活动；副总统约瑟夫·拜登（Joe Biden）为她的新实验室揭幕，并表示："我知道FDA最近对你的设备给予了积极评价"。而事实并非如此，因为希拉洛斯只计划使用其设备，并未将之出售，所以它钻了联邦法律的空子。投资者、董事、客户和评论员普遍认为，一定有人已经对这一创新设备进行过检查，并测定它可以使用，否则霍姆斯不可能如此成功地筹集资金——这是一个循环论证。

霍姆斯和她的副总（也是她的秘密情人）桑尼·巴尔瓦尼（Sunny Balwani）所设想的事情最终会发生什么，我们尚不清楚。也许他们期待能有一项真正的技术突破来拯救他们。但是就算希望微流体技术取得突破性进展，他们还是违反了创新的关键规则，即为防止最难的问题无法解决，首先要解决这些难题。致力于疯狂的"登月"创新计划的谷歌的"X"团队将这一规则形容为"猴子第一"：如果你的项目想让一只猴子站在底座上背诵莎士比亚的文章，那么先发明底座、再解决训练猴子说话的难题就大错特错。

或者，也许霍姆斯和巴尔瓦尼在自我欺骗，他们以为突破性技术已经出现了，只是由于他们不断解雇的员工无能，让这一技术未能出现在实验室。不要低估自我欺骗和打着崇高事业的幌子进行的腐败贪污的影响：这会出现一种倾向，即认为正当理由可以为任何手段辩护。正如了解安然丑闻的资深人士妮可·阿尔维诺（Nicole Alvino）谈及希拉洛斯事件时写道："骗局不是一瞬间发生的。相反，它的出现更像是一条缓慢形成的面包屑小径㊀，是由沿途做出的许多看似无害的小决定导致的最终结果。"就像几乎所有的复杂事物一样，犯罪也是慢慢升级的。

不管怎样，希拉洛斯事件声势浩大地演绎了创新失败。这个世界已经习惯了创新带来的奇迹般的、颠覆性的变化，以致有时会忘记对狂妄自大的虚假声明持怀疑态度。

最终，希拉洛斯的一名实验室主管辞去了公司职务，提心吊胆地揭发了那里发生的事情。他首先向一位博主揭发，然后向一位《华尔街日报》的调查记者约翰·卡雷鲁（John Carreyrou）反映。他告诉卡雷鲁，希拉洛斯运作在一种恐惧的文化之下，其大部分检测都是用西门子的机器进行，为了得出检测结果，他们会稀释样本以获得足够剂量，而这本身就让检测结果变得更不可靠。公司用自己生产的机器爱迪生所做的检测，如对促甲状腺激素水平的检测结果更骇人听闻。州巡视员被骗了，公司只带着他们参观了两个实验室中的一个。希拉洛斯违反了实验室能力比对验证的规则。

最糟糕的是，患病的顾客被告知自己身体健康，而健康的顾客却被告知患病。卡雷鲁很快证实了这一点，他自己做了检测，检测结果给他的身体拉响了四个错误警报，这份结果很快被更传统的血液分析推翻。面对卡雷鲁的质询，希拉洛斯对其进行威胁，并高价聘请一众律师对他知道的和

㊀ 德国著名童话故事《汉泽尔与格蕾太尔》中，当汉泽尔和妹妹格蕾太尔穿过森林时，他们在沿途走过的地方都撒下了面包屑，用以帮助他们找到返家的路。——编者注

可能知道的知情人进行恐吓，同时拒绝卡雷鲁采访霍姆斯。

2015年10月，卡雷鲁在《华尔街日报》发表文章，掀起惊涛骇浪，霍姆斯对此进行激烈反驳。希拉洛斯声称，卡雷鲁的论述"在事实和科学上都是错误的，是基于毫无经验且心怀不满的前员工与同行的毫无根据的臆断"。卡雷鲁的一位线人泰勒·舒尔茨（Tyler Schulz）承受着来自希拉洛斯的律师和自己祖父的重重施压，他的父母还支付了40万美元的律师费，尽管如此，他也未选择屈服。那时越来越多的知情人站出来了。鲁伯特·默多克同样拒绝插手《华尔街日报》的工作，尽管霍姆斯和希拉洛斯董事会成员强烈要求其这样做，尽管他对该公司进行了巨额投资。

最后，在事件被披露之后，联邦监管机构对希拉洛斯展开调查，发现其实验室的操作存在严重缺陷，有可能"立刻危及患者的健康和安全"。2017年，希拉洛斯解决了由投资人提起的几起诉讼。2018年3月14日，SEC指控希拉洛斯、霍姆斯和巴尔瓦尼从事"精心策划、持续多年的欺诈"。6月14日，霍姆斯和巴尔瓦尼被指控犯有九项电信诈骗罪和两项合谋实施电信诈骗罪。他们拒不承担任何罪名，相关审判将于2020年展开。

到希拉洛斯被叫停之时，它已经对将近100万人进行了血液检测，几乎肯定的是，它给予一大批人的不是错误的警报，就是错误的安抚。希拉洛斯即将在沃尔格林8000多家门店开展更大规模的服务。万幸的是，约翰·卡雷鲁的调查几乎单枪匹马地遏止了一场健康灾难。卡雷鲁认为人们仍然需要从此吸取一个普遍的教训："吹嘘你的产品，获取资金，同时掩盖自己的真实进度，寄希望于现实最终能赶上你的吹嘘，这种现象在科技行业中仍然在得到宽容。"

今天，已有其他公司声称自己至少实现了希拉洛斯曾致力于实现的事情。以色列的视力诊断公司正通过指尖取血，使用机器视觉技术识别血液中的细胞，来诊断包括疟疾在内的多种疾病。不过希拉洛斯的惨败让这类公司难以得到正视。一项创新的惨败会为后继者留下一片焦土。

创新收益递减导致的失败：手机

大多数创新失败并非由欺骗所致。许多是由于人们怀着赤忱之心，试图改善世界，但并未完全实现这一目标而导致的。手机市场的历史就说明了这样一个例子。

自20世纪90年代手机体型变小、价格降低并逐渐流行起来时，手机就经历了持续不断的革新。它的体型变小了，电池变薄了，可靠性提高了，新的功能也层出不穷。2000年，诺基亚手机增加了短信收发功能；2005年，摩托罗拉手机配置了摄像头；2006年，黑莓手机推出电子邮件业务；2007年，iPhone推出触摸屏、音乐播放和应用程序功能。智能手机部分或全部地取代了相机、手电筒、指南针、计算器、笔记本、地图、地址簿、文件柜、电视，甚至卡包的需要。2016年，我们可以在三星Galaxy手机或者iPhone 6上看电影、分享自拍照、浏览社交媒体。手机不再只是黑色、只具备功能性，它色彩多样、时尚轻薄。自20世纪90年代初，手机从砖头大小逐渐缩小后，智能手机又再次开始变大，不过这一次机身变得轻薄。变化永无止境，手机升级到下一种型号似乎和服装设计的变化一样自然。

然而，诺基亚、摩托罗拉和黑莓都痛苦地倒下了。诺基亚最初涉足木材造纸业，1865年它在河边创办了造纸工厂。后来，它转向制造发电机，然后开始面向林木工人生产靴子一类的产品，最后，诺基亚成为最早一批投身手机产业的公司，成绩斐然。自1992年后的10年间，该公司在产品研发上投入400亿美元，投入资金数目远远超过同行业的苹果、谷歌以及任何其他公司的投入。诺基亚可以承担这些资金开支，因为在2000年，诺基亚的市值超过3000亿美元，到2007年，它在全球整个手机行业占据40%的份额。将资金投入到研发上，产生了许多正确的想法：公司构想出智能手机和平板电脑的早期原始模型，这些机器就像苹果手机一样有着彩色触摸屏，屏下方有一个按钮。不过诺基亚未能将这些创意研发成实际产品，因为公司对这一创意持谨慎态度，公司内部两个软件工程师团队在相互竞争，并且公司由语音电话业务主导。诺基亚认为自己有时间转向一个移动设备完全是软件而不是硬件的世界：诺基亚想温和地改变它的核心业务，而非突然发起变革。高通首席执行官保罗·雅各布斯（Paul Jacobs）发现，在行动之前，诺基亚要比其他手机制造商花费更多的思考时间："有时我们会给诺基亚提供一项新技术，在我们看来，这可能会是一个巨大商机。不过诺基亚不是马上开始利用这个机会，而是花很长时间（可能要6～9个月）来评估这个机会。等到他们评估好，机会往往已从手中溜走了。"诺基亚和黑莓一样，虽然看到了iPhone手机的明显缺陷，但未能看到iPhone会带来何种技术革新、如何受人追捧。微软最终以7.2亿美元收购了诺基亚的手机业务。创新，往往会自食其果。

2017～2019年，智能手机的创新开始停滞。人们提不起多大兴趣来升级自己的手机，销售额也开始止步不前。全球年销量还在无情地向每年销售20亿部迈进，但从未达到这一数值，也许永远达不到这一数值。手机提供的新功能看上去只有一点点用处，但其标价过高。手机接入3G网络是必须的，接入4G似乎是可能之需，而未来的5G似乎是一种奢侈，并且无论如何，它的到来要比预期慢得多。2019年，华为发布了Mate X，这款手机可以折叠成8英寸大小的正方形，但售价竟高达2600美元。三星也发布了Galaxy折叠屏手机，但样机的屏幕总是破裂，所以其商业发布被推迟了。这种创新失败不是由欺诈或者造假导致，而是由于收益递减。一部手机看起来有用的功能是有限的。这也证明了，与许多人看法不同的是，除非人们想要接受新想法，否则创新不能将新想法强加给他们。

未来的失败之作：超级高铁

2013年，特斯拉汽车公司创始人埃隆·马斯克（Elon Musk）公布了一份有关新型交通运输系统的白皮书，并称之为"超级高铁"。马斯克称，现有的城市间高铁计划依赖于老式、昂贵且低效的技术，现在是时候寻找一种新型运输模式了，这种运输更安全、更快捷、更便宜、更方便、不受恶劣天气的影响、可持续性自主供电、不受地震影响，也不会破坏沿线设施。按照马斯克的提议，答案就是一条部分真空的管道，在这条管道中，28座的巴士（或"胶囊列车"）在太阳能电池板供电下，可以在磁悬浮真空管道中以每小时1223千米的速度飞速行驶。这样从洛杉矶到旧金山的行程只需35分钟，整个项目将耗资75亿建成，相当于建设高铁的1/10。

马斯克是对的，快速交通最大的限制因素是空气阻力，而车轮的摩擦力是另一限制因素，这就解释了飞机为何会飞入空气稀薄的平流层，导弹会飞入太空。但在地面创造稀薄的空气条件昂贵且困难，修建磁悬浮也是如此，而在管道内加速以及做高速曲线运动也是有风险的，这需要细致的设计制造，更不用说大部分路线需要是直线或者非常柔和的曲线。

马斯克并未提议自己建造这条超级高铁，而是将这一项目抛出来，把它作为一个开源想法，让别人进行开发。几个月内，美国、中国、欧洲以及其他国家的初创公司开始实施这个想法。超级高铁技术公司（Hyperloop Transportation Technologies）在加州码头谷（Quay Valley）修建了一条5英里长的测试管道。许多追求这一梦想的企业家现在所想的是几乎纯正的真空，而非马斯克所提议的风机系统。顾问们已经为全球轻信的投资者展示润色过的演示文稿。但事实上，修建比现有运输方式更便宜、更可靠的超级高铁简直是无稽之谈。

首先，这根本不是一个新创意。早在1800年，乔治·梅德赫斯特（George Medhurst）就申请了"气动马车"（Aeolian engine）的专利——利用空气泵推动车厢运行。1812年，他提出了一个"在一条30英尺高的管道里利用风力来快速运输货物和乘客的计划"。1859年，伦敦气动派送公司（London Pneumatic Despatch Company）成立，该公司修建了一条管道，利用蒸汽机来压缩管道空气，各邮局之间通过这一地下管道运送包裹，时速高达60英里。1865年，公司在尤斯顿（Euston）和霍尔伯恩（Holborn）之间开通了第一条商业线路。为庆祝通车，公司董事长白金汉公爵搭乘其中一节特殊的座舱在隧道中行驶。公司紧接着出现财务和工程问题。包裹卡在了管道中（万幸公爵避免了这一劫难）。1874年，英国邮政局放弃了这一系统，公司很快破产清算。

气动客运线路又经历一次次尝试，但成果都不尽人意。1870年，阿尔弗雷德·依利·比奇（Alfred Ely Beach）在曼哈顿的一条街道下方设计并建造了一辆只有一节车厢、只运行一站的气动列车。这趟列车旨在展示，在风力推动下，乘客乘坐列车从线路一端出发，最后回到起点。此线路关闭时，已载客40万人，但此项想法从未得到大面积推广。

这些19世纪的构想没有考虑真空条件，但真空环境的想法本身就相当陈旧。1910年，罗伯特·戈达德（Robert Goddard）提出了与马斯克完全相同的计划：建造一列在真空管道内利用磁悬浮行驶的列车，从波士顿行驶到纽约不到12分钟。但这一构想一直停留在绘图板上。从20世纪90年代到21世纪初，无数人提出了真空管道磁悬浮列车的构想。所以这一概念没有什么新意，也没有理由认为已有某个突破性技术改变了现有状况。摩尔定律并不适用于运输技术，可能是因为需要运输的东西和人并没有变小。

接下来要考虑工程问题。如果你要建造一条延绵数千里、足够坚固的真空管道，就不要指望它的重量会轻。为了使管道笔直平缓，管道的墙壁必须坚固，且要有结实的底座来支撑。若时间从炎热的白天转到寒冷的夜晚，管道的连接处还需灵活处理热胀冷缩问题，且这些连接处必须密封、每平方米能承受6.67千克的大气压强。

保持真空条件并非易事，并且在紧急情况下，为营救乘客必须建立一套紧急机制以便让管道内恢复大气气压。但是任何此类机制都有着泄漏进空气的风险。重置气压、排空管道需要时间。胶囊列车本身必须加压，并且，乘客从正常气压环境下进入真空环境时需要经过空气锁，而这个装置可能会失灵。这些问题都难以攻克，但是请记住创新的黄金法则，即克服困难必须要试错，而非只是聪明地预测，并且试错成本可能不便宜。

接下来是土地问题。超级高铁要么必须在隧道中，但钻隧道的成本很高；要么必须在地面搭建支柱，但是地价并不便宜，且很难在不穿过居民区、不跨路或跨河、不穿山的情况下在地面找到一条笔直线路。（问一问铁路和筑路工人）凭什么说建造超级高铁比建造铁路更便宜，原因尚不清楚。

然后是能源需求问题。像日本中央新干线这样的现代磁悬浮列车，相比轨道列车要消耗更多的能源，而非更少能源。列车置于真空中会节省能源，但也带来损耗。因为不仅真空泵需要能源，而且由于空气阻力无法使列车减速，列车刹车需要更多能源。马斯克设想所有能源都来自太阳能，虽然太阳能板的成本已经下降了，但整体成本仍然昂贵——因为还有土地、基础设施以及维修的成本。为支持夜间供电，就需要开辟大量土地建造太阳能发电厂、生产大量电力。

除此之外，线路的承载量也是有限的。超级高铁若每小时承载 5000 名乘客，管道内每小时需发送 28 座胶囊列车 180 次。也就是每分钟发车三次。若要赶上发车极其准时的列车，你至少必须提前到达，并排很长时间的队。从逻辑上来看，这将使繁忙的机场看上去并不繁忙，特别是考虑到发往不同的目的地。我还没有提到安全问题，但它应该和机场一样严格。

虽然有决心的创新者可能会解决掉其中一些问题，但难以保证他们会通过节省资金和与铁路或航班竞争的方式来解决这些问题。如果汽车、火车和飞机不曾出现，那么这一效率低下的超级高铁将有价值可言。但这些交通工具确实存在，所以超级高铁必须和这些长期存在的交通方式竞争。很难不下结论说，我们对超级高铁大肆宣扬，是因为我们已经相信创新可以解决几乎所有问题。

失败是成功的必要组成部分：亚马逊和谷歌

如果世界将所有创新失败都认定为欺诈，或采取谨慎的方式对待创新失败，那么和众多国家、众多公司所经历的一样，世界将停止创新。毕竟，创新的主题就是不断摸索，而摸索错了就失败了。

就拿伦敦千禧桥来说，这座横跨泰晤士河的人行桥开放时声势浩大。大桥外形被设计得既薄又轻巧，就像一把刀剑，被誉为伦敦河景的锦上添花之作。2000年6月10日，大桥开放的第一天，就有超过9万人通过此桥，大桥几乎立刻出现了明显的问题。随着越来越多人通过此桥，桥身开始摇摆，一开始只是非常轻微地摇来晃去，但后来摇摆幅度增大了。大桥开放当天便暂停使用，随后通过限制人流量的方式再次开放，但还是出现问题。

两天之后，这座现在声名狼藉的"摇摇桥"关闭了一年半，其间，人们又耗资500万英镑对其进行加固。结果发现，是行人的自然晃动加剧了桥梁两端非常轻微的晃动，这就是正反馈效应的例子：桥梁摇晃得越严重，行人行走时就越晃动，从而加剧了桥的晃动。大桥在安装了37个减震器后再次成功开放，现在，它已成为伦敦城市基础设施中的一部分。

正如杰夫·贝佐斯经常自豪地强调，亚马逊是在迈向成功道路上失败的典范。"亚马逊的成功是一个函数，计算着我们每年、每月、每周以及每天进行了多少试验。犯错可能会让你受到一点伤害，但是慢下来会让你丧命，"贝佐斯曾说，"如果你可以把试验从100次增加到1000次，你会大大增加你创新的数量。"

贝佐斯聪明地发现图书是网上零售的不二之选,他经受住了大书店要在网上扼杀他的挑战,于1997年公开发行公司股票。随后,贝佐斯开始成为一家技术公司的负责人,对每项互联网发明都有所涉猎,并迅速壮大。在1998~2000年的互联网热潮中,亚马逊融资逾20亿美元,这笔资金大部分用于收购互联网初创企业。他收购了交易网站Exchange.com、社交网站PlanetAll、数据收集公司Alexa Internet、影视资料库IMDB.com、英国的图书销售商Book Pages,以及德国的一家在线书店Telebuch。布拉德·斯通(Brad Stone)在其著作《一网打尽》中(The Everything Store)做了记录,亚马逊还向其他初创公司进行风险投资,它们是:Drugstore.com、Pets.com、Gear.com、WinesHopper.com、Greenlight.com、Home-grocer.com和Kozmo.com。但这些公司几乎都在紧随而来的互联网泡沫中倒闭了。

1999年,亚马逊进军玩具零售业失败后,冲销了3900万美元的未售出商品。它还推出亚马逊拍卖业务,但未能竞争过eBay。首席运营官乔·加利(Joe Galli)从公司辞职,公司股价下滑,焦虑情绪弥漫整个公司。斯通将这种情绪描述为:"新的千禧年悄然而至,亚马逊站在悬崖边上,在2000年亚马逊亏损超过10亿美元。"雷曼兄弟的一位债券分析师拉维·苏里亚(Ravi Suria)指责亚马逊"极度无能",并预测公司将在1年内烧光所有钱,公司股价继续下跌。2001年,公司解雇了15%的员工。若亚马逊在那时(或稍晚一点)倒闭,甚至在2005年eBay的市值是其三倍的时候倒闭,那么这将是一个关于傲慢与复仇的警示故事。

但苏里亚所说的不称职实际上是亚马逊对创新的渴望和对失败的宽

容。在出错的创新中，总有一些是正确的。贝佐斯一次次地与其亚马逊的同事就他们所认为的无用想法争论不休。其中一个想法是停止在广告上投入资金。另一个是 Marketplace 服务的上线，第三方产品经销商可通过此服务与亚马逊自身产品相竞争。"如同往常一样，杰夫在与世界作斗争。"一位同事说道。贝佐斯的管理风格是经过专门设计的（正如他期望的那样），可以避免习惯于制度的中层领导因自满而扼杀创新的事故，这种事故在包括微软在内的大公司都曾出现。因此贝佐斯倾向于雇佣小的"双比萨"创新团队，二者可以互相竞争。他反感开大会、反感做 PPT 演示，他会实施一种反向否决权政策，即使有一个经理认为创意毫无价值，创意也需要向上层推荐。这些措施均用于鼓励创新，并以相对不痛苦的方式有效允许失败发生。正是这种达尔文主义式的过程让亚马逊发现了一项比线上零售更大的商机，那就是向外部用户提供云计算服务，这便是亚马逊网络服务（Amazon Web Services，AWS）。谷歌和微软后来才发现亚马逊正在做的事情，才看到亚马逊在多大程度上推动着科技初创公司的事业。贝佐斯就像 19 世纪的爱迪生一样，明白变革性、颠覆性的创新不是制造新玩具，而是围绕真实客户的需求和愿望开展新业务。在寻找到圣杯的路上，人们要经历无数真正的失败。

同样，谷歌也包容甚至鼓励失败。2009 年，谷歌成立了名为"X"的登月项目，旨在寻找巨大的、颠覆性的新商机。其中大多数都失败了。高调发布的谷歌眼镜是该公司公布于世的最昂贵的误判。谷歌眼镜是一款装有微型屏幕和声控摄像头的眼镜。2013 年 4 月，谷歌推出该产品，提供给"眼镜探索者"率先使用。一年后，谷歌以每副 1500 美元的价格向公众发布该眼镜。仅仅 7 个月后，公司就停止销售这一产品，并承诺在两年内重新推出。但谷歌再也没有推出该产品，出现了什么问题？消费者因其价格、风险（泄露健康数据和个人隐私），以及它未提供任何有用的服务而踌躇。他们断言，这是为了创新而创新，并未给生活增加任何便利，或者说并不值1500美元。

谷歌仍然致力于这款产品在医院和其他场景中的专业用途，但作为一个消费品，它是一个失败。如果谷歌眼镜是一个政府项目，那技术人员仍可以对其进行研发。

谷歌气球网络计划（Project Loon）想在热气球上安装 WiFi，但发现气球无法避免漏气情况后，这一计划被中止。谷歌"X团队"还有一项名叫雾笛计划（Foghorn）的项目——从海水中提取二氧化碳，与从电解水中提取出来的氢气结合，通过二者的化学反应来制造燃料。这听起来有点像液体永动机：毕竟，热力学定律表明，将燃烧产物（二氧化碳和水）转化为可燃烧燃料所需要的能量要比燃料能释放的能量更多。但"X团队"过于热衷于抓住这一看上去不可能的项目，以至于他们甚至准备试着改变热力学定律。"X团队"的凯茜·汉鲁（Kathy Hannun）在2016年给这一计划按下停止按钮，因为她意识到他们永远无法实现每加仑燃料5美元的目标，更别说在5年内实现了，这种果断无情对实验孵化至关重要。但"X团队"的负责人，阿斯特罗·泰勒（Astro Teller）并未对此类失败垂头丧气，而是应声喝彩。在2016年温哥华的 TED 大会上，他进行了名为《为失败喝彩带来的意外惊喜》的演讲。总有一天，"X团队"会制造出举世瞩目的产品，连谷歌都无可匹敌。

洛克希德·马丁公司（Lockheed Martin）率先提出构想，在公司内部成立一家高风险公司，授权它尝试一些疯狂事物，以期其中一些可以产生巨大回报。公司于 1943 年秘密启动了先进研发项目，这一项目更广为人知的名字叫作"臭鼬工厂"，该项目生产了第一批喷气式战斗机和高空侦察机。美国电话电报公司（AT&T）的子公司贝尔实验室（Bell Labs）从 20 世纪 20 年代开始也以类似方式运作，秘密发明了包括晶体管和激光器在内的各种新技术，不过相较于技术实验室，慢慢地，贝尔实验室更像一个科学实验室，斩获了八项诺贝尔奖。施乐帕罗奥多研究中心（Xerox Palo Alto Research Center）也是一个极具价值的实验室，它应用很多新创意，还孵化了许多新业务。

对臭鼬工厂来说，至关重要的是对失败怀有极高的渴望。而美国西海岸的文化似乎包含某种东西，让这一点更容易实现。柯达、黑莓公司、诺基亚以及许多总部设立在世界其他地方的公司，都未能复刻这种对有用失败的渴望。不可不提的是，西海岸为何在这方面独树一帜，其原因在于将双重股权结构合法化。即创始人持有对公司的表决控制权，而投资者只需好好享受表决的过程。这解释了创始人为何至少可以忽略股东的部分不耐烦和谨慎态度，冒风险进行长期押注。这显然是一种自我强化的过程，从心理层面来看，这一制度在硅谷扎根的程度要比其他地方更深。

大卫·罗文（David Rowan）在其著作《不是胡说八道的创新》（*Non Bullshit Innovation*）一书中讲述了纳斯帕斯（Naspers）的非凡故事。纳斯帕斯是一家保守的南非报刊出版公司，几十年来一直忠贞不渝地支持南非白人的民族主义运动。从 20 世纪 80 年代开始，公司成功转向科技投资业务。20 世纪 80 年代，公司在一位自命不凡的年轻人库斯·贝克尔（Koos Bekker）的提议下，建立了非洲第一个有线电视网络，之后在 20 世纪 90 年代建立了它的第一个移动电话网络。这些投资既不容易做，也不便宜，而且都是高风险的赌博，但最终都收益颇丰。然后，和诺基亚一样，纳斯帕斯也跌倒了。它在巴西的投资中损失了 4 亿美元，随后，中国发生了一系列损失惨重的互联网业务的失败事件，其中一件让纳斯帕斯在短短 6 个月内损失了 4600 万美元。

故事可能就此结束了，赌徒的好运气已经消耗殆尽。但在最后一次掷骰子时，贝克尔改变了策略，他寻找了一家有前景的中国初创企业，而不是自己试着在中国开办一家公司。他偶然发现了一家名为腾讯的公司，2001 年，贝克尔向腾讯注资 3200 万美元，获得 46.5% 的股份。17 年后，这些股份价值 1640 亿美元。

第 11 章

对创新的抵制

当一项新发明首先被提出时，经常会遭遇所有人的反对。可怜的发明家只能绞尽脑汁来推进它。

威廉·配第，1662

当创新颠覆认知：咖啡的例子

创新是繁荣的源泉，但往往不受欢迎。就拿咖啡的例子来说，咖啡是文明世界的迟到者，在 16 世纪之前还未进入欧洲或亚洲。咖啡是一种源自埃塞俄比亚的植物，咖啡豆在烤制后可以作为基础配料调制成刺激性、令人上瘾的饮料。由于研磨和烘焙咖啡豆需要机械，咖啡往往是在公共场所购买和饮用的。随着星巴克这样的连锁咖啡店在世界各地兴起，其花哨的菜单和名声使得咖啡店作为理想的会谈场所成为一种流行时尚。但这只是这一模式的最新版本。四百多年以来，咖啡店一直是最受欢迎的聚会场所。1655 年，一位名叫亚瑟·蒂利亚德（Arthur Tillyard）的药剂师成立了牛津咖啡俱乐部，让学生们在他的所谓"咖啡馆"里就着热饮讨论想法。7 年后，该俱乐部成为英国皇家学会。

然而，咖啡的历史也凸显了创新的一个关键特征：它几乎总是遇到阻力。16 ～ 17 世纪，咖啡蔓延到阿拉伯、土耳其和欧洲，但遭到了激烈的反对，并且经常被禁（虽然这些禁令大多都是无效的）。1511 年，麦加总督凯尔·贝格（Khair Beg）关闭了在麦加的咖啡馆，焚烧了所有的咖啡豆，并殴打那些被抓住的喝咖啡的人。他听命于开罗的苏丹，但为时不长㊀。1525年，麦加的咖啡馆再次被禁。到1534年，咖啡反对者抵达开罗，他们袭击了那里的咖啡馆。在当时的开罗，咖啡禁令失效，咖啡被保留下来，甚至成为一条法律：如果一个男人不能为他的妻子提供咖啡，那么这可以作为离婚的理由。

16世纪50年代，咖啡传播到伊斯坦布尔，并迅速被苏丹塞利姆二世禁止。1580年，篡位者穆拉德三世（Murad Ⅲ）再次颁布禁令。17世纪30年代又被穆拉德四世再次禁止。多次被禁，也意味着每次的禁令都以失败告终。但是，这些统治者为什么如此热衷于消灭这种饮料？究其原因，大概是因为咖啡馆是闲言碎语的温床，因此潜藏着煽动性的言论。穆拉德三世偏执地认为，他杀死全家人以继承王位的事实可能是咖啡馆里谈论的话题。我敢说他是对的，这个话题的确会不时进出来。

1673年，苏格兰和英格兰的国王查尔斯二世试图禁止咖啡馆，并非常诚实地解释了为什么他对此如此热衷：

说到咖啡、茶和巧克力，我知道它们没有好坏之分。只是出售这些物品的地点方便人们见面并坐上半天，他们交谈国家事务、谈论新闻、散布谎言；指责其行政长官的判决和裁定，指责他们的所有行为，并在人民耳边暗示对他们的偏见；赞美和夸大自己的知识和智慧，谴责他们的统治者。长此以往，或将成为祸害，酿成恶果。

然而，对咖啡的抵制还有其他原因。酿造并出售葡萄酒的法国人，以

㊀ 1517年奥斯曼帝国击败了埃及的马穆鲁克苏丹，逐渐把红海两岸地区纳入统治。

及生产啤酒的德国人，都抵制咖啡这一新的竞争对手。因为咖啡会让消费者提神而不是被麻醉。在 17 世纪 70 年代的马赛，酒商们在医学界找到了盟友，特别是在艾克斯－马赛大学，两位教授委托一位只知道名为"科伦布"（Colomb）的医学生对咖啡进行抨击。在这位学生所写的名为《喝咖啡是否对马赛人有害》的小册子里，他斥责咖啡的"猛烈能量"注入血液后，会吸收淋巴、加剧肾脏排泄，让人筋疲力尽、酸软无力；当然，这是伪科学的胡说八道，无任何意义。大约在同一时间，伦敦出现一场同一主题的小册子战争。针对 1672 年《广泛反对咖啡，反对与土耳其人的婚姻》一文的观点，两年之后，伦敦第一家咖啡馆的创始人、名为帕斯卡·罗西 (Pasqua Rosee) 的黎巴嫩商人在其文章《对提神、有益身心的饮料——咖啡的好处的简要概述》一文中做出了回答。

到 18 世纪下半叶，瑞典已经不下五次尝试封禁咖啡。瑞典为了执行禁令，不顾一切地没收了公民的咖啡杯，并在 1794 年仪式性地砸碎了一个咖啡壶。国王古斯塔夫三世（Gustav III）操控了一场实验，想来证明咖啡对人体有害。他命令一名被判刑的杀人犯只喝咖啡，而另一个杀人犯只喝茶。令人惊叹的是，这两个人比监督这一实验的医生活得更久，甚至比国王本人都活得更久。当然，喝咖啡的杀人犯最长寿。然而，抵制咖啡的运动在瑞典一直持续到 20 世纪。

现在，我们看到了抵制创新行为的所有特点：呼吁安全性，既得利益集团存在一定程度的利己主义，以及掌权一方偏执多疑。最近发生的关于转基因食品在社交媒体上的讨论，正与古老的咖啡战争相呼应。

卡尔斯杜·朱马（Calestous Juma）的著作《创新及其敌人》(*Innovation and Its Enemies*) 讲述了咖啡战争和人造黄油战争的故事。人造黄油是 1869 年法国为应对黄油价格上涨而发明的，数十年来，它饱受美国乳制品行业"抹黑"之苦（朱马教授使用此双关语[⊖]，不是我的原创），这与最近反对生物技术作物的运动相差无几。纽约乳业委员会怒斥道："没有，也不可能有比这种假黄油生意更蓄意而为、骇人听闻的骗局了。"马克·吐温也谴责人造黄油，明尼苏达州州长称人造黄油令人憎恶，纽约州明令禁止使用人造黄油。1886 年，美国国会通过了《人造黄油法案》(*Oleomargarine Act*)，通过条条框框的规定来限制其销售。到 20 世纪 40 年代初，2/3 的美国州仍假借健康名义，在印刷物上标明禁止人造黄油的使用。美国国家乳品委员会反对人造黄油，同时编造了证据：据其报告，同前文提到的两名瑞典杀人犯一样，一所大学用两只老鼠来做实验，一只吃人造黄油，一只吃黄油，结果吃人造黄油的老鼠出现了可怕的健康问题，但这个结果完全是捏造的。不过，人造黄油行业并不是被动的受害者。事实上，长期盛行的理论，即饮食中的脂肪是心脏病的诱因（现在基本上被揭穿了），就部分源自 20 世纪 50 年代植物油行业为反击黄油行业做出的研究。

朱玛记录了伦敦双轮双座马车夫强烈谴责雨伞的出现、产科医生长期拒绝分娩时使用麻醉剂、音乐家工会短暂阻止用收音机播放录制音乐、美国马匹协会多年来与拖拉机顽抗到底、天然冰采集行业用冰箱的安全性问题恐吓人们等故事。诚然，任何新技术都可能遭到强烈反对，这通常在一定程度上是由既得利益集团发动的，他们往往身披预警原则的外衣。1897 年，一位伦敦评论员对电话忧心忡忡，如果不加以限制，电话会毁掉私生活："我们很快就会变成彼此眼中的透明果冻。"

⊖ 原文为 smear campaign。——译者注

当创新被妖魔化和耽误：生物技术的例子

就目前而言，生物技术在欧洲农业推广进程中遭遇的抵制，与反对咖啡和人造黄油的运动相应和，不过前者持续时间更长、效果更显著。生物技术遭遇的两大撒手锏分别是被妖魔化和被耽误：人们宣称它存在危险性，要求推迟其实施，以期阻止相关的商业投资。

转基因作物主要从20世纪90年代在美国应用发展，起初发展很顺利。虽然反对意见时有出现，但不算太多。10年前，一场将转基因细菌用于防止草莓冷冻的预演也已偃旗息鼓。但就在转基因生物来到欧洲大陆时，突然一切变了样。

这的确是突如其来的。1996年，英国发起了一场运动，强迫超市给转基因食品贴上标签，不过人们对此兴致索然，这场运动也以失败告终。但是，到1999年时，生物技术在一众活动家和批评家面前全面撤退，这些人背后有大笔资金支持，还有包括政客在内的显赫支持者。当时，转基因行业已经完全放弃了尝试种植试验作物，因为每试验一次，身穿白色连体工作服的破坏者便紧随而来，其中还有一些人是上议院议员。几年之后，生物技术行业实际上完全放弃了欧洲，也放弃了任何对欧洲主要作物（如小麦）进行基因改造的尝试。

导致这一突然变化的原因是什么？1996年3月，英国政府首次承认，食用感染牛海绵状脑病的牛肉会潜在危害人体健康，这种病就是广为人知的"疯牛病"。而就在同一月，欧盟委员会批准了第一批进口欧洲的转基因大豆。这一巧合混淆了这两个问题，使得人们对政府所做出的所有安全保证的信任崩塌。但事实上，很少有人死于疯牛病，也没人死于食用转基因食物，但是危机已然发生。正如罗伯特·帕尔伯格（Robert Paarlberg）所言："欧洲官员为安抚消费者所做的努力并无成效，因为疯牛病事件已经毁掉了他们作为食品安全卫士的信誉。"两家活跃在英国的大型活动组织，绿色和平组织和地球之友，致力于发现新问题，这两大组织将人们对食品安全的担忧与对大公司的反感结合在一起，从它们的市场研究中发现，公众对这一新型作物惶恐不安，煽风点火有利可图。

自2005年以来，加拿大已经批准了70种不同的转基因作物，而欧盟只批准了1种，这一作物获批历时13年，得到批准后已经不具时效性了。马克·莱纳斯（Mark Lynas）是当时反对这一事件的主要斗士，后来他改变了主意，"倒戈"成转基因的忠实拥护者。他还记得那些热血沸腾的日子：陪审团拒绝判定警察逮捕到的转基因作物破坏者有罪，法官对这些破坏者表示钦佩；含有转基因成分的膳食在学校下架，超市撤下转基因食物；右倾的《每日邮报》（*Daily Mail*）猛烈抨击"弗兰肯食品"⊖（Frankenfood）。这些事情不仅仅发生在英国。在法国，激进的农民何塞·博维（José Bové）因毁掉转基因稻米而成为英雄，在意大利，有人纵火烧毁了一家转基因种子库。

面对公众的重重施压，欧盟下令暂停所有新型转基因作物。情况后来愈演愈烈，欧盟制定了一套异常烦琐耗时的监管批准制度，这实际上是对转基因作物下达了禁令。截至目前，欧盟已经订立了预警原则，作为指路明灯。人们应该担心创新带来的意外后果，这种想法表面上理智正确，但

⊖ Frankenfood源自"Frankenstein"一词，后者是玛丽·雪莱笔下的人物，是通过将来自不同尸体的各个部位拼凑在一起而使其复活的。Frankenfood即指组成结构经过改造的食物，是转基因食品的贬称。——译者注

实际上已然演变成一种手段，反对人士可以借此避免拯救生命的新技术来取代比它更危险的技术。作为欧盟在"里斯本条约"中正式采纳的条款，这一原则对新的创新提出了比以前更高的标准，本质上对所有创新都树起壁垒，不考虑这些创新多么安全，也不考虑一切现有做法的危险性。这是因为这一原则考虑了潜在危险，但未考虑创新可能带来的好处，它将举证责任转移到创新者身上，令他们证明这些产品不会产生危害，但不允许创新者展示产品可能带来的好处，或者取代已然产生伤害的技术。所以有机农场主可以随意使用杀虫剂，因为杀虫剂是20世纪上半叶发明的，即使它们确确实实含有一些化学成分，如铜基化合物，而且要比现代发明所含成分的危险性明显大得多，甚至不能合理地将之定义为"有机"。例如其所含成分硫酸铜，欧洲化学品管理局称它"对水生生物有剧毒，且毒性持久，可致癌，人体若食用受硫酸铜污染的水产品，其生育能力和腹中胎儿将受到损害，还会造成严重的眼损伤，长期或反复接触硫酸铜还会损害器官功能"。硫酸铜还具有生物蓄积性，也就是说，当它沿着食物链从草食动物体内进入肉食动物体内时，浓度反而更大。但是欧盟反复授权硫酸铜的使用，授权有机农场主将之作为杀真菌剂喷洒到人类食物，如土豆、葡萄、西红柿和苹果上，无一人对此持反对意见。欧盟给出的理由是有机农场主没有可替代使用的杀虫剂。但这仅仅是因为他们拒绝使用更安全的新型杀虫剂。这是一个重复的模式：预警原则下，人们很大程度上无视已有技术存在的风险，抛弃了降低危害的准则。

在欧洲大陆上速胜转基因作物，对绿色和平组织和地球之友来说，只是一个小问题。转基因问题对他们而言是一棵巨大的摇钱树，因此要继续推进各类运动。他们将视线转向世界其他地区，直接参与、协商经基因改造的活体生物越境转移的国际议定书,并且匪夷所思的是,他们将前者与危险废物的运输相提并论。他们随后开始炮轰美国向非洲南部挨饿的人群提供的粮食援助,那时非洲南部旱灾严重。2002年,他们成功让赞比亚拒绝了为挨饿的国民准备的转基因玉米,并继续向非洲其他地区和亚洲部分地区施压。绿色和平组织转而阻止转基因作物的人道主义应用,尤其是阻止含有β-胡萝卜素的黄金大米的推广,这一作物是由一个非营利性项目专门研发的,目的是预防贫困儿童的营养不良和死亡问题。20世纪90年代,瑞士科学家英戈·波特里库斯(Ingo Potrykus)和其同事经过长期不懈的艰苦奋斗,研制出了黄金大米。这源自一项非营利项目,他们这样做纯粹出于人道主义,旨在减少以大米为主食的人群缺乏维生素A的高发病率以及由此而导致的高死亡率。据估计,在那些穷人以大米为主要食物的国家,每天有2000名五岁以下城镇儿童死于维生素A缺乏症,每年有70万人死亡;维生素A缺乏会降低他们的免疫抵抗力,导致他们失明。然而,绿色和平组织穷尽其所能,竭力阻止这一能够阻止死亡发生的技术。起初,绿色和平组织驳斥黄金大米对于治疗维生素A缺乏症毫无用处,因为第一代黄金大米含有黄水仙基因,它的β-胡萝卜素太少,以致没有任何益处。后来,该组织转而辩称第二代黄金大米带有玉米基因,β-胡萝卜素含量过多,可能有毒。为了扼杀生物技术可能带来的好消息,绿色和平组织继续大力游说反对这种作物,尽管实验铁证如山,已经证实了黄金大米是安全有效的。为还击这场耸人听闻的运动,2017年,134名诺贝尔奖获得者呼吁绿色和平组织"停止针对黄金大米的运动,也停止对经由生物技术改良的作物和食物发起的抵制行动"。(目前已有150名诺奖得主签署此联名信。)但他们的呼吁是徒劳的。

生物技术被妖魔化使得相关公司陷入恶性循环。反转人士越要求加大监管、要求人们持更谨慎态度，研发新作物的成本就越高。因此，除了大公司有能力研发新作物外，其他地方毫无研发可能。这一巨大产业和其反对者之间形成了一种奇怪的共生关系。反转人士一度要求孟山都公司研发只能发芽生长一次的作物，这样它们就不会成为"超级杂草"而在野外肆意疯长——这完全是一种错误的恐惧，因为大多数作物不足以成为杂草。孟山都对此做出回应，探索了研发出无法正常繁殖的基因变异体的可能性。孟山都还未开发，反转人士就立即指责它引入了"终结者技术"，诱使农民每年购买新种子。双方僵持不下。

生物技术行业一直尝试让欧洲回心转意。毕竟，欧洲热衷于从美洲进口转基因大豆作为牛饲料，那为何不自己种植生物技术作物？2005年，欧洲食品安全局批准了德国巴斯夫公司研发的一种转基因马铃薯。但欧盟以预警原则为由，并未给予其市场准入。巴斯夫在2008年向欧洲法院提出申诉。欧盟委员会的回应是委托欧洲食品安全局在2009年再次进行评估。欧洲食品安全局于是再次表示，该产品是安全的，欧盟必须在2010年对其发放许可，这距离首次申请已经过去5年。然而，匈牙利政府随后采取了一套奇怪的手段，阻止了这一农作物品种的应用。该政府辩称，欧盟批准该作物是基于欧洲食品安全局的第一次批准，虽然第二次批准的结论与第一次基本相同，但欧盟本应该援引第二次批准。2013年，欧盟总法院维持匈牙利的申诉，并宣布之前的批准无效。此时，巴斯夫已提不起兴趣冲撞这堵预警的墙，随即撤回申请，将所有关于转基因作物的研究整理打包并转战美国。

预警原则阻止创新的一种方式，是在研制样本和实际应用中间设立高难度的实验。在黄金大米的案例中，该原则要求研发者为每一种需要在田间测试的禾苗取得特别批准，这需要提供大量证据，劳神费力。这就和设计核电站如出一辙，试验很多品种也不可能找到最能满足农民需求的品种，这是植物育种的正常做法。事实就是如此，最初选择的品种结果不理想时，培育者不得不回到起点尝试另一个品种，浪费宝贵的几年时间，其间又有更多的孩子死亡。托马斯·爱迪生为白炽灯寻找合适的灯丝，试验了 6000 多种植物样本，如果他为这些样本一一申请监管部门的特别批准，那么他永远不会发现炭化竹丝了。

马克·莱纳斯毫不留情地对转基因事件下定论："我们几乎在全世界永久地激起了公众对转基因食品的敌意，令人难以置信的是，我们阻碍了原本势不可挡的技术前进。我们发起的活动在全球范围内取得了惊人成功，但只有一个问题，就是活动本身是不对的。"现在显而易见，同反对咖啡一样，反对转基因作物在事实和道义层面都是错误的。这项技术安全可靠，它对环境有利，会给小农户带来潜在好处。反转基因运动在拥有充足、廉价食物的富人群体中兴起。提高作物产量对他们而言并不紧迫，也与他们的生活无直接联系。那些为禁令付出机会成本的人，正受疾病和饥饿折磨，没有一点话语权。近年来，虽然大型施压组织小心翼翼地避开了转基因的事情，但是伤害已经造成了。

假若恐惧淹没科学：除草剂的例子

除草剂草甘膦，即农达（Roundup），自 1970 年由孟山都科学家约翰·弗朗茨（John Franz）发明以来，已成为一种廉价、普遍使用的杂草控制剂。同其他除草剂相比，草甘膦具有非常明显的优点。它可以抑制一种只存活于植物体内的酶的合成，且在正常剂量下，它对动物（包括人类）几乎是无害的；此外，它分解很快，不会在环境中长期残留。草甘膦将百草枯取而代之，且比后者安全得多，后者有时会被人拿来自杀。草甘膦使得农民采用化学方法控制杂草，不再进行对生态危害更大的耕作活动，改变了农业种植方式：它引导了免耕革命。这一点在抗草甘膦转基因作物的种植上更是如此。

然而，2015 年，世界卫生组织下属机构国际癌症研究机构的研究结果显示，极高剂量的草甘膦可能致癌。该机构承认，香肠和木屑在同样的标准下也被归类为致癌物质，而且咖啡甚至更危险（与服用草甘膦不同的是，人们经常喝咖啡）。草甘膦的危害微乎其微：经测试发现本杰瑞（Ben & Jerry's）冰激凌含有草甘膦，浓度高达 1.23 ppb[⊖]，即一个小孩每天必须吃 3 吨冰激凌，才会有生命危险。欧洲、美国、澳大利亚和其他地方的食品安全机构对草甘膦进行了深入的研究，得出的结论是正常剂量的草甘膦没有危险。德国联邦风险评估研究所查看了 3000 多项研究成果，并未找到任何关于草甘膦对动物有害的证据。

很快，事实证明，国际癌症研究机构所得结论是基于对证据怀有偏见的审查。正如路透社所报道："在每一个案例中，对于草甘膦会导致肿瘤的负面结论，要么被删除，要么中立或正面的结论会将其取而代之。"后来真相大白，建议国际癌症研究机构调查草甘膦的科学家，还从代表癌症患者起诉孟山都的律师事务所获得了 16 万美元。正如布鲁塞尔圣路易斯大学的大卫·扎鲁克（David Zaruk）所言，这些案件中的活动家所采取

⊖ ppb 代表 10 的负 9 次方，此处指微克每升。——编者注

的策略，是"操纵公众认知，通过与社会活动家、权威和非政府组织合作，一同制造恐慌或煽动愤怒情绪，拉企业做替罪羊，将之告上法庭"。如果欧洲禁止草甘膦，美国将会掀起一股诉讼热潮，在美国，谋求赏金的律师事务所一直在寻找下一次获得同烟草诉讼案一样规模的暴利的机会。

这种激进主义，不管你是否赞成，都会极大地遏制创新。新烟碱类杀虫剂种衣剂也曾遭受类似抵制，即使相较之前的杀虫剂，它们在安全性和对非目标物种的附带损害方面有了明显改善。这种对除草剂的抵制，使得农作物保护方面的研究和研发速度明显减慢。如果你认为新化学制剂通常比旧制剂更好，且赞同在尽量小面积的土地上种植足够养活世界人口的粮食是一个好主意，那么以上所述的就是一件坏事。

创新受到美国政府阻止：移动电话的例子

在第 5 章中，我认为大多数技术都是恰如其分地出现，时间不可过早。但可能有例外，那就是移动电话。经济学家汤姆·黑兹利特（Tom Hazlett）在 2017 出版的《政治光谱》（*The Political Spectrum*）一书中揭示出，蜂窝电话的历史，就是一段离奇故事，政府在各种游说团体的要求下，不断发挥着官僚主义的拖沓作风。我们本可以提前几十年用上手机。

1945 年 7 月，美国联邦通信委员会主席 J. K. 杰特（J. K. Jett）接受《星期六晚报》（*Saturday Evening Post*）采访时提到，数百万公民很快就能用上"手提对讲机"。尽管联邦通信委员会必须颁发许可证，但手续"不会太困难"。杰特为何如此乐观，原因如他所说，"蜂窝"概念将彻底颠覆通信技术：拨打的对讲机无须一直连接接听的对讲机，仅仅只需连接最近的无线电天线，后者将通过电缆将信号传输到最接近接收器的天线。用户在移动时，信号会无缝切入新的"蜂窝"里。这样既可以节省能源，又能限制本地区频谱的使用，使得带宽加宽。无线电不止能一起接待几百个通话，数十万通话都可同时进行。

然而，在 1947 年，还是这个联邦通信委员会，否决了美国电话电报公司（AT&T）开发蜂窝网络服务的申请，他们认为这是一项针对少数人的奢侈服务。电视业才是值得优先考虑的，应分配到最大份的频谱配额。包括蜂窝通信在内的"陆地移动通信"仅获得 4.7% 的配额。然而，电视所使用的频谱远少于其配额，空置出的未使用频谱，黑兹利特称之为"巨大荒地""会阻止不止一代人用上移动无线技术"。20 世纪 50 年代，超过 2/3 的电视频道未投入使用，但广播公司仍在游说捍卫闲置带宽的使用权，仅仅为了阻止对现有获许可的电视网络的垄断发起竞争。

移动电话运营商，即"无线电公共载波"（RCC）确实为大公司提供服务，如服务于航空公司以及拥有海上钻井平台的石油公司，但这些服务并不属于蜂窝通信，且每个市场只允许两家移动服务技术运营商运营，其中一家基本上总是 AT&T。这种情况下，市场往往非常狭小。无线电公共通信运营商强烈反对蜂窝通信技术，唯恐后者与之竞争。摩托罗拉也加入它们的队伍中，以捍卫自身在手提电话制造领域近乎垄断的地位。手提电话体积庞大、价格昂贵、耗能高，但所拥有的带宽非常有限。

虽然 AT&T 的研究机构贝尔实验室已经发明并构想出蜂窝移动电话，但反垄断和解协议明令禁止其生产。AT&T 当时稳坐固定电话龙头宝座，也认为无须再与自己竞争。到了 1980 年，蜂窝移动电话即将投入使用，AT&T 预测截至 2000 年美国将有多达 90 万手机用户，但结果却显示是

1.09亿。一家公司看不到人们想要相互交谈的需求，是最可悲的短视。

简而言之，政府与拥有巨大既得利益的裙带公司狼狈为奸，将蜂窝移动服务业务的开展推迟了近40年。这对技术进步和社会变革造成何种阻碍，我们无从获知。1970年，联邦通信委员会终于提议将部分频谱分配给蜂窝电话。1973年，摩托罗拉副总裁马蒂·库珀用移动的手提设备拨打了第一个蜂窝电话。但就在同一时间，摩托罗拉在幕后进行游说，要求停止蜂窝通信的使用，因为公司已经垄断了受许可的（非蜂窝）无线电通信设备。因此，在接下来的10年里，联邦通信委员会与各色诉讼当事人不停打官司，且一直坚持监管机构普遍认同的错误假设，即蜂窝电话无论如何都是一种"自然垄断"，因而必须为AT&T所有。直到1982年，华盛顿刮起一股有利于竞争的政策新风，联邦通信委员会终于开始许可蜂窝移动通信。1984年7月28日，距离杰特先生表示开通蜂窝电话"并不困难"已过去39年，美国第一个蜂窝移动业务在洛杉矶奥运会开幕式上启动。是谁说变化速度令人叹为观止？

但是，如果美国这样故步自封，为何其他大陆不抢先一步？一些小国确实取得进展，但因其市场狭小，电话业务难以迅速发展。欧洲在对电话的监管方面更是墨守成规，其电话业务主要由国有企业承担，它们无意打破其舒适的寻租模式。因此，在移动电话方面，欧洲一开始只是观望美国。不过，在看到1G（模拟）移动通信出乎意料地流行起来时，欧盟便迅速行动，联合持有关键专利技术的爱立信、诺基亚、阿尔卡特和西门子等公司，创立了名为GSM的2G数字标准。出于明显的贸易保护主义的考虑，其竞争对手美国高通公司所推行的CDMA标准在欧洲被禁止。

直到1995年，美国才制定标准，因此，20世纪90年代初，欧洲在移动电话领域领先于美国。联邦通信委员会试图开放市场，但一度深陷政治斗争泥潭。20 世纪 80 年代末，GSM 占据了世界市场 80% 的份额，欧洲的"产业政策"似乎卓有成效。不过，GSM 应语音通话需求而生，移动数据是它后来考虑的方面，而 CDMA 首先考虑移动数据，语言通话只是附加方面。因此，2000 年，当 3G 技术出现时，GSM 网络无法适应其发展，世界很快转向了 CDMA 标准。欧洲将自己置于世界竞争之外，但这不是它最后一次搬起石头砸自己的脚。

因此，移动电话的故事，就是政府与私营行业的既得利益集团联手抵制创新的故事。我们今天能使用智能手机，不是得益于政府监管机构，而是源于无视它们的存在。

另一个略微温和的例子是无人机的开发。21 世纪 20 年代，依靠电池驱动的无人驾驶飞行器突然无处不在，令世界惊叹不已。尽管从 2001 年开始，军用、无人驾驶、无线电控制的飞机得到广泛应用，但第一架面向消费者的通过 Wi-Fi 控制的四旋翼无人机是 2010 年由法国派诺特（Parrot）公司开发研制的一款无人机（AR drone）。四旋翼无人机很快在测绘、航空摄影、农业、搜索和救援等领域实现商业应用。政府对此的反应是用死板的规则限制其使用，这些规则阻止了学习、抑制了创新。在美国，直到 2016 年，无人机还被禁止在 400 英尺以上的高度飞行，它们不可离开操作人员视线，不能靠近机场，必须在白天飞行，禁止飞越人群上空，机重不可超过 55 磅。这些预防措施虽然看起来明智，但同样的效果可以通过其他方式实现。正如企业家约翰·奇泽姆（John Chisholm）所提议，只需制定一些简单的规则，比如"无人机将安全运行，不会伤害人身或财产"，然后订立法律强制其执行。奇泽姆认为，这样一个有机而非强制的监管体系,更有可能鼓励无人机操作方式的创新,使其不仅擅长感知、规避危险,还能提供同样多的安全性设计。中国对无人机的限制性规定要少得多,于是很快独占这一行业鳌头。美国因而逐渐放松监管,不过可能为时已晚。

同样,即将施行的数字产业监管几乎肯定会扼杀创新,无论这些监管会达到何种效果。我们之所以知道这一点,是因为欧盟已经开展了一项实验来证实这一方面。2018 年,欧盟实施数据保护通用条例(以下简称 GDPR),强制互联网内容提供商在使用个人数据之前必须征得同意。这一条例虽有一定好处,但无疑减少了欧洲内部的竞争,巩固了大公司的实力。在实施 GDPR 后的三个月里,谷歌的广告技术市场份额略有增加,而收入依赖广告的小公司的市场份额急剧下降。欧盟以外的许多小公司难以承担合规成本,干脆屏蔽了欧盟的内容。美国科技公司在 GDPR 合规上花费了 1500 亿美元,仅微软一家就额外聘请了 1600 名工程师。规模较小的公司付出的成本相对更高。无论 GDPR 将取得何种积极成效,它还是会竖起准入壁垒,阻止小创新公司挑战大型科技公司。并且一如既往地监管将偏向后者。

创新遭到法律扼杀:知识产权的例子

知识产权(专利和版权)的合理性,在鼓励投资和创新方面是很有必要的。因为不动产产权的存在,人们才会在所拥有的土地上建造房子;同理,因为持有相关版权,人们才会研发新的药物或者撰写新书。相关理论应运而生,并且,遵循这一理论,以美国为首的各国政府近几十年来逐步扩大知识产权的适用范围和影响力度。虽然已有证据清晰表明知识产权起到一些帮助，但问题是它也成了阻碍，且最直接的影响便是阻碍创新。

就版权而言，20世纪初，权利的保护期从14年延长到28年。1976年，版权保护期规定为作者有生之年加去世后50年；1998年，期限延长至作者去世后70年。（所以，如果本书销量很高，那我的曾孙们也能从此书中获利：这是什么道理？）版权保护的范围还扩大至未发表的作品，且作者无须对此声明，作品完成时自动取得著作权。由此引发的现象，即书籍写作、电影制作或音乐制作出现爆炸式增长，显得毫无根据可言。出于对影响力、名气，还有金钱的追求，众人才进行艺术创作。莎士比亚不享有版权保护，他剧本的盗版比比皆是，可他仍笔耕不辍。今天，不管知识产权保护是存在欠缺还是漏洞百出（例如音乐行业里"盗版"之风盛行），创作者的热情仍丝毫未减。

布林克·林赛（Brink Lindsey）和史蒂夫·特莱斯（Steve Teles）合著的《受困的经济》（*The Captured Economy*）一书中写道，1999年，纳普斯特（Napster）首次共享大量歌曲，美国唱片行业的收入由此直线下滑，1998～2012年，收入下降75%。不过，自1999年之后的12年间，新专辑的发布量却翻了一番。经过短暂角逐后，唱片行业的在线歌曲共享服务站稳了脚跟，同时并未扼杀唱片行业：歌手们不再置身事外，坐等版税收入滚滚而来，而是回到现场唱歌赚钱。现有唱片行业与每一种艺术创新进行竞争：竞争对象不仅有流媒体音乐，还有音乐短片。

同样，科学领域中，纳税人资助大多数研究，但发表出来的研究成果却需要高价购买学术期刊才能看到。这些期刊主要由三家高利润公司主导：爱思唯尔（Elsevier）、斯普林格（Springer）和威利（Wiley）。它们的营销模式是通过图书馆订阅的形式，将这些纳税人资助的成果售卖到纳税人手上。且先不谈其中的道德问题，这一行为已经极大减慢了知识在大学之外的传播速度，严重损害创新。

2019年，欧盟拟定了一项关于在线版权的指令，其中一项条款⊖要求互联网平台，而非平台发帖人，担负起决定自己有无权利发布内容的责任。包括温顿·瑟夫（Vint Cerf）、蒂姆·伯纳斯-李（Tim Berners-Lee）和吉米·威尔士（Jimmy Wales）在内的互联网大咖均认为，此条款大错特错，它以牺牲老牌科技公司为代价打击小型初创公司："第13条迈出了前所未有的一步，将互联网从一个开放、共享、创新的平台转变为自动监视和控制用户的工具。"

至于专利，专利的目的在于鼓励人们创新，只要人们公开发明的细节，就可以在限定期限内垄断发明专利带来的利润。将产权打个比方——明确讲应该是将"知识产权"打个比方，就是如果你的花园不围上篱笆，那么你无法悉心照料花园，也不会修剪花朵。这个类比略有瑕疵。创新的目的就在于将其共享，他人对其复制。多人可以体验创新的乐趣，而非耗尽或是削弱它，但物质财产却不能如此对待。

2011年，经济学家亚历克斯·塔巴洛克（Alex Tabarrok）在其著作《推动创新的文艺复兴》（*Launching the Innovation Renaissance*）中指出，美国的专利制度非但没有鼓励创新，现在反而阻碍了创新。著名的拉弗曲线（Laffer Curve）曲线表明，超过某一限度后，税率越高，税收越

⊖ 即后文提到的欧盟《版权指令》"第13条"，具体内容为"第13条 储存大量作品或其用户所上传的其他客体并提供接入服务的互联网服务提供者对于受保护内容的使用"。——译者注

少。塔巴洛克模仿拉弗曲线在纸巾上画下一张图表，表示超过某一点后，专利保护强度越高，创新越少，因为高强度的专利保护既使得想法更难被分享出来，也为专利准入设置了门槛。1984年颁布的《半导体芯片保护法》（*Semiconductor Chip Protection Act*）使得美国专利申请变多，创新减少。因为半导体公司实际上开始储存专利的"专用资金"，以备双方发生纠纷时启用。

在本书中，我讲述了许多专利纠纷让创新者陷入困顿的故事，因为专利，创新者与竞争对手打高额诉讼官司。瓦特、摩尔斯、马可尼、莱特兄弟以及其他发明家在法庭上为自己的知识产权辩护，浪费了自己一生最好的年华。在某些情况下，他们值得同情：是他们付出了大量努力，而盗版者却踩在他们的辛勤付出上攫取利益。但他们长期与竞争对手过不去，后者至少值得一些信任。在某些情况下，政府不得不进行干预才能将此类案例解决。第一次世界大战之前几年，虽然法国飞行员取得很大进步，美国飞行员却陷入诉讼泥潭，创新由此停滞不前。一个世纪后，"智能手机专利战"在众多竞争对手之间打响，由此出现的烦琐、复杂的法律条例，有效地将大型科技公司之外的所有公司拒之门外。

发明者可以短期垄断发明利润，作为回报，他们应该公开发明细节，这一说法看上去合情合理。但是可能要排除一些特例，比如在医药行业，药物获得销售许可须经过多年费用高昂的测试，这一论证虽不充分，但有效。首先，没有证据表明，未受专利保护的领域中，创新会减少。林赛和特莱斯列举了公司中发生的各种组织化创新，这些创新虽未受专利保护且被人们广泛复制，但创造热情未减，它们是：多部门公司、研发部门、百货公司、连锁店、特许经营、统计过程控制和准时制库存管理。同理，以下技术也未获得有效的专利保护：自动变速器、（汽车）动力转向装置、圆珠笔、玻璃纸、陀螺仪、喷气发动机、磁记录技术、安全剃须刀和拉链。发明新事物会给你带来先发优势，让你获得丰厚的回报。狡黠的发明家会公开误导性细节，将其模仿者甩在身后：对于氨的制造，博施谨慎地让哈伯只公开了次等的催化剂配方。

另一问题是，无论从地理层面还是历史层面来看，都无证据表明专利对创新起到过帮助，更不用谈它对鼓励创新是否必要。就拿18世纪英国钟表和仪器制造商来说，这一行业以其创新性闻名，不仅生产令整个欧洲艳羡的高质量手表和时钟，标价稳步降低，还生产显微镜、温度计和气压计等新型精密仪器。这些钟表和眼镜制造商秉持历史学家克里斯汀·麦克劳德（Christine Macleod）所提及的态度，即"对专利深恶痛绝"，他们斥巨资抵制引入专利的《议会法案》（*Acts of Parliament*）。他们的观点是，专利"限制了一项技能的自由使用，而这项技能的提升总是在工匠的自由切磋之中一步步得到实现"。

19世纪后半叶，荷兰和瑞士均未实施专利制度，但两国却都能培育创新。乔希·勒纳（Josh Lerner）将一个多世纪以来60个国家的177个强化专利政策案例进行研究，发现"强化的专利政策并没有刺激创新"。日本的另一项研究发现，加强专利保护既不会增加研究经费，也不会促进创新。加拿大的一项研究表明，申请大量专利保护的公司不太可能进行创新。

另外要说的是，专利无疑会提高商品成本。这是关键所在：创新者取得回报的同时，竞争也被遏制。这样做减缓了创新的传播和发展速度。正如经济学家琼·罗宾逊（Joan Robinson）所言："专利制度的合理性在于，通过减慢技术进步的传播速度，确保更多进步的传播。"不过这并不一定会发生。事实上，历史充斥着创新爆发后专利将其终止的例子。

最后，专利是偏向发明而非创新的：它保护上游的理论发现，而非下游面向市场的实际产品。这就导致了著名的专利丛林的泛滥：笼统的知识产权保护，阻碍人们在知识领域前行，妨碍人们对发明新产品的尝试。生物技术领域的一个特殊问题是创新者经常侵犯他人申请的关于分子的专利，但这一专利只涉及他们研究的一小部分。令人不快的是，由于其他公司已经笼统地申请了关于一种分子的专利，初创公司无法沿此路径发现新分子。正如迈克尔·赫勒（Michael Heller）在 2010 年出版的《困局经济学》（*The Gridlock Economy*）一书中提及，这就像商人在前往市场的路上遇到收费站：这些收费站会抬高价格来压制商业。

虽然已有上述证据，但近年来，业界（尤其是法律界）已成功提议将专利保护更严格化。自 1983 年以来，美国专利商标局每年审批的专利数增加了 5 倍，截至 2013 年专利数量已逾 30 万件，但同时经济发展速度在放缓：可见，专利似乎无益于经济的增长。难以置信的是，一项研究表明，除化工和制药行业外，各行业在知识产权诉讼上的花费是它通过此获利的 4 倍。实际上，大多数诉讼是由不从事生产的公司提起的，它们仅仅收购专利，然后对侵犯专利的人提起诉讼。他们便是"专利流氓"（patent trolls），仅在 2011 年，它们的诉讼就让美国损失了 290 亿美元。加拿大的移动通信商黑莓公司就被此类流氓纠缠而付出巨额代价。但最近它自己也带上点专利流氓作风，黑莓先后起诉脸书和推特，称二者明显侵犯了自己在移动消息传递、移动广告技术和"新消息通知"等方面的专利权。

塔巴洛克主张建立三级专利体系，分别提供期限为 2 年、10 年以及

20年的专利保护，这样一来，短期专利的审批速度更快、难度更小、成本也更低廉。他说道，目前，任何人想出新的、非显而易见的点子，无论创新成本是10亿美元还是20美元，都可申请20年的专利保护。他认识到一些行业比其他行业更凸显专利的必要性，制药就是最典型的代表。如果一家公司花了10年时间，投入10亿美元来研发和测试药物，并证明该药物安全有效，而其他公司随后可以大量仿制该药物，那么就显得不公平了。

然而，即使在这种情况下，也有反对现行专利制度的声音。比尔·柯尔利（Bill Gurley）是一位成功的科技投资者，他认为制药公司将垄断利润的多数用于营销和捍卫垄断本身，而非创造新产品。制药业研发不出任何治疗老年痴呆症的新特效药，甚至无法维持其创新速度，这很难证明知识产权制度的有效性。"你必须想象一下，在一个没有药品专利的世界里，我们将处于何种境地。我觉得没人致力于创新的想法很荒谬。"柯尔利对我说。

总而言之，专利和版权对创新很有必要的说法是站不住脚的，更谈不上专利对创新有好处。无任何迹象表明创新存在"市场失灵"亟待知识产权来解决，但有充分的证据说明专利和版权正严重阻碍创新。正如林赛和特莱斯所言，知识产权持有者"严重阻碍创新和发展，与知识产权法的目的背道而驰"。他们接着说：

脱掉知识产权保护身上的羊皮，看清其豺狼本性是完全正当的。知识产权保护是经济停滞的主要原因，是不当盈利的工具。

创新遭到大公司打压：无尘袋式真空吸尘器的例子

像美国这类现代西方经济体存在一个普遍趋势，那就是通常（并非总是）出于监管的目的，通过寻租机会的形式对创新竖起壁垒。专利只是其中一个例子，金融的发展是另一个。有才干的人不再从事更富成效的工作，转而从事相对低效却收入不菲的工作，这些工作以投机的方式转移资金，并通过严格监管和隐性补贴等手段免于竞争。职业许可制度只允许持有特定资格证的人从事相关工作，这一制度的发展阻碍了创业者的颠覆性创造。我们正大刀阔斧地重塑中世纪经常垄断并扼杀商业的公会。在欧洲，大约 5000 个职业只能由政府授权的人从事。在佛罗里达州，室内设计师必须完成四年本科教育方可从业，即使他已在另一州取得从业资格。某些颠覆性观念要是将公共利益置于危险之地，如尝试将一间佛罗里达州的公寓装修成亚拉巴马风格[⊖]，那真的会遭天谴。在亚拉巴马州，美甲师在从业之前必须接受 750 小时的培训并通过考试。设计这些准入门槛的目的，是为了奖赏已经可以从业的人。

1937 年，巴黎规定出租车上限为 14 000 辆。2007 年，上限为 16 000 辆。有没有人想过，在这几十年里，消费者对出租车的兴趣可能急剧增长了？即使确有增长，政府或出租车公司也无人在意此事。优步等外来者因此打入这一市场，动摇了这个沾沾自喜的行业。优步为消费者带来 GPS 定位服务、移动数据使用和服务质量反馈机制等好处。林赛和特莱斯表示，出租车司机对优步的抵制，是"职业许可制度与创新发生冲突的有

⊖ 亚拉巴马州是美国经济欠发达地区，住宅风格简单守旧。而佛罗里达州相对富庶，住宅较为现代化，两州风格迥异，故文中所说的做法过于异想天开。——译者注

力、生动的例证"。巴黎和布鲁塞尔等城市颁布法律来限制甚至禁止优步。

土地利用规划是另一个阻碍创新的因素。土地利用规划通过限制土地供应，提高了发展迅猛的城市的房价，这导致的奇怪后果是人们不得不从创新区域搬出来。因此，1995～2000年，正值互联网飞速发展，但由于飞涨的房价，美国搬出"硅谷之心"圣何塞的人要比搬入该城的人多10万。

欧洲政治体系对现有技术的偏见，从无尘袋式真空吸尘器这一奇怪例子中可见一斑。英国工程师詹姆斯·戴森爵士（Sir James Dyson）发明了气旋式真空吸尘器，这台机器无须安装吸尘袋即可工作，它的马达与其他吸尘器同样强劲，但当机器内满是灰尘时，吸附能力并不会减弱。2014年9月，欧盟委员会颁布了一套《生态设计及能源标识条例》（*Ecodesign and Energy Labelling regulations*），其目的是强制制造商生产更节能的产品。不难理解，戴森公司是首家支持节能标识的真空吸尘器制造商，能效标识告知消费者真空吸尘器马达的能耗：这一气旋式吸尘器在有大量灰尘的情况下工作起来也非常高效。

能效标识包含所有的能效等级，排列从A到G。A等级最好，G等级最差。测试标准包括年度能耗（以千瓦时计）、机器排气筒的粉尘量（A到G）、噪声等级（以分贝计）、机器从地板和缝隙中吸出的粉尘数量（A到G）。然而，奇怪的是，欧盟委员会随后规定，真空吸尘器必须在机器无灰尘的情况下检测这些标准。但这与国际标准化组织（ISO）国际电工委员会（IEC）的规定不同。该委员会制定的标准已被世界各地的测试机构和制造商采纳，比如，它规定洗衣机、烤箱和洗碗机在检测时必须有负荷而非空置。

欧盟委员会为何不遵守国际标准？答案在《信息自由法案》（*Freedom of Information*）所披露的文件中浮出水面。德国大型尘袋式真空吸尘器制造商一直忙于游说欧盟委员会。尘袋式吸尘器在被灰尘堵塞时必须增加用电量，否则机器的性能将变差。这是权贵资本主义的典型例证：一家公司通过游说来制定规则，而这些规则更支持现有技术，而非创新的技术。

2013年，戴森公司在欧盟初审法院控告制定标识的法规，坚称吸尘器的性能应当在现实条件中进行测试，且条件应包括（可能会令人震惊）处理某些真实的灰尘。直到2015年11月，欧盟初审法院才不紧不慢地做出裁决，驳回了戴森的指控。法院给出的论据是，在灰尘堵塞的情况下进行测试难以"复现"，因此不能在测试中采用，尽管国际标准的确要求需要在有灰尘的情况下进行测试。戴森知道法院在胡说八道，因为戴森在实验室和真实房屋中测试自己的机器时，会一直用到真实的灰尘、绒毛、砂砾和碎片，其中包括狗饼干，居然还有两种不同的麦片（最卓越的创新者对人类的各种癖好都会留意）。

2016年1月，戴森就欧盟初审法院的裁决向欧洲法院提出上诉。数月之后，2017年5月11日，戴森胜诉。欧洲法院表示，初审法院为了得出裁决，"歪曲了事实""无视自己的法律""无视戴森的证据""未能履行其进行推断的职责"。法官判定，在技术可行的情况下，相关测试的条例必须采取"一种尽可能接近真实使用条件的测试真空吸尘器的能效性能的方法"，而这正是戴森之前申诉的内容。欧洲法院将案件重新发回到初审法院再审，后者竟然花了18个月才完成审理。2018年11月，初审法院最终裁定戴森胜诉。但在那时，中国制造商正奋力直追戴森。

戴森公司的创新性技术被毫无意义地推迟了5年，所付出的代价高昂，公司对此猛烈抨击：

欧盟的标识公然歧视一项特殊的技术——戴森所持有的气旋专利。这种做法让传统的已具先导优势的德国制造商得益，因它游说了欧盟委员会的高级官员。一些制造商积极响应该条例，在测试状态下使用低电机功率，但是在机器被灰尘堵塞时，它们采取技术将电机功率自动开到最大——这样看上去能效更高。这种失败软件装置让它们规避了法规精神。

柴油丑闻可与此直接照应。环保人士敦促欧盟推广柴油发动机，因为虽然柴油发动机会排放很多颗粒物和氮氧化物，但其二氧化碳排放量较低。德国汽车制造商凭借其使用柴油发动机的优势加入其中，几年后，仅仅因为"失效装置"丑闻而损失惨重。它们通过设计电脑程序作弊，来让汽车通过美国的排放测试。

监管做出的鬼把戏，不仅包括抑制企业活力，还会将其误导，从而造成伤害。经济学家威廉·鲍莫尔（William Baumol）认为，如果政策背景意味着致富的最佳途径是研发一种新设备并将其出售，那么企业活力将会流向创新，但如果通过游说政府制定规则来支持现有技术使致富变得更加容易，那么企业活力将投入到游说之中。

正是欧盟对创新过程普遍怀有敌意（也可能是无心的），才可能导致近年来欧洲经济增长速度放缓，企业家成功的机会渺茫。欧盟对互联网创业公司设置了一系列障碍，使欧洲困在了数字革命的慢车道上，欧洲无任何互联网巨头能与谷歌、脸书和亚马逊匹敌——中国与之大有不同。欧盟自己在《里斯本条约》中设立了极端的预警原则。欧盟委员会和欧洲议会一致坚决反对甚至阻碍移动数据、电子烟、水力压裂技术、基因改造、无尘袋式真空吸尘器，以及最近的基因编辑技术。为了现有利益，它们经常采取从施压团体和大公司游说团队那学来的狡猾推理。

2016年，商业欧洲⊖（Business Europe）发布了一份长长的名单，列举了欧盟条例影响创新的案例。列表中确实包括两项促进创新的规定，即《废弃物框架指令》和《可持续城市移动性规划》。但名单中更多的案例说明了欧盟的规定通过引入法律解释不确定性、与其他规定不一致的法规、技术规定性的规则、劳神费力的包装要求、高昂的合规成本以及过度预防措施来阻碍创新。举例来说，可以看到《欧盟医疗器械指令》（*EU Medical Devices Directive*）使得新医疗器械比原本情况下生产的数量要少得多，而价格也高得多。一项研究表明，在美国，一台医疗器械从向监管机构申请到报销需要大约21个月，而在德国，这一过程需要70个月。就拿Stratosim植入式心脏起搏器这个具体例子来说，在美国获批需要14个月，在法国需要40个月，而在意大利则需要70个月。弗雷德里克·埃里克森（Fredrik Erixon）和比约恩·魏格尔（Björn Weigel）认为，西方经济体已经"近乎痴迷于预防措施，而这种预防措施根本无法与实验文化相吻合"。

投资者转而投资其他创新：公共字节的例子

彼得·蒂尔最初是个哲学家，担任过《斯坦福评论》(*Stanford Review*)

⊖ 欧盟最大的商业游说组织，总部位于布鲁塞尔。该组织直接成员包括35个欧洲国家中的41个全国性的商业联盟，影响巨大。——译者注

的编辑，后来成为一名律师，随后创办了自己的风险投资基金。蒂尔创办贝宝公司（PayPal）之后，嗅到了脸书的潜力，成为脸书最早的投资人之一。2016年总统大选之前，他和唐纳德·特朗普（Donald Trump）做了差不多一样的事情，他巩固了自己看清世界走向的名声，而自己在硅谷的人气并没有增加。

2015年，蒂尔发表如下言论："我想说，在我们生活的世界里，数字化的事物不受监管，实际存在的事物却受到监管。"软件在"公共创新"（permissionless innovation，或非批准创新）的驱动下不断发展，而物理技术却受规章限制，很大程度上扼杀了创新。"如果你要创办一家电脑软件公司，成本可能是10万元，"蒂尔补充道，但"要让一种新药通过食品和药物管理局的审批，可能要花费10亿美元左右"。这导致的结果是药品开发领域的初创公司寥寥无几。

这并不是说要冒着危害人类健康的所有风险，完全放松对药物研发的管制。毕竟，脸书早期的座右铭"快速行动，除旧立新"对于医学创新来说是危险的。沙利度胺（Thalidomide）这一耸人听闻的例子提醒着我们，若药物未被充分检测，将会发生什么——检测沙利度胺时，忽略了对胎儿的影响。但他所言的确表明，规章可能会让投资者不去投资一个领域的创新，转而投资其他领域的创新。若政府希望吸引投资者对一个领域的创新进行投资，则必须注意阻碍相关实验的规章。

数字世界中的公共创新，一部分是偶然出现的，但相当一部分是精心设计的结果，至少在美国是这种情况。亚当·蒂埃尔（Adam Thierer）提出，自20世纪90年代初以来，两个政党的政策决定者一致认为公共创新是互联网政策的基石。这一概念成为电子商务发展的"独家秘方"。

1997年，克林顿政府颁布了《全球电子商务政策框架》(*Framework for Global Electronic Commerce*)，这是一份极具自由主义色彩的文件。《框架》指出，"互联网应当是由市场主导的竞技场，而不是一个受到限制的产业"；政府应该"避免对电子商务做出不当限制""各方应能够签订合法协议，在互联网上买卖产品和服务时，政府要尽量减少参与和干涉""政府需要参与时，其目的也应当是支持和加强一个可预测的、最精简的、前后一致的和简单的商业法制环境"。这种方式使得之后20年电子商务呈爆炸式增长，也解释了电子商务为何首先兴起于美国。

事实上，美国走得更远，还通过法律明确赋予互联网言论自由。1996年通过的《电信法》(*Telecommunications Act*)第230条规定，互联网提供者免于承担其网站内容的责任。法案对这些提供者的定义与出版商基本上不同，当然，这也是今天人们对脸书和谷歌等大型科技公司的权利和责任惴惴不安的根源。同样，1998年颁布的《数字千年版权法》第512条[⊖]保护网站服务提供者免于承担侵权责任。

创新研究中的一个关键概念是鲍莫尔的"成本疾病"。经济学家威廉·鲍莫尔认识到，如果一个部门有所创新，而另一个部门的创新较少，那么后者的产品或服务成本会增加。如果创新改变了制造业的劳动生产率，那么整个经济体的工资会提高，服务会变得越来越昂贵。1995年，在德国，一台液晶电视的价格和一例髋关节置换手术的费用一样高。15年之后，一台髋关节置换手术的费用可以买10台液晶电视。由于经

[⊖] 《数字千年版权法》第512条规定了避风港原则，即当网络服务提供者实际上不知道也没有意识到能明显推定侵权行为的事实或情况时，在接到权利人的通知后及时移除侵权内容，则不承担责任。——译者注

济生产率在普遍提高，外科医生的工资增加了，但他们自己的生产率却未提高太多，可能根本未提高。所以，只允许一个领域进行创新会出现问题。

创新是人们普遍追寻的事情之一，而人人都会找到一个理由来反对特定的创新。创新者非但没有受到欢迎和鼓励，还必须与现有技术的既得利益、人类谨慎保守的心理、抗议者的利益，以及版权、规章、标准和许可所设立的准入门槛作斗争。

第 12 章

一场创新荒

我们想要的是能飞的汽车,得到的却是 140 个字符。

彼得·蒂尔

创新的运作机制

创新的秘诀中，最重要的佐料是自由。自由地交流、自由地试验、自由地设想、自由地投资，并且自由地失败；无须受到长官、神职人员还有窃贼的征用、掠夺与限制；消费者一方也能自由地嘉奖自己喜欢的创新，拒绝不喜欢的创新。至少从18世纪开始，自由主义者就主张自由是通向繁荣之路。不过我认为，这些人从未找到具有说服力的机制，即驱动链，来证明一方导致另一方的产生。创新，这一无限非概率驱动器，就是这条驱动链，就是这个为人所忽视的联系。

创新是自由之子，因为它是人类为了满足自由表达的欲望而进行的自由、创造性的尝试。创新的社会就是自由的社会，这一社会中，人们可以自由表达自己的愿望，并自由探索以满足这些愿望；这一社会中，对于创新的点子可以自由地进行试验，探索满足需求的方法——只要这些需求不伤害他人。我所指的自由并不是带着某种极端的自由主义、不法的自由，仅仅只是它的一般概念，即如果某一事物未被明令禁止，我们就可以认为它一定可以被允许使用。在今天这个政府试图让你明确什么可以做、什么不能做的社会中，这是极其罕见的现象。

这种对自由的依赖，解释了创新为何不能被简简单单地规划，因为不论是人类的想法，还是人类满足自己愿望的方法，都难以预料其所需的细节。回想一下，为何创新看上去无论如何都会发生？是因为欲望和满足之间的联系清晰明了。为何创新是一项集体承担、共同协作的工作？是因为一人对其他人的想法知之甚少。为何创新自然而然地发生？是因为创新必须是对真实、自由的欲望的回应，而非某个权威人士认为我们应该需要它。为何无人真正懂得如何引起创新？因为无人能决定人们需要某事物。

光明的未来

我并非预言家，并且在任何情况下，我都坚称预测创新的发展趋势是不可能的。对未来的科技和实践持极度乐观的态度，和持极度悲观的态度一样容易。不管怎样，毋庸置疑的是，在未来几十年里创新将为世界带来天翻地覆的变化。创新的潜能是巨大的，不过它只是无法完美实现，因为创新者必将受到责难、攻击和考验。下面是一些大胆猜测，这些猜测是关于在下一代，我们可以通过创新做些什么，来改善众多人类以及与我们共同生活在同一星球的众多其他生物的生活。这些猜测与我们将允许自己做的事情不一样。

到了2050年，如果我还活着的话，我将是92岁，可能需要人来照顾。我们可以生活在一个人工智能已经将照顾老年人的方式变得收费更合理、更人性化且更高效的世界。今天，已经有远程照护设备来监控老年人的生活，他们的孩子或护工能在老人无须呼唤的情况下得知他们是安全、有活力、饮食无恙的。这些方式将比按下紧急按钮看上去更受欢迎、更有效果，也比频繁地看望或打电话更让人感觉不唐突。如果这能让每位护工工作更加高效，那么越来越多人能付得起照护的费用，护工的工资也会上涨。我同我这个年龄的人可以憧憬老年人能比之前任何一代人，享有更丰富的娱乐活动和更贴心的照顾。

在人们越来越清楚如何清除组织中的衰老细胞的基础上，若是人们在针对衰老过程的治疗潜力方面所进行的某些预测是正确的，那么照顾老年人的成本可能将直线下降。同样，到了 2050 年，我们可能已经经历过预告已久的"患病时间的压缩"了，即人们活的岁数越大，死亡所耗费的时间越短。到现在，这一说法还未在我们身上体现，因为我们这代人在预防和治疗心脏病等猝死性疾病方面，要比我们预防和治疗癌症等慢性致死性疾病快得多，更不用说快过预防和治疗痴呆症这类慢性病了。抗衰老药物[⊖]、机器人微创手术、干细胞疗法、基因编辑癌症疗法等不胜枚举的医学创新，会让人们在晚年有可能生活得更舒适。人工智能可能会让医疗保健变得更便宜、治疗效果也更佳，正如埃里克·托普（Eric Topol）所言，人工智能会在医生和患者真正需要的时候，在他们参与会诊时给予"时间的馈赠"。

到了 2050 年，我相信，我们可以遏制过敏症和自身免疫性疾病的增长。这在很大程度上归功于我们认识到这些疾病的病因是我们的肠道中缺乏寄生虫、缺乏微生物的多样性，而我们的免疫系统是适应这种多样性并

⊖ 原文为 senolytic drugs，senolytic 一词来自 senescence（衰老）和词根 -lytic（分解，摧毁）。——译者注

有抵抗力的。通过移植微生物群，或者补充之前由蠕虫和细菌提供的物质，我们可以消灭许多自身免疫性疾病，甚至摆脱自闭症或其他精神疾病。几乎可以肯定的是，我们将用新的策略来解决抗生素耐药性的问题，领先致命性细菌一步。

到了2050年，人类可能在交通方面取得巨大进步。我们可能还没有开展常规的太空旅行，但人工智能肯定可以让我们在道路上和空中安全行驶，如同它已经协助我们导航一样。交通工具也更清洁环保，城市的空气质量能够继续改善，同时，共享乘车、共享道路和共享车辆的方式可以变得更高效。

到了2050年，通过使用加密货币，我们可以改变政府和货币之间的关系，从而永远规避快速通胀。我们可以利用区块链技术去除部分要价高昂的中间人：如律师、会计师和顾问。我们将让犯罪越来越难发生，也越来越容易侦破。我们可以让税收更加公平，并减少政府开支的浪费。

到了2050年，"基因驱动技术"（例如，通过DNA序列消除基因携带者后代中的一种性别）可以改变野生动物保护的实践，使得我们富有人性地消灭那些威胁其他濒临灭绝生物的外来入侵物种，或者减少一个物种的数量，从而保护另一个更罕见的物种。基因编辑技术可以把渡渡鸟和猛犸象带回来，基因编辑过的作物可以提高农业产量，使作物需要的土地减少，这样我们就可以为这些渡渡鸟和猛犸象以及其他物种提供可供生活的新的大型国家公园。

到了2050年，通过创新政策以及新创造的机器，我们可以恢复海洋的生态系统，修复雨林。增长越来越意味着从更少的资源中获得更多利益。经济的物质减量化就是例证。

到了 2050 年，创新将有可能以低得多，甚至为负数的二氧化碳净排放量生产出足够多的能源，来进一步实现不太可能的事情并促进繁荣。也许这将意味着将新型高效的模块化核能组合和聚变，意味着北海等地碳捕集产业蓬勃发展，意味着大量使用天然气、减少煤炭使用，意味着借助海洋中的浮游生物为海洋广泛施肥，以及陆地上进一步的植树造林。

所有这些（以及更多方面）都是下一代创新者能轻易实现的创新。但我们会让他们去这么做吗？或者我们是不是正在扼杀创新中下金蛋的鹅？

不是所有的创新都加速发展

那种说创新每年加速发展的说法简直老套陈旧，正如许多陈词滥调一样，都是错的。确实，有些创新在飞速发展，但有些创新却放慢了脚步。就拿速度本身来说，在我六十多年的人生中，我很少甚至没有见过平均行驶速度提高。1958 年，我出生时，飞机可以以每小时 600 英里（965.6 千米）的速度飞行，汽车可以以每小时 70 英里（112.7 千米）的速度行驶，这和今天一样。而道路堵塞、机场拥堵，让今天两个地点之间的规划旅行时间比以往更长。现代客机采用高旁路发动机，机翼较小，这样的设计实际上要比 60 年代的波音 707 飞行速度更慢（为了节省燃料）。载人飞机最快时速 4520 英里（7274.2 千米）的纪录是 1967 年由 X-15 火箭飞机创造的，距今已有半个多世纪了，记录仍未被打破（最快的"会呼吸的"飞机"SR-71 黑鸟"，在 1976 年创造了每小时 2193.2 英里（3529.6 千米）的记录，至今也未被打破）。波音 747 在起飞 50 年后仍在飞行。协和式飞机——唯一的超音速客机，已经成为历史。

诚然，现在有更好的道路、更安全的汽车（带有更多杯架），车祸也减少了，等等，所以速度并不代表一切。但与之相比，通信和计算机在速度和效率上的变化已经彻底改变我的一生。如果从1982年开始，汽车的改进速度和计算机一样快，那么汽车每加仑可以行驶近400万英里（643.74万公里），这样它们就可以在携带一箱油的情况下行驶往返月球100次的距离。

当你看一看20世纪50年代和60年代的科幻小说时，这种反差就更加明显了。在这些科幻小说中，交通技术极为显眼，而计算机却微不足道。科幻小说告诉我们，未来将出现常规的太空旅行、超音速客机和私人旋翼飞机。小说没提到互联网、社交媒体或用手机看电影。最近，我翻出了一本1958年的旧卡通漫画，内容是关于未来的，叫作《比我们想象的更近》（*Closer than we think*）。其中一张图片画着一名"火箭邮递员"在他的喷气背包的推动下，在空中给一户人家送信。

我祖父母的经历与我们这一代正好相反：在他们的时代，交通方面出现巨大变化，而通信方面变化很少。他们出生在汽车或飞机问世之前，他们在有生之年见证了超音速飞机升空、直升机加入战争，见证了人类登上月球。但他们却没有看到信息技术发生什么变化。他们生于电报和电话问世之后，却死于手机和互联网问世之前。在我最后一位祖辈逝世时，给女儿打一个越洋电话还是一件昂贵的稀罕事，通常需要通过向话务员预订。我猜想，在接下来的半个世纪，将不会像我们现在所预测的那样，世界将几乎由计算机技术的进步主导。我猜想，2070年前后，将出现关于信息技术变化放缓和生物技术发展的文章。

创新荒

有人认为,我们生活在一个创新危机的时代:创新太少而非太多。西方世界,特别是自 2009 年以来,似乎已经忘记了如何以某种合理的速度扩张其经济。世界其他地区正在这一方面进行赶超,特别是非洲,非洲所实现的爆炸式增长速度,开始与亚洲过去 20 年的增速相匹敌。但这大部分是追赶式增长,是由于采用了西方已经使用的创新成果而造成的。

相比之下,自满与停滞的势头有时似乎在欧洲、美国和日本占上风。弗雷德里克·埃里克森和比约恩·魏格尔在其著作《创新幻觉:这么多辛勤工作的人创造了这么少东西》(*The Innovation Illusion: How So Little is Created by So Many Working So Hard*)中指出,当今资本主义面临的生死存亡考验是打破企业和政府都不愿意鼓励创新的习惯,虽然它们说得很好听。

熊彼特提出的"创造性破坏的永恒风暴"已经被寻租的微风取而代之。大公司与政府相互勾结、日益霸占经济舞台,公司管理主义正逐渐挤压企业的生存空间。这些老板对不确定性避而远之,反而让公司变得越来越官僚化。泰勒·柯文(Tyler Cowan)和罗伯特·戈登(Robert Gordon)等经济学家同样认为,我们不再发明真正改变世界的东西,如厕所和汽车,而是越来越花时间在社交媒体这类琐碎的事物上。

这种疾病的一个症状是,公司坐拥着数万亿美元的巨额现金,并且跨国公司成为净贷款人而非借款人,因为他们找不到将资金投资于创新的方法。一些大型制药公司现在从金融投资中获得的利润可能比卖药的利润还多。大公司真正花钱时,经常是出于防御性的考量,往往是为了保护自己的专利或保护自己的市场份额。它们的资产逐渐老旧，它们越来越倾向于谨慎行事。这在一定程度上要归咎于养老基金和主权财富基金的所有权分散，以及在随之而来的博弈中缺乏风险共担，这往往会把企业家变成食利者，通过知识产权、职业许可和政府补贴提高准入门槛，从而借助区域垄断来榨取利润。企业管理主义的流毒在于，控制市场比争夺市场更容易，制订计划要比试验更容易。公司内"合规官员"迅速不断地增多表明了这一点。从比例上看，与大公司相比，遵守法规对小公司打击更大。因此，新进入者难以进入现有的市场中。经济学家路易吉·津加莱斯（Luigi Zingales）认为，大多数情况下，"赚大钱最好的方式不是提出绝妙的点子并努力将之实现，而是逐渐成为政府的盟友"。当然，许多公司仍然在口头上说要创新，任命高管担任职称中带有这类词的工作，并采用使用这类词的口号，但这往往是毫无意义的废话，粉饰着对现状的无限依恋。

全球化非但没有对这一趋势提出挑战，反而可能加深了这一趋势。跨国公司吸收的是规划者的思维方式，而不是企业家的思维方式。这些因素可能是美国经济活力下降、不平等加剧的原因。美国的新公司成立速率从20世纪80年代末的每年增长12%下降到2010年的8%。主要指标中，公司的周转率明显下滑，表明现有公司存在的时间更长。1996～2014年，由20多岁的年轻人创办的创业公司的比例减少了一半。经合组织的一项研究显示，18个经济体中，有16个经济体的创业率正在下降。

这个问题在欧洲更为严重，欧洲委员会倾向于制定有利于现有公司的规则，在其庇护下，创造性破坏几乎停止。欧洲100家最有价值的公司中，没有一家是在过去40年里成立的。在德国的DAX30指数中，只有两家公司是在1970年后成立的；在法国的CAC40指数中，只有一家；在瑞典的50强企业中，无一家公司。欧洲还未孕育出一家能挑战谷歌、脸书和亚马逊的数字巨头。

如果我这样想是正确的，那么西方经济体产生创新的能力已经变弱了。就收入似乎停滞不前、社会流动的机会日益枯竭而言，原因不是创新太多，而是创新太少。埃里克森和魏格尔写道："令人不安的现实是，我们应该担心创新荒，而不是创新盛宴。"布林克·林赛（Brink Lindsey）和史蒂夫·特莱斯（Steve Teles）同意此言："创造性破坏的体系正在消亡。证据是随着时间的推移，公司利润增加；新成立的公司变少；顶级公司不断稳固，令人不安。"但也许世界的另一个地区会来拯救这一情况。正如6个世纪以前，欧洲从日益僵化的中国手中夺过创新接力棒一样，中国或许即将再次夺回接力棒。

中国的创新发动机

毫无疑问，中国的创新发动机已经点火。硅谷的创新发动机还会噼啪作响一阵，但从大多数指标来看，加州未来很难吸引人才：加州越来越成为一个花销巨大、束缚众多、监管严格、课税繁多的工作场所。得克萨斯表现得更出色一些，以色列、新西兰、新加坡、澳大利亚、加拿大甚至欧洲部分地区均有其亮点，特别是伦敦及其腹地。但未来几十年里，中国的创新规模和创新速度可能将超过其他任何地方。中国只作为聪明的复制者，通过模仿西方产品和工艺来追赶西方的日子已经翻篇了，中国正大步迈向未来。在中国，互联网使用完全转向移动端，摆脱了普通电脑的束缚。至少在中国大城市里，消费者不再使用现金，甚至不再使用信用卡：移动支付已非常普遍。由腾讯和阿里巴巴推出的数字货币正在快速发展。多数时候，你不再在餐馆里找菜单，也不再在商店里找收银机：使用二维码，你可以支付所有东西，订购一切东西。移动数据的成本在中国暴跌的速度，可以超乎任何人的想象。5年时间里，1GB数据的价格从240元暴跌到仅仅1元。

微信这类公司最初只是社交媒体公司，但现在它们为消费者提供其想要的一切：移动钱包、叫出租车程序、点餐程序、付水电费渠道等。在西方需要使用五个不同软件才能完成的事情，在中国使用一个软件即可完成。像蚂蚁金服这类公司正在重塑金融服务，6亿用户不仅管理着自己的资金，还管理着自己的保险以及其他业务，而这一切都是通过一个软件完成的。

就发现和发明而言，中国也富有创新性，并且以西方所艳羡的激情投身于人工智能、基因编辑、核能和太阳能领域。速度之快令人叹为观止：过去10年里，中国每年新建7000英里（11265.4千米）的高速公路；在西方需要几十年才能建成的铁路线和地铁网络，在中国一两年内就可以出现；中国的数据网络比其他任何地方都更大、更快、更全面。耗资建造这些基础设施并不能称得上创新，但肯定有助于创新的实现。

如何解释这种创新狂热的速度和广度？一言以蔽之，工作。中国企业家致力于"996"工作制：从早上9点到晚上9点，一周工作6天。美国人改变世界时也是如此（爱迪生对员工要求超长的工作时间）；德国人作为最具创新精神的民族时也是这样；19世纪的英国人是这样；更早的荷兰人和意大利人也是这样。愿意投入时间、愿意试验、愿意实践、愿意尝试新事物、愿意承担风险——出于某种原因，这些特征存在于年轻的、新近繁荣的社会，在老旧、陈腐的社会中已不复存在。

西方可能仍会在金融、科学、艺术和慈善领域发挥才智进行创新，但它在创造影响日常生活的产品和过程方面却放缓了脚步。官僚作风和迷信阻碍了任何人创新的道路。伦敦花费 30 年（现在还未完工）为其主要机场建一条新跑道，而顾问们则通过调查附近几英里内每只蝾螈、蝙蝠和噪声表的情况发家致富。布鲁塞尔多年来一直苦苦探索，想知道尝试研制抗昆虫的作物是不是好主意。华盛顿通过从创业公司那边汲取活力，为监管者、律师、顾问和寻租人摆了一场盛宴。各国央行对加密货币和数字金融技术嗤之以鼻。与之前的中国明朝、阿拉伯阿拔斯王朝、拜占庭和印度阿育王朝所做的一样，这些成熟的文明对创新不再热衷，并将责任推给了别人。

重获繁荣

我重申：我在本书中记录的创新故事带给我们的教训是，创新在很大程度上依赖于自由。在思想可以相碰并且相融、试验受到鼓舞、人和货物可以自由流动、资金可以快速流向新想法、投资人可以确保自己的回报不会被窃取时，创新才会发生。

可能是印度——这一幅员辽阔的国家目前已达到中等收入生活水平，印度人受过良好教育，社会有着自由企业和自发秩序的悠久传统。印度正以显而易见的速度加速创新，开发了如利用指纹和虹膜进行生物识别的技术以用于福利支付和银行业务，在这上面已经显现出超越西方和中国的迹象。印度的制药业也正迅速从仿制药转向创新药。

或者可能是巴西，巴西在短短十年内的专利申请量增加了80%。这个国家在金融科技、农业科技和应用软件方面拥有令人羡慕的专业技术集群。世界主要压缩机制造商恩布拉科（Embraco）正寄望改造冰箱，让冰箱完全不需要压缩机。

我希望真的有人能不断创新，因为如果没有创新，我们将面临惨淡的前景，生活水平将停滞不前，导致政治分裂、文化幻灭。有了创新，我们就会迎接光明的未来，人们健康长寿，更多人将过上更充实的生活，取得惊人的技术成就，并对地球的生态环境产生更小的影响。

本书讲述的故事所带来的所有教训中，我认为最贴切的是托马斯·爱迪生的故事。他只是构思灯泡的众多人之一，但却是唯一一个将之变为现实的人。他能成功靠的不是天赋，而是试验。正如他对采访自己的几个人所说，天才是1%的灵感加上99%的汗水（他有时说是2%和98%）。"我告诉你，天才就是努力工作，"他补充道，"坚忍不拔并且具备常识。"我再说一遍，爱迪生试验了6000种植物材料，最后才找到合适品种的竹子做灯泡的灯丝。汗水而非灵感，是西方很多人遗忘或者禁止的一点。是因为不可能进行反复试验，才阻碍了核电变得更安全、更便宜，阻碍了黄金大米更早救人，放缓了新医疗方法的发展。相反，正是多次反复试验使得互联网发展，使得数字通信领域扩大。我们必须想办法改革监管状态，使它在保障我们安全的同时，不会阻止所有创新所依赖的简单的试错过程。

创新是自由之子，是繁荣之母。就整体来看，创新是件异常美妙之事。如果我们放弃它，就要承担风险。有一个物种比其他所有物种都要高明，它以某种方式养成了重新排列世界上的原子和电子的习惯，来创造新的、热力学上几乎不可能实现的结构和想法，而这些结构和想法对增进该物种的福祉有实际用处，这一奇怪的事实一直让我感到惊讶。该物种的许多成员对这种重新排列如何发生实现，以及为何它很重要均未表现出太多好奇，也让我感到困惑。许多人考虑的更多是如何限制它，而非如何鼓励它，这令我忧心忡忡。在未来几个世纪甚至几千年里，这一物种可以将世界上的原子和电子重新排列成几乎不可能实现的结构，且无任何实际的限制，这让我欣喜若狂。未来是激动人心的，是创新的非概率驱动器引领我们走向那里。

后　　记

病毒引发的对创新价值的思考

2019年11月，在新冠病毒全球性大暴发之前，我完成了本书的最终稿。其实从2019年12月到2020年1月，人们总会听到些许关于一种新型病毒性肺炎开始传播的风声。然而直至2020年1月14日，世界卫生组织都坚持称没有收集到这种病毒会人传人的证据。他们甚至认为这种病毒没有什么太大的危害。但从2020年2月来看，很明显这场疫情已经失控。我写的这本书在英国的出版也因2020年3月23日的强制封城推迟了。不过，这倒是给了我写下这篇后记的时间。在后记中，我想要谈一谈新冠病毒对于本书论点产生的影响。

本书不仅涉及药学，还包含了许多传染病和公共卫生中的例子，比如天花、小儿麻痹症、狂犬病和百日咳疫苗是如何研制出来的，盘尼西林是如何被发现的，又比如用来预防疟疾的经杀虫药剂处理过的蚊帐，治疗霍乱的口服补液疗法，以及抽水马桶和用氯气消毒的发明。在我写下这些例子的时候，人们早已在对抗传染病上取得了惊人成就。这些疾病不再像昔日那样极度可怖——在较为富裕的国家，这位敌人的威力大不如前，只能让小部分人丧命；而在稍微贫穷一些的国家里，它所带来的危害也日益减少。在抗击传染病的过程中，创新不可比拟的价值就体现出来了。我们也要坚信：不管是疫苗、药品、强制隔离的手段，还是用来追踪感染者密切接触人群的软件，总会出现那么一种创新能削弱传染病的威胁。

坦白地说，我从没想过会出现新冠病毒这样影响恶劣的流行病。毕竟，历史上关于传染病的预言就从来没有应验过。"到 1995 年，埃博拉会杀死数以百万计的人"；1996 年的疯牛病；2003 年的非典型性肺炎；2006 年的禽流感；2009 年的猪流感；2013 年复发的禽流感；2014 年复发的埃博拉；以及 2016 年的寨卡病毒。上述的每一个案例中都出现了专家用数学模型判断出来的世界末日预言：成百上千，甚至上千万的人会死去。而这些言论则经由媒体传播到每家每户。每一次，"狼来啦"的呐喊都看似煞有介事，可实际上死亡人数远远达不到上千万那么夸张。所以，狼根本没有来。总有传闻喜欢将最新一轮流感比肩 1918 年的大流感㊀，然而它们根本就不能与之相提并论。2009 年，制药公司游说各国政府批量购买的达菲㊁正搁置在仓库里积灰。而在我活过的这么多年里，在所有从其他动物身上传播出来的病毒里，人们发现只有艾滋病毒能在全球范围内大流行。艾滋病已经造成了大约 2000 万人的死亡，不过现在它是可以治愈的，造成的死亡也大大下降。

在伊索寓言中，那个谎称狼来了的男孩发出了太多次错误的预警，以致狼真的踏足村庄的时候，没人再信他的话。而在现实中，除了对流行病

㊀ 1918 年大流感：那次流感中，全球超过 5 亿人感染，5000 万到 1 亿人死亡。——译者注
㊁ 达菲（Tamiflu）：一种能有效治疗流感的药物。——译者注

的错误预警之外，我还见过关于人口大爆发、石油峰值、核冬天、酸雨、臭氧层空洞、杀虫剂、物种灭绝率、转基因作物、精子质量、海洋酸化，尤其是千年虫危机（Millennium bug）的夸大其词的言论。请注意，我不是说上述情况都是不存在的，只不过是媒体总喜欢用它们大做文章。这些层出不穷的不实言论正是政客和记者们希望看到的，正如H.L.门肯所说："政治现实的唯一目的就在于塑造出一个接一个的假想敌。这样，以为自己正处在危险境遇下的大众就会开始吵着要人引领他们到安全的地方去。"但是恐慌和预警本身并不能解决问题。所有国家和企业对千年虫危机的整治其实都没什么效果，不管它们先前是否预知到了危机的发生。

直到2020年新冠肺炎流行大潮的前几个星期，西方媒体中还充斥着对全球变暖的末日警告、疯狂的抗议，以及引人焦虑的环保公告。那时，媒体认为全球变暖才是人类面临的空前危机：空气的平均温度每十年可能就会上升十分之几度，而气温主要会在北半球的冬夜里缓慢升高，直到最终对人类生存的环境产生肉眼可见的负面影响。气候变化确实是很严重的问题，也是一个需要我们长时间努力的方向。不过，虽然近三十多年来关于即将发生的气候灾难和数百万人甚至上亿人死亡的说法一直在不断升级，但事实上，饥荒、风暴、洪水和干旱造成的死亡人数在整个期间是急剧下降的。这些夸大的言论可不仅是出现在像反抗灭绝（Extinction Rebellion）这样的极端抗议运动中。即使是世界卫生组织这样专门负责防范流行病的组织，也曾在2015年宣布"气候变化是21世纪全球健康的最大威胁"。换言之，它认为气候变化带来的威胁比流行病更严重。

就在大家都关注气候变暖的时候，真正的狼悄然而至。人们对于流行病的轻视使得我们低估了它真正的威力。最初，我也以为冠状病毒只是会导致重感冒，或者很快就演变成一种不会致命的流感性发烧。我的医生朋友们也让我更加坚信这一点。事实证明，我错了。以前听说过的会出现全球性流行病的预测都不准确，这就导致了我这次的判断失误。但其实我内心深处非常确切地知道，这样一场大流行病是完全有可能发生的。在2010年出版的《理性乐观派》中，我写道："尽管这个世纪里会有许多好事发生，但这不代表挫折就不会发生了，没有什么是可以保证的。"追溯到1999年，我在一篇关于疾病的未来的论文中写道："如果真的发生了新的大流行病，那么它将是由某种病毒引起的，而不是细菌、真菌或动物身上的寄生虫，而且我们会从野生动物身上感染这种病毒，因为已经出现了人被家养动物感染病毒的案例（麻疹有很大可能是来自牛身上的）。"我还写过："我赌这种病毒会出在蝙蝠身上。"世界上有上千种不同的蝙蝠，这种动物是高度群居的，因此它们是呼吸道病毒的理想宿主。像人类一样，蝙蝠成群结队的聚集；像人类一样，它们长距离辗转迁移；像人类一样，它们为了定位和交流需要持续地张嘴发出声音。如果我们持续地为病毒的传播和扩增创造条件，那么我们将继续经历新的病毒流行浪潮。

托基因测序的福，我们现在知道新型冠状病毒只是众多出现在蝙蝠身上的病毒中的一种。而这种冠状病毒在物种间传播之前，就已经有通过受体ACE2进入细胞的能力。目前，我们还无法确定冠状病毒是如何传播到人身上的。但至少在很多科学期刊里面，对于新冠肺炎的预警已经非常清晰了。四名来自中国香港的科学家于2007年写道："马蹄蝠体内存在的大量SARS-CoV样病毒就是一颗早晚会爆炸的定时炸弹。"在2019年，同样一批科学家表明："野生动物活体市场以及野味餐厅是非常利于蝙蝠和动物或者人类接触的。这样的场所会促进种间传播，并可能导致毁灭性的病毒全球暴发。"

疫苗以及诊断手法的研发对创新的忽视

野生动物活体交易市场的生意还是一如既往地兴旺，所有人都没有做好充分的准备。更不妙的是，创新力在像疫苗研发这样重要的领域里非常稀缺。在 21 世纪，政府和世界卫生组织没有给予疫苗研发足够的支持，反而更倾向于把公共卫生预算用在解决饮食或者气候变化问题上。其结果就是让疫苗成了萎靡不振的孤儿技术。同样不重视疫苗研发的还有一些私营企业，疫苗盈利不高，且疫苗还可能让企业陷入两难的境地：很有可能等你研究出疫苗之后，疫情已经过去了，就算你及时研究出来了，也可能会因为各界压力不得不免费供应疫苗而得不到利润。就像在 2014 年的西非埃博拉疫情中那样，一家企业在 11 月份研制出了一只试验性疫苗，可几个月过后，疫情也差不多结束了，使得这家企业甚至找不到足够的志愿者来参加疫苗最新一期的试验。就因为有这样的先例，大多数公司都决定远离疫苗研发这样吃力不讨好的事情。

在第 2 章里，我提到了珀尔·肯德利克和格蕾丝·埃尔德林在 20 世纪 30 年代研发百日咳疫苗中取得的无与伦比的成就。她们放弃了休息时间，用真诚和努力拯救了数不清的生命。比起她们，我们拥有了更多的生物学知识——我们知道了基因的构成，免疫系统的运转，蛋白质合成以及遗传密码本等。即使这样，我们研制一只疫苗却还是需要用好几年的时间。科学家们近来新提出的 mRNA 疫苗也许会是这个时代的救世主，但是目前研究这些新型疫苗的都是些得不到足够投资的小型实验室。2019

年新冠疫情还没发生之前,人类疫苗计划的主席韦恩·考夫(Wayne Koff)曾指出:"疫苗研发是一项费钱、费时,又费力的工作。研发一只疫苗需要耗资数十亿、耗时数十年,这也才换回来不到10%的成功率。很显然,我们不只要尽快找到让疫苗更有效果的方法,更重要的是要去提高疫苗研发过程的效率。"总结下来就是,不管是在过去还是现在,创新都是重中之重。

在惠康基金会、盖茨基金会、印度政府和挪威政府的资金支持下,人们于2017年成立了流行病防范创新联盟(CEPI)专门来解决前面提到的问题。不过话又说回来,世界卫生组织应该早一点把这件事做了。到2020年为止,CEPI还没有建立起来一个可以适用于任何新疾病的疫苗开发平台。我认为,2020年疫情的最大败笔就是没有在疫苗研发中投入足够的创新,这一点是最让我吃惊的。

疫苗之外的领域也出现了缺乏创新的情况。在疫情扩散的过程中,政府很快发现核酸检测和隔离是对付病毒的有力武器。以韩国和德国为例,一部分国家为了能够通过反复试验来高效地改进诊断手法,很快就将测试盒的开发、制造,以及部分工作交给了私企。而另外一部分国家,例如美国和英国,试图将核酸检测把握在政府的手里。它们解释说这是为了更好地把关测试的质量。美国亚当斯密研究所的马修·莱什(Matthew Lesh)在一项研究中表明,位于亚特兰大的疾病控制和预防中心一开始"试图垄断检测,阻止私营部门开发自己的检测方法,并在其检测的有效性上误导州和地方当局"。不过在这种做法受到了强烈的谴责之后,美国政府改变政策,同意了私营企业接手检测的事务。这样一来,检测数量快速上升到了每天几十万人次。

这篇亚当斯密研究所的报告中还提到，尽管很多英国私企也研制出了可以快速出结果的检测工具，政府还是"鼓励群众使用官方检测工具"并将所有的采样都送到了官方实验室里。到三月中旬，激增的疑似病例数量已经远超出了英国政府的测试能力范围。而它宁愿放弃所有病情没有严重到需要去医院治疗的疑似病例，也不愿意把测试外包给私企。最讽刺的在于此时的英国政府竟然把集中指挥和控制排在了病人的生命安全之前。

几年前，英国政府的生命科学顾问约翰·贝尔（John Bell）爵士就已经意识到英国国民医疗服务体系对于体制外创新产品的排斥是一个很大的问题。英国的体外诊断（IVD）市场的人均规模还不到德国的一半。英国体外诊断协会称"在采用新的 IVD 测试时，英国国民医疗服务体系（NHS）非常缺乏灵活性。NHS 更习惯于使用药物来解决医疗问题，同时也没有给出一个将 IVD 纳入体制的途径"。举个更具体的例子，科学家研究出一种可以快速区分急诊病房里那 20% 急需治疗的胸痛患者和其他 80% 并无大碍的患者的测试。这种测试可以帮助医院达到腾出床位并节省开支的目的。这款产品由一家英国企业销售到了全球各地却单单被卡在了本国的市场大门外。而在 2020 年，英国政府对私营企业产品的抵制使得很多人失去了生命。

在各国努力应对疫情之际，非疫情时期立下的规则似乎变成了可笑的阻碍。希拉洛斯曾经把很多有效的专利都死死地握在自己手上（见第 10 章），这一度阻碍了诊断测试的发展，直到有人将专利从希拉洛斯手里买下，并且提供给了大众。很多规章制度除了减慢医疗用品的研发速度以外，没有起到任何作用。这些本该加强医疗安全的规矩反而让创新者在开发新诊断测试时畏首畏尾。我们不能只看到那些失败了的开发者，还应该明白将一项创新推向市场实在是太难了，很多人甚至试都不愿试，而成功者也许就藏在这个群体里面。就像我在第 11 章里提到的，一款心脏起搏器被制造出来后花了整整 70 个月才获得在意大利使用的许可证。

这种现象也同样出现在疾病治疗领域。在对抗细菌的战斗中，抗生素为我们取得了部分胜利（尽管抗药性的问题越来越严重），但我们发明有效抗病毒药物的进展要慢得多，也没有那么成功。现在大部分已存在的抗病毒药物都是专门针对某一种病毒的。在疫情开始前几个月，一项很有先见之明的报告总结道："真正广谱抗病毒药物的缺乏是我们在抵抗病毒性传染病突袭上留下的一个大裂口。"人们缺乏这类抗病毒药物主要是因为病毒本身没有生物化学成分，它们只不过是根据自身需要来摧毁宿主体内的这些成分，所以我们很难在不伤害宿主的情况下杀死病毒。而且人们对抗疫药品的需求可能每十年或者更久才出现一次，这意味着这些药品不能成为制药公司的摇钱树，靠它们带来的盈利甚至还不够填补公司的研发费用。

抗 HIV 药物是用蛋白酶抑制剂来阻止病毒利用特定的宿主酶进入细胞的，这个例子向我们证明了抗病毒药物是有可能被研制出来的。如果人们能投入更多的资金来研究这个问题，谁知道还能有多少种抗病毒药物问世？不管是用来抵抗 HIV 的蛋白酶抑制剂和单克隆抗体，还是用来抵御埃博拉病毒的 RNA 聚合酶抑制剂，其实都给了制药公司在治疗冠状病毒方面可以借鉴的启发。日本富士胶片公司（Fujifilm）的抗病毒产品法匹拉韦（Favipiravir，以 Avigan 的名义销售）是少数几种有希望对抗多种病毒的抗病毒药物之一。富士胶片公司在 21 世纪初期进军了摄影外的其他化学药品的领域，并于 2008 年收购了富山化学公司（Toyama

Chemical)。这一系列运作使得富士逃脱了和柯达一样的破产命运。收购富山化学公司为富士带来了由病毒学家白木公康（Kimiyasu Shiraki）开发的治疗疱疹药物法匹拉韦，在现在看来，该药品对控制疫情也起到了喜人的效果。2014年，这种药物在几内亚埃博拉患者身上的测试只取得了微小的成果。但在新冠疫情中，法匹拉韦在中国的新冠病毒患者身上起到了不错的作用，于是富士胶片公司开始快速大量生产该药，希望能用它来抑制新冠病毒。从上述例子中，我们可以看到创新是如何起作用的：一家生产相机的公司在一场又一场各类病毒引发的流行病中不断开发并测试抗病毒药品，到最后这种药终于在一场全球性疫情中派上了大用场。

当你读到这段话的时候，也许人群中已经出现了一种用来对付新冠病毒的抗病毒药品。在过去的疫情中，我们都是用疫苗来阻止疫情发展，而这次也许会是人们第一次用抗病毒疗法来达到这个目的。一篇评论列举了30位潜在竞争者，但此时此刻，我们不知道该把赌注压在谁身上。可以确定的是，与以往一样，试错和误差将决定成败。不过我们大可放心，不管最后的成功者是谁，一位成功者也没有的情况是不太可能发生的。在未来，也许还会出现可以分辨出哪些人是新冠治愈病例，哪些人是新冠确诊病例的有效测试。总之，不管以什么样的方式，这场噩梦般的疫情终会平息，经济活动也会复苏。即使是在这样恶劣的情况下，我们还是可以找到一些令人宽慰的信息。比如，在流感、鼠疫、天花，以及其他大部分疾病中，老人和儿童的患病率都是基本相同的；而在新冠肺炎这里，患有并发症的老年人有很高的得病风险，但儿童几乎不受任何影响。

数字化领域创新助人缓解隔离中的孤单情绪

新冠病毒迅速地为全球经济按下了暂停键。随着它在 2020 年 3 月扩散到欧洲和其他大陆，多国政府艰难地做出了封城的决定——只留下最核心的工作人员继续通勤，其余人员全部居家办公。这样的做法为经济和社会带来了毁灭性的影响。不过可想而知，在 20 年前那个家人之间既没法打视频电话，也没有线上会议和线上购物的年代，情况大概会比现在更糟糕。而宽带网络的存在使得一部分人在封锁中的生活比以前更有效率，许多人也开始重新审视他们的通勤习惯。

如此一来，这场疫情必将掀起一股创新的洪流。在疫情中，很多人第一次接触到了 Zoom、Teams、Facetime 和 Skype 这样的视频会议软件。也许在未来，我可以跳过在机场、安检、酒店大堂和不同时区中经历的麻烦事，直接在全球的线上文学活动中发表我的这本书，当然现在这可能还只是我的一个幻想。我们同样可以确信的是，在线看病、线上联络其他专家，或者是网络办公的存在，在疫情结束后也不会消失。人们会更容易接受也更频繁地使用这些网络功能。而且现在有些国家的人已经开始为自己争取更多线上工作的权益。如果有了电话会议的帮助，医疗、会计和法律部门的办公效率会大大提升。在疫情之后，为了更好地支持科学研究人员的工作，也许会有大量的免费数据和科学论文被共享和公开。这样一来，科技出版业的暴利垄断情况也能得到改善。我们再也不用因为要付昂贵的费用来阅览科技论文而满心怨气了。

现金的使用会越来越少，实体零售商转向线上的趋势也会越来越明显。虽然一些像和朋友一起云聚餐这种在疫情期间发明出来的社交活动会随着我们的生活逐渐步入正轨而消失，但是那些平日里两地分居的家庭成员依然会保留线上聊天的习惯。

　　数字创新同样可以应用在医疗领域。在韩国等国家，手机定位功能被用来追踪病毒密切接触者。这个方法对每一个国家的疫情防控都是必不可少的。相较以前，现在的手机定位更加的有效、安全，且保密性更强。举个例子，当你无意中走近一位被感染者的时候，你们的手机会自动交换被加密但没有实际意义的消息并留下一串匿名数据。然后，在没有任何政府或者信息技术公司知道你的姓名或者习惯的情况下，手机就能提示你需要进入自我隔离。这种功能可以避免我们的个人信息被泄露或者利用。

我们面对的不是创新匮乏，而是缓慢的创新过程

　　疫情确实为我们带来了一些变化，不过我们也需要去应对它带来的巨大经济损失：一场大萧条是不可避免的。我们需要面对的是飙升的失业率，激增的通货膨胀水平，还不起的高额贷款，以及持续蔓延的贸易保护主义。而穷人则会是这场经济衰退的最大受害者，很多人的生活会因此遭受沉重打击。我们应该从这里学习本书的核心内容：宽容、鼓舞人心而又高效合理的监管给予人们自由，无拘无束地去实验和尝试新事物会产生创新，而创新则是能帮助人们获得财富的关键。目前我们最应该做的就是去研究那些在疫情期间为了鼓励医疗设备和疗法中的创新而暂时放下的监管拖延和障碍，然后看看这些变革是否可以被永久保留并且应用到其他经济领域。这也是解决经济增长问题和改善穷人的困境的最有效方法。

　　在这场危机中，我不止一次地和那些对烦琐的官方程序中不必要的拖

延感到沮丧的企业家以及科学家有过交流。我们曾谈到政府花了 10 天时间才最终拟定了购买诊断试验的合同。行政人员、法律顾问和法律谈判人员整体上都缺乏紧迫感，这种现象在公共部门尤为常见。其实拖延问题一直都存在，只不过是在疫情期间被暴露出来了。不管是批准新药品的使用还是修建新机场跑道，公共部门做一项决策已经慢到了几乎停滞的地方，而且在此过程中还要抽时间去讨好那些心不在焉的所谓顾问。对于企业家来说，问题不在于监管者拒绝创新，而是他们缓慢的审批速度会在推广创新的过程中逐渐把企业拖垮。如果我们想要在疫情之后重返繁荣，这一点需要改变。

如果想让创新在人类涉足的关键领域长存，政治家们需要重新对如何建立一个更有效的创新奖励机制进行深度思考。第一种解决办法就是用奖金来代替津贴和专利费。1714 年，著名的"经度大奖"（Longitude Prize）就将 20 000 英镑的奖金颁给了第一位在 30 分钟内准确地测量出自己所处经度的人。而在当时，航海专家和天文学家都在尝试失败之后宣称这是个不可能的任务。获得"经度大奖"的人是一位不起眼的名叫约翰·哈里森的钟表匠。出乎所有人意料，正是他制作的精确可靠的钟表解决了经度测量的问题。也因为如此，在很长一段时间里举办方都拒绝为哈里森颁发奖金，这可让哈里森颇为恼火。回到现代，2014 年的一项"经度大奖"为可以避免过度使用抗生素的定点看护检测设备提供了 800 万英镑的奖金，却至今无人认领。

现在我们身边也有了类似的例子。意诺新（InnoCentive）是一个线上问题分享论坛。不管是个人、企业，还是组织，都可以在网站上请人有偿解决困扰他们的问题。一项关于意诺新的研究发现，"发问者提出的问题越是专业，问题就越容易被解决"。这一点就像钟表匠约翰·哈里森一样。现在，意诺新已经吸引了来自 190 个国家的 40 万提问者并且向成功解决问题的人提供了超过 2000 万美元的奖金。

2020 年 3 月，经济学家泰勒·科文（Tyler Cowen）宣布了一系列的奖项，以鼓励在社交隔离、网络崇拜、居家工作方式以及新冠肺炎治疗方面的创新。科文称："设立奖项在以下情况下是理想的：如果你不知道谁才是能做出改变的那一个，或是事情的最终结果比过程显得更有价值，或是人们急需得到问题的解决办法（且来不及从头培养人才），或是成功相对容易界定，或是努力和投资则可能得不到相称的回报。"

不止疫情，上述规则适用于任何人类涉足的领域。所以我们为什么不好好利用奖励机制？诺贝尔奖得主经济学家迈克尔·克雷默（Michael Kremer）提出了一个名为先期市场承诺（Advance Market Commitment）的概念。这个概念的基础就建立在用丰厚的奖励来激励创新上。不过，把奖金发给那些成功研发了疫苗但是因为利润低下放弃量产的企业是没有意义的。2007 年，盖茨基金会承诺为一项奖励基金提供 15 亿美元以寻找一种用于发展中国家的肺炎球菌疫苗。这种疫苗的受众是那些穷苦人民，如果没有奖励基金，企业从疫苗专利中是一分钱也赚不到的。盖茨基金会没有选择把奖金一次发完，而是让疫苗研发企业投标一份长达 10 年的疫苗研发和生产合同。这笔奖金有效地填补了每一只疫苗的研发成本。结果就是，企业以竞争奖励为动力，为 1.5 亿儿童带来了 3 种每只售价只要两美元的有效疫苗，拯救了 70 万人的生命。

政府还可以用购买专利的方式让创新发挥更大的作用。伦敦皇家艺术学会的安东·豪斯（Anton Howes）认为历史证明了这种方式的有效性。

1839 年，法国政府买下路易·达盖尔（Louis Daguerre）的摄影专利并免费提供给大众的做法激发出一股创新的浪潮。如果 3D 打印的专利被早点买下来，它所带来的创新也许还要早上 10 年。1998 年，为了让专利可以以相对合理的价钱卖出，克雷默想出了拍卖的方式——在竞拍者不知道政府想要得到哪一份专利的情况下，让不同的专利作为私人拍品进行拍卖。这样竞拍者就不会知道自己正在同政府竞拍，他们也就不会因为政府的存在而不敢参与。豪斯还说："如果想要打败新冠肺炎或者任何未来可能出现的疫情，我们应该开始思考购买哪些专利（抗病毒药品、疫苗、呼吸机，又或者是其他卫生用品）有助于我们消除创新瓶颈。"

拜世界上那些满足于现状的公司、官僚的政府以及恐惧革新的抗议集团所赐，一场创新大萧条似乎正在逐步吞噬着我们的社会。没想到我将要在这样一种令人感到陌生又莫名其妙的悲观情绪里结束本书。我能告诉你们的是，除了在数字化世界里存在一些特例外，其他领域中的创新引擎正在嘎嘎作响，似乎下一秒就要熄火。而更可悲的是，此时的社会还没有意识到我们是多么迫切地需要创新。治疗新冠肺炎的力不从心已经为世界敲响警钟，是时候开始奋起创新了！

参考文献

引言：无限非概率驱动器

Adams, Douglas. *The Hitchhiker's Guide to the Galaxy*. Pan Books, 1979.

Christiansen, Clayton. *The Innovator's Dilemma*. Harvard Business Review Press, 1997.

Hogan, Susan. '"Home of sliced bread": a small Missouri town champions its greatest thing'. *Washington Post*, 21 February 2018.

Maddison, Angus. *Phases of Capitalist Development*. Oxford University Press, 1982.

McCloskey, Deirdre. *The Bourgeois Virtues: Ethics for an Age of Commerce*. University of Chicago Press, 2006.

McCloskey, Deirdre. 'The great enrichment was built on ideas, not capital'. Foundation for Economic Education, November 2017.

Mokyr, Joel. *The Gifts of Athena: Historical Origins of the Knowledge Economy*. Princeton University Press, 2002.

Mokyr, Joel. *A Culture of Growth: The Origins of the Modern Economy*. Princeton University Press, 2016.

Petty, William. *Treatise on Taxes and Contributions* (pp. 113–14), 1662.

Phelps, Edmund. *Mass Flourishing: How Grassroots Innovation Created Jobs, Challenge and Change*. Princeton University Press, 2013.

Strauss, E. *Sir William Petty: Portrait of a Genius*. The Bodley Head, 1954.

1. 能量

Bailey, Ronald. 'Environmentalists were for fracking before they were against it'. *Reason Magazine*, 5 October 2011.

Boldrin, Michele, David K. Levine and Alessandro Nuovolari.

'Do patents encourage or hinder innovation? The case of the steam engine'. *The Freeman: Ideas on Liberty*, December 2008, pp. 14–17.

Cohen, Bernard. *The Nuclear Energy Option*. Springer, 1990.

Constable, John. 'Energy, entropy and the theory of wealth'. Northumberland and Newcastle Society, 11 February 2016.

Friedel, Robert and Paul Israel. *Edison's Electric Light*. Johns Hopkins University Press, 1986.

Jevons, William Stanley. *The Coal Question: An Inquiry Concerning the Progress of the Nation and the Probable Exhaustion of Our Coal-Mines*. Macmillan, 1865.

McCullough, David. *The Wright Brothers*. Simon and Schuster, 2015.

Rolt, L. T. C. *Thomas Newcomen: The Prehistory of the Steam Engine*. David and Charles/Mcdonald, 1963.

Selgin, George and John Turner. 'Watt, again? Boldrin and Levine still exaggerate the adverse effect of patents on the progress of steam power'. *Review of Law and Economics* 5, 2009: 7–25.

Smiles, Samuel. *Story of the Life of George Stephenson*. John Murray, 1857.

Smith, Ken. *Turbinia: The Story of Charles Parsons and His Ocean Greyhound*. Tyne Bridge Publishing, 2009.

Swallow, John. *Atmospheric Engines*. Lulu Enterprises, 2013.

Swan, Kenneth R. *Sir Joseph Swan*. Longmans, 1946.

Triewald, Marten. *Short Description of the Atmospheric Engine*. 1728. (Published in English by W. Heffer and Sons, 1928.)

Vanek Smith, Stacey. 'How an engineer's desperate experiment created fracking'. National Public Radio, 27 September 2016.

Weijers, Leen, Chris Wright, Mike Mayerhofer, et al. 'Trends in the North American frac industry: invention through the shale revolution'. Presentation at the Society Petroleum Engineers Hydraulic Fracturing Technology Conference, 5–7 February 2019.

Zuckerman, Gregory. 'Breakthrough: the accidental discovery that revolutionized American energy'. *Atlantic*, 6 November 2013.

2. 公共卫生

Bookchin, Debbie and Jim Schumacher. *The Virus and the*

Vaccine: Contaminated Vaccines, Deadly Cancers, and Government Neglect. St. Martin's Press, 2004.

Brown, Kevin. *Penicillin Man: Alexander Fleming and the Antibiotic Revolution*. The History Press, 2005.

Carrell, Jennifer Lee. *The Speckled Monster: A Historical Tale of Battling Smallpox*. Penguin Books, 2003.

Darriet, F., V. Robert, N. Tho Vien and P. Carnevale. *Evaluation of the Efficacy of Permethrin-Impregnated Intact and Perforated Mosquito Nets against Vectors of Malaria*. World Health Organization Report, 1984.

Epstein, Paul. 'Is global warming harmful to health?' *Scientific American*, August 2000.

Gething, Peter et al. 'Climate change and the global malaria recession'. *Nature* 465, 2010: 342–5.

Halpern, David. *Inside the Nudge Unit*. W. H. Allen, 2015.

MacFarlane, Gwyn. *Alexander Fleming: The Man and the Myth*. Harvard University Press, 1984.

McGuire, Michael J. *The Chlorine Revolution: Water Disinfection and the Fight to Save Lives*. American Water Works Association, 2013.

Reiter, Paul. The IPCC and Technical Information. Example: Impacts on Human Health. Evidence to the House of Lords Select Committee on Economic Affairs, 2005.

Ridley, Matt. 'Britain's vaping revolution: why this healthier alternative to smoking is under threat'. *Sunday Times*, 8 July 2018.

Shapiro-Shapin, Carolyn. 'Pearl Kendrick, Grace Eldering, and the pertussis vaccine'. *Emerging Infectious Disease* 16, 2010: 1273–8.

Wortley-Montagu, Lady Mary. [1994.] The Turkish Embassy Letters. Virago.

3. 交通

Davies, Hunter. *George Stephenson: The Remarkable Life of the Founder of the Railways*. Sutton Publishing, 1975.

Grace's Guide to British Industrial History. 'Bedlington ironworks'. https://www.gracesguide.co.uk/Bedlington_Ironworks.

Harris, Don. 'Improving aircraft safety'. *The Psychologist* 27, 2014: 90–95.

Khan, Jibran. 'Herb Kelleher's Southwest Airlines showed the value of playing fair'. *National Review*, 10 January 2019.

McCullough, David. *The Wright Brothers*. Simon and Schuster, 2015.

Nahum, Andrew. *Frank Whittle: The Invention of the Jet*. Icon Books, 2004.

Parissien, Steven. *The Life of the Automobile: A New History of the Motor Car*. Atlantic Books, 2014.

Smil, Vaclav. *Prime Movers of Globalization: The History and Impact of Diesel Engines and Gas Turbines*. MIT Press, 2013.

Smiles, Samuel. *The Life of George Stephenson and His Son Robert*. John Murray, 1857.

Smith, Edgar. *A Short history of Naval and Marine Engineering*. Cambridge University Press, 1938.

Wolmar, Christian. *Fire and Steam: How the Railways Transformed Britain*. Atlantic Books, 2007.

4. 食品

Balmford, Andrew et al. 'The environmental costs and benefits of high-yield farming'. *Nature Sustainability* 1, 2018: 477–85.

Brooks, Graham. 'UK plant genetics: a regulatory environment to maximise advantage to the UK economy post Brexit'. Agricultural Biotechnology Council briefing paper, 2018.

Cavanagh, Amanda. 'Reclaiming lost calories: tweaking photosynthesis boosts crop yield'. *The Conversation*, January 2019.

Dent, David. *Fixed on Nitrogen: A Scientist's Short Story*. ADG Publishing, 2019.

Doudna, Jennifer. *A Crack in Creation*. Houghton Mifflin, 2017.

Ghislain, Marc et al. 'Stacking three late blight resistance genes from wild species directly into African highland potato varieties confers complete field resistance to local blight races'. *Plant Biotechnology Journal*, 17, 2018: 1119–29.

Hager, Thomas. *The Alchemy of Air: A Jewish Genius, a Doomed Tycoon, and the Scientific Discovery That Fed the World But Fueled the Rise of Hitler*. Crown, 2008.

Lander, Eric. 'The heroes of CRISPR'. *Cell* 164(1), January 2016: 18–28.

Lumpkin, Thomas. 'How a Gene from Japan Revolutionized

the World of Wheat: CIMMYT's Quest for Combining Genes to Mitigate Threats to Global Food Security', in Y. Ogihara, S. Takumi and H. Handa (eds). *Advances in Wheat Genetics: From Genome to Field*. Springer, 2015.

Martin-Laffon, Jacqueline, Marcel Kuntz and Agnes Ricroch. 'Worldwide CRISPR patent landscape shows strong geographical biases'. *Nature Biotechnology* 37, 2019: 613–20.

Pappas, Stephanie. 'Irish potato blight originated in South America'. *Live Science*, 3 January 2017.

Reader, John. *Potato: A History of the Propitious Esculent*. Yale University Press, 2009.

Romeis, Jorg et al. 'Genetically engineered crops help support conservation biological control'. *Biological Control* 130, 2019: 136–54.

Van Montagu, Marc. 'It is a long way to GM agriculture'. *Annual Reviews of Plant Biology* 62, 2011: 1–23.

Vietmeyer, Noel. *Our Daily Bread: The Essential Norman Borlaug*. Bracing Books, 2011.

Vogel, Orville. 'Dwarf wheats'. Speech to the Pacific Northwest Historical Society, 1977.

Woodham-Smith, Cecil. *The Great Hunger: Ireland 1845–1849*. Harper and Row, 1962.

5. 低技术创新

Devlin, Keith. *The Man of Numbers: Fibonacci's Arithmetic Revolution* (Kindle Locations 840–841). Bloomsbury (Kindle edn).

Guedes, Pedro. 'Iron in Building: 1750–1855 – Innovation and Cultural Resistance'. PhD thesis, University of Queensland, 2010.

Gurley, Bill. 'Money out of nowhere: how internet marketplaces unlock economic wealth'. abovethecrowd.com, 27 February 2019.

Kaplan, Robert. *The Nothing That Is: A Natural History of Zero*. Oxford University Press, 1999.

Levinson, Marc. *The Box*. Princeton University Press, 2006.

McNichol, Ian. *Joseph Bramah: A Century of Invention 1749–1851*. David and Charles, 1968.

Nebb, Adam. 'Why did it take until the 1970s for wheeled luggage to appear when patent applications were being filed in the 1940s?' *South China Morning Post*, 29 June 2017.

Ospina, Daniel. 'How the best restaurants in the world balance innovation and consistency'. *Harvard Business Review*, January 2018.

Petruzzelli, Antonio and Tommaso Savino. 'Search, recombination, and innovation: lessons from haute cuisine'. *Long Range Planning* 47, 2014: 224–38.

Sharky, Joe. 'Reinventing the suitcase by adding the wheel'. *The New York Times*, 4 October 2010.

Spool, Jared. 'The $300 million button'. uie.com, January 2009.

6. 通信与计算

Bail, Christopher. 'Exposure to opposing views on social media can increase political polarization'. *PNAS* 115, 2018: 9216–21.

Handy, Jim. 'How many transistors have ever shipped?' *Forbes*, 26 May 2014.

Isaacson, Walter *The Innovators: How a Group of Hackers, Geniuses, and Geeks Created the Digital Revolution*. Simon and Schuster, 2014.

Johnson, Steven. *Where Good Ideas Come From: The Natural History of Innovation*. Riverhead Books, 2010.

Morris, Betsy. 'A Silicon Valley apostate launches "An inconvenient truth" for tech. *Wall Street Journal*, 23 April 2019.

Newbolt, Henry. *My World As in My Time*. Faber and Faber, 1932.

Pariser, Eli. *The Filter Bubble*. Penguin Books, 2011.

Pettegree, Andrew. *Brand Luther*. Penguin Books, 2015.

Raboy, Marc. *Marconi: The Man Who Networked the World*. Oxford University Press, 2016.

Ribeiro, Marco, Sameer Singh and Carlos Guestrin. '"Why should I trust you?" Explaining the Predictions of Any Classifier'. Proceedings of the 22nd ACM SIGKDD International Conference on Knowledge Discovery and Data Mining 2016, pp. 1135–44.

Silverman, Kenneth. *Lightning Man: The Accursed Life of Samuel F. B. Morse*. Knopf Doubleday, 2003.

Slawski, Bill. 'Just what was the First Search Engine?' seobythesea.com, 2 May 2006.

Thackray, Arnold. *Moore's Law: The Life of Gordon Moore, Silicon Valley's Quiet Revolutionary*. Basic Books, 2015.

The Economist. After Moore's Law. *Technology Quarterly*, 3 December 2016.

7. 史前创新

Bettinger, R., P. Richerson and R. Boyd. 'Constraints on the development of agriculture'. *Current Anthropology* 50, 2009: 627–31.

Botigué, Laura R., Shiya Song, Amelie Scheu, et al. 'Ancient European dog genomes reveal continuity since the early Neolithic'. *Nature Communications* 8(16082), 2017.

Brown, K. S. et al. 'An early and enduring advanced technology originating 71,000 years ago in South Africa'. *Nature* 491, 2012: 590–93.

Finkel, Meir and Ran Barkai. 'The Acheulean handaxe technological persistence: a case of preferred cultural conservatism?' *Proceedings of the Prehistoric Society* 84, 2018: 1–19.

Gerhart, L. M. and J. K. Ward 'Plant responses to low [CO_2] of the past'. *New Phytologist* 188, 2010: 674–95.

Gowlett, J. A. J. 2016. 'The discovery of fire by humans: a long and convoluted process'. *Philosophical Transactions of the Royal Society* B 371:1696, 2016.

Henrich, J. 'Demography and cultural evolution: how adaptive cultural processes can produce maladaptive losses: the Tasmanian case. *American Antiquity* 69, 2004: 197–214.

Lane, Nick. *The Vital Question: Why is Life the Way It Is?* Profile Books, 2015.

Lovelock, James. *Novacene: The Coming Age of Hyperintelligence*. Penguin Books, 2019.

Mahowald, N., K. E. Kohfeld, M. Hanson, et al. 'Dust sources and deposition during the last glacial maximum and current climate: a comparison of model results with paleodata from ice cores and marine sediments'. *Journal of Geophysical Research* 104, 1999:15,895–15,916.

Marean, C. 'The transition to foraging for dense and predictable resources and its impact on the evolution of modern humans'. *Philosophical Transactions of the Royal Society* B 371(1698), 2016.

McBrearty, S. and A. S. Brooks. 'The revolution that wasn't: a new interpretation of the origin of modern human behavior. *Journal of Human Evolution* 39, 2000: 453–563.

Rehfeld, K., T. Munch, S. L. Ho and T. Laepple, 'Global patterns of declining temperature variability from Last Glacial Maximum to Holocene'. *Nature* 554, 2018: 356–9.

Tishkoff, Sarah A., Floyd A. Reed, Alessia Ranciaro, et al.
'Convergent adaptation of human lactase persistence in Africa and Europe'. *Nature Genetics* 39, 2007: 31–40.

Wrangham, Richard. *Catching Fire*. Profile Books, 2009.

Wrangham, Richard. *The Goodness Paradox*. Profile Books, 2019.

8. 创新的本质

Arthur, Brian. *The Nature of Technology: What It is and How It Evolves*. Allen Lane, 2009.

Benjamin, Park. *The Age of Electricity: From Amber-Soul to Telephone*. Scribner, 1886.

Brooks, Rodney. 'The seven deadly sins of AI predictions'. *MIT Technology Review*. 6 October 2017.

Brynjolfson, Erik and Andrew McAfee. *The Second Machine Age: Work, Progress and Prosperity in a Time of Brilliant Technology*. Norton, 2014.

DNA Legal. 'Profile: Sir Alec Jeffreys – the pioneer of DNA testing'. dnalegal.com, 15 January 2015.

Dodgson, Mark and David Gann. *Innovation: A Very Short Introduction*. Oxford University Press, 2010.

Grier, Peter. 'Really portable telephones: costly but coming?' *Christian Science Monitor*, 15 April 1981.

Hammock, Rex. 'So what exactly did Paul Saffo say and when did he say it?'. Rexblog, 15 June 2007.

Harford, Tim. *Fifty Things That Made the Modern Economy*. Little, Brown, 2017.

Harford, Tim. 'What we get wrong about technology'. *Financial Times* magazine, 8 July 2017.

Juma, Calestous. *Innovation and Its Enemies: Why People Resist New Technologies*. Oxford University Press, 2016.

Kealey, Terence and Martin Ricketts. Modelling the industrial revolution using a contribution good model of technical change (unpublished).

Krugman, Paul. 'Why most economists' predictions are wrong'. *Red Herring* Online. 10 June 1998.

McAfee, Andrew. *More from Less: The Surprising Story of How We Learned to Prosper Using Fewer Resources and What Happens Next*. Simon and Schuster, 2019.

Ridley, Matt. *The Evolution of Everything*. HarperCollins, 2015.

Ridley, Matt. 'Amara's Law'. *The Times*, available at Mattridley.co.uk, 12 November 2017.

Schumpeter, Joseph. *Capitalism, Socialism and Democracy*. Harper and Row, 1950.

Wagner, Andreas. *Life Finds a Way*. OneWorld, 2019.

Wall Street Journal. 'Germany's dirty green cars'. 23 April 2019 (editorial).

Wasserman, Edward. 'Dick Fosbury's famous flop was actually a great success'. *Psychology Today*, 19 October 2018.

Wasserman, Edward. A., and Patrick Cullen. 'Evolution of the violin: the law of effect in action'. *Journal of Experimental Psychology: Animal Learning and Cognition*, 42, 2016: 116–22.

West, Geoffrey. *Scale: The Universal Laws of Life and Death in Organisms, Cities and Companies*. Weidenfeld and Nicolson, 2017.

Williams, Gareth. *Unravelling the Double Helix: The Lost Heroes of DNA*. Weidenfeld and Nicolson, 2019.

9. 创新经济学

Autor, David. 'Why are there still so many jobs? The history and future of workplace automation'. *Journal of Economic Perspectives* 29, 2015: 3–30.

Bush, Vannevar. 'Science: the endless frontier'. US Government, 1945.

Edgerton, David. 'The "Linear Model" Did Not Exist. Reflections on the History and Historiography of Science', in *The Science–Industry Nexus: History, Policy, Implications* (eds. Karl Grandin and Nina Wormbs). Watson, 2004.

Hopper, Lydia and Andrew Torrance. 'User innovation: a novel framework for studying innovation within a non-human context. *Animal Cognition* 22(6), 2019: 1185–90.

Huston, Larry and Nabil Sakkab. 'Connect and develop: inside Procter & Gamble's new model for innovation'. *Harvard Business Review*, March 2006.

Isaacson, Walter. *The Innovators*. Simon and Schuster, 2014.

Jewkes, John. *The Sources of Invention*. Macmillan, 1958.

Kealey, Terence. 'The case against public science'. *Cato Unbound*, 5 August 2013.

Keynes, John Maynard. *Economic Possibilities for Our Grandchildren* (1930), in *Essays in Persuasion*. Norton, 1963.

Loris, Nicholas. 'Banning the incandescent light bulb'. Heritage Foundation, 23 August 2010.

Mazzucato, Mariana. *The Entrepreneurial State*. Anthem Press, 2013.

Mingardi, Alberto. 'A critique of Mazzucato's entrepreneurial state'. *Cato Journal* 35, 2015: 603–25.

Ozkan, Nesli. 'An example of open innovation: P&G'. *Procedia – Social and Behavioral Sciences* 195, 2015: 1496–1502.

Runciman, W. Garry. *Very Different, But Much the Same: The Evolution of English Society since 1714*. Oxford University Press, 2015.

Shackleton, J. R. 'Robocalypse now?' Institute of Economic Affairs, 2018.

Shute, Neville. *Slide Rule: An Autobiography*. House of Stratus, 1954.

Steinbeck, John. 'Interview with Robert van Gelder'. *Cosmopolitan* 18, 1947: 123–5.

Sutherland, Rory. 'Why governments should spend big on tech'. *The Spectator*, 6 July 2019.

Thackeray, William Makepeace. *Ballads and Verses and Miscellaneous Contributions to 'Punch'*. Macmillan, 1904.

von Hippel, Eric. *Free Innovation*. MIT Press, 2017.

Warsh, David. *Knowledge and the Wealth of Nations: A Story of Economic Discovery*. W. W. Norton & Company, 2006.

Worstall, Tim. 'Is there really a "problem" with robots taking our jobs?' CapX.com, 1 July 2019.

10. 造假、骗局、跟风和失败

Alvino, Nicole. 'Theranos: when a culture of growth becomes a culture of scam'. Entrepreneur.com, 22 May 2019.

Carreyrou, John. *Bad Blood: Secrets and Lies in a Silicon Valley Startup*. Pan Macmillan, 2018.

Dennis, Gareth. 'Don't believe the hype about hyperloop'. *Railway Gazette*, 14 March 2018.

Rowan, David. *Non-Bullshit Innovation*. Bantam Press, 2019.

Stern, Jeffrey. 'The $80 million fake bomb-detector scam – and the people behind it'. *Vanity Fair*, 24 June 2015.

Stone, Brad. *The Everything Store: Jeff Bezos and the Age of Amazon*. Little, Brown, 2013.

Troianovski, Anton and Sven Grundberg. 'Nokia's bad call on smartphones'. *Wall Street Journal*, 11 July 2012.

11. 对创新的抵制

Behrens, Dave. 'The Tabarrok Curve: a call for patent reform in the US'. *The Economics Review at NYU*, 13 March 2018.

Cerf, Vint, Tim Berners-Lee, Anriette Esterhuysen, et al. 'Article 13 of the EU Copyright Directive threatens the internet'. Letter to Antonio Tajani MEP, President of the European Parliament, 12 June 2018.

Chisholm, John. 'Drones, dangerous animals and peeping Toms: impact of imposed vs. organic regulation on entrepreneurship, innovation and economic growth'. *International Journal of Entrepreneurship and Small Business* 35, 2018: 428–51.

Dumitriu, Sam. 'Regulation risks making Big Tech bigger'. CapX.com, 27 November 2018.

Erixon, Fredrik and Björn Weigel. *The Innovation Illusion: How So Little is Created by So Many Working So Hard*. Yale University Press, 2016.

Hazlett, Tom. *The Political Spectrum: The Tumultuous Liberation of Wireless Technology, from Herbert Hoover to the Smartphone*. Yale University Press, 2017.

Hazlett, Tom. 'We could have had cellphones four decades earlier'. *Reason Magazine,* July 2017.

Heller, Michael. *The Gridlock Economy: How Too Much Ownership Wrecks Markets, Stops Innovation, and Costs Lives.* Basic Books, 2008.

Juma, Calestous. *Innovation and Its Enemies: Why People Resist New Technologies.* Oxford University Press, 2016.

Lindsey, Brink and Steve Teles. *The Captured Economy.* Oxford University Press, 2017.

Lynas, Mark. *Seeds of Science: Why We Got It So Wrong on GMOs.* Bloomsbury, 2018.

Mcleod, Christine. *Inventing the Industrial Revolution: The English Patent System 1660–1800.* Cambridge University Press, 1988.

Paarlberg, Robert. 2014. 'A dubious success: the NGO campaign against GMOs'. *GM Crops & Food* 5(3), 2014: 223–8.

Porterfield, Andrew. 'Far more toxic than glyphosate: copper sulfate, used by organic and conventional farmers, cruises to European reauthorization'. Genetic Literacy Project, 20 March 2018.

Tabarrok, Alex. *Launching the Innovation Renaissance.* TED Books, 2011.

Thierer, Adam. *Permissionless Innovation: The Continuing Case for Comprehensive Technological Freedom.* Mercatus Center, George Mason University, 2016.

Thierer, Adam. *Permissionless Innovation and Public Policy: A 10-Point Blueprint.* Mercatus Center, George Mason University, 2016.

Zaruk, David. 'Christopher Portier – well-paid activist scientist at center of the ban-glyphosate movement'. Genetic Literacy Project, 17 October 2017.

12. 一场创新荒

Erixon, Fredrik and Björn Weigel. *The Innovation Illusion: How So Little is Created by So Many Working So Hard.* Yale University Press, 2016.

Lindsey, Brink and Steve Teles. *The Captured Economy*. Oxford University Press, 2017.

Topol, Eric. *Deep Medicine: How Artificial Intelligence Can Make Healthcare Human Again*. Basic Books, 2019.

Torchinsky, Jason. 'Here's how fast cars would be if they advanced at the pace of computers'. Jalopnik.com, 2 March 2017.

后记

Introduction: Schumpeter, Joseph. *Capitalism, Socialism and Democracy*. Harper and Row, 1950.

1: Attributed to Peter Drucker.

2: Pylarini, Jacob. 'A new and safe method of communicating the small-pox by inoculation, lately invented and brought into use'. *Philosophical Transactions of the Royal Society* 29:347, 1716.

3: Attributed to Henry Ford.

4: Reader, John. *Potato: A History of the Propitious Esculent*. Yale University Press, 2009.

5: Kaplan, Robert. *The Nothing That Is: A Natural History of Zero*. Oxford University Press, 1999.

6: *The Economist*. After Moore's Law. *Technology Quarterly*, 12 March 2016.

7: Haldane, J.B.S. 'Daedalus, or science of the future'. Lecture to the Heretics Society, Cambridge, 4 February 1923.

8: Jefferson, Thomas. Letter to Joseph Willard, 24 March 1789.

9: Steinbeck, John. Interview with Robert van Gelder (April 1947), as quoted in *John Steinbeck: A Biography* by Jay Parini. William Heineman, 1994.

10: Bezos, Jeff. Speaking at the Amazon re:MARS conference, Las Vegas, June 2019.

11: Petty, William. *Treatise on Taxes and Contributions* (pp. 113–14), 1662.

12: Thiel, Peter. Speaking at the Yale School of Management, 27 April 2013.

马特·里德利系列丛书

创新的起源：一部科学技术进步史
ISBN：978-7-111-68436-7

揭开科技创新的重重面纱，开拓自主创新时代的科技史读本

基因组：生命之书 23 章
ISBN：978-7-111-67420-7

基因组解锁生命科学的全新世界，一篇关于人类与生命的故事，华大 CEO 尹烨翻译，钟南山院士等 8 名院士推荐

先天后天：基因、经验及什么使我们成为人（珍藏版）
ISBN：978-7-111-68370-9

人类天赋因何而生，后天教育能改变人生与人性，解读基因、环境与人类行为的故事

美德的起源：人类本能与协作的进化（珍藏版）
ISBN：978-7-111-67996-0

自私的基因如何演化出利他的社会性，一部从动物性到社会性的复杂演化史，道金斯认可的《自私的基因》续作

理性乐观派：一部人类经济进步史（典藏版）
ISBN：978-7-111--69446-5

全球思想家正在阅读，为什么一切都会变好？

自下而上（珍藏版）
ISBN：978-7-111-69595-0

自然界没有顶层设计，一切源于野蛮生长，道德、政府、科技、经济也在遵循同样的演讲逻辑